World of Art

唐·埃兹是埃塞克斯大学历史和艺术理论荣誉退休教授。她撰写了大量关于达达主义、超现实主义、摄影和女性艺术家等方面的文章。出版物包括达达主义和超现实主义评论、关于艺术和反艺术的著作，以及马塞尔·杜尚和蒙太奇的研究。她曾组织或协办策划的展览有“拉丁美洲艺术”（1989 年）、《恋物癖：视觉化的权力和欲望》（1995 年）、《萨尔瓦多·达利：百年纪念回顾展》（2004 年）、《卧底超现实主义》（2006 年）、《和达利、杜尚》（2017—2018 年）等。

U0879282

World of Art

Dalí

图1《非洲印象》，约1938年（局部）

泰晤士哈德逊｜世界艺术巡礼

达利

［英］唐·埃兹 著　由康鹏 译

華中科技大學出版社
http://press.hust.edu.cn
中国·武汉

有书至美
BOOK & BEAUTY

我要感谢埃塞克斯大学的亚瑟·特里教授，他慷慨地为Dal í 的早期写作和与加泰罗尼亚先锋派的关系章节提供材料，以及梅特·哈钦森和蒙塞拉特·金琼帮助翻译加泰罗尼亚语。我还要感谢以下人的帮助、鼓励、合作和建议，并为借鉴他们的工作而不总是能够承认这一点而道歉：Montse Aguer, Vicenç Altaió, Fiona Bradley, Irene Civil, Andrew Dempsey, Patrick Elliott, Miguel Escribano, Hank Hine, Matthew Gale, William Jeffett, fracimdmacrique Joseph-Lowery, Lewis Kachur, Elliott King, Robert Lubar, David Lomas, richard Mas, Jacqueline Monnier, Carme Ruiz, Tomás Sharman, Charles Stuckey, Michael Taylor, Peter Tush, Eric Zafran。

On the cover Salvador Dali, The Invisible Man, 1929-32. Museo Nacional Centro deArte Reina Sofia, Madrid. Salvador Dali Bequest, 1990.Photographic Archives MuseoNacional Centro de Arte Reina Sofia.@ Salvador Dali, Fundacio Gala-Salvador Dali, DACS 2022

图书在版编目（CIP）数据

达利/（英）唐·埃兹著；由康鹏译.—武汉：华中科技大学出版社，2023.10
（泰晤士哈德逊世界艺术巡礼）
ISBN 978-7-5772-0005-7

Ⅰ.①达… Ⅱ.①唐… ②由… Ⅲ.①达利（Dali, Salvador 1904-1989）－生平事迹
Ⅳ.①K837.125.72

中国国家版本馆CIP数据核字（2023）第161181号

Published by arrangement with Thames & Hudson Ltd, London
Dali©1982, 1995 and 2022 Thames & Hudson Ltd, London
All works by Salvador Dalí © Salvador Dalí, Fundació Gala-Salvador Dalí, DACS 2022
Text by Dawn Ades
Art direction and series design by Kummer & Herrman
Layout by Adam Hay Studio
This edition first published in China in 2023 by Huazhong University of Science and Technology Press, Wuhan
Simplified Chinese edition ©2023 Huazhong University of Science and Technology Press

简体中文版由Thames & Hudson Ltd, London授权华中科技大学出版社有限责任公司在中华人民共和国境内（但不含香港特别行政区、澳门特别行政区和台湾地区）出版、发行。

湖北省版权局著作权合同登记　图字：17-2023-092号

达利
Dali

[英] 唐·埃兹 著
由康鹏 译

出版发行：华中科技大学出版社（中国·武汉）　电话：（027）81321913
华中科技大学出版社有限责任公司艺术分公司　（010）67326910-6023
出 版 人：阮海洪

责任编辑：莽　昱　张丹妮
责任监印：赵　月　郑红红　　封面设计：邱　宏

制　　作：北京博逸文化传播有限公司
印　　刷：北京汇瑞嘉合文化发展有限公司
开　　本：889mm×1194mm　1/32
印　　张：9.5
字　　数：141千字
版　　次：2023年10月第1版第1次印刷
定　　价：168.00元

华中出版

本书若有印装质量问题，请向出版社营销中心调换
全国免费服务热线：400-6679-118　竭诚为您服务
版权所有　侵权必究

目录

前言

纵观20世纪，在毕加索之后，萨尔瓦多·达利（Salvador Dalí）即便不是最受推崇的艺术家，恐怕也是世界上知名度最高的艺术家。这其中的一个重要原因就是他卓越的宣传才能，而与其绘画能力无关。他经常被归为超现实主义画家，其作品甚至在很大程度上代表了超现实主义的流行形象，然而最终他却遭到了超现实主义运动的排斥。作为达利最知名的画作之一，《十字架上的神圣基督》（*Christ of Saint John of the Cross*，1951年）可能就从根本上与超现实主义的精神相违背。达利之所以享有如此盛名，广为人知的一个原因就是公众认为他是一位极具绘画天赋、技艺卓越的艺术家，然而这并非他在超现实主义团体中取得成功的原因，达利自己也认为他的天赋并不值得夸耀。他曾宣称，灵感才是最重要的东西。而作为表达媒介的绘画——虽然达利的绘画能力就像其表达能力一样出色——相对而言却遭到了他的漠视，在达利看来，他的绘画技巧无非是传达其脑海中那令人不安的意象的工具。这些意象脱胎于精神病学教科书和新兴的精神分析学，它们为绘画开辟了全新的主题。

我在20世纪70年代到80年代初创作了本书的第一版，与现在相比，当时学界对达利的研究可以说处于原始阶段。当时达利尚且在世，其位于菲格拉斯（Figueres）的达利戏剧博物馆（Teatre-Museu Dalí）也处于酝酿阶段。对研究达利的人来说，市面上虽然充斥着关于他的大量资料，但并不可靠，这其中还包括达利本人最重要的自传《萨尔瓦多·达利的秘密生活》（*The Secret Life of Salvador Dalí*）。正如安德烈·布勒东（André Breton）指出的那样，这本书之所以重要，是因为它“有意义地伪造了记忆”。本书于1982年发行的第一版中有一些错误，比如一些日期存在严重的不一致。从时间顺序上来讲，第一版内容也存在失衡的问题：书中大量的篇幅被用来介绍达利20世纪20—30年代的作品及他与超现实主义运动的关系，而对1940年至其去世的40年间的内容则着墨较少。除此之外，第一版也没有完整还原达利那日程满满的生活及他参与的形形色色的活动，毕竟这些经历都在日后让达利收获了大量关注。当然，我仍然十分乐意将达利1929年的画作称为其巅峰之作。

当时的我认为，第二次世界大战后的达利身上贴着诸如“富有争议”“商业化”“攀权附贵”“渴望曝光”的种种标签，这些标签让人们淡忘了它们背后那个才华横溢的艺术家，使达利的声誉亟待恢复。“富有争议”对那时的达利来说并不公平。通过背离现代主义原则、与超现实主义决裂、极具冒犯性地接近弗朗哥和法西斯，达利似乎刻意将自己排除在主流艺术史之外。在他去世后，舆论对其评价也呈两极之势，但整体倾向于将达利评价为一位杰出的超现实主义画家，不过他后来的作品则不在优秀之列。近年来，公众对达利的评价又发生了变化。出版物开始客观评价他的整个职业生涯，而非仅仅着眼于他的文章和画作。达利那笔耕不辍的毅力、令人眼花缭乱的风格、将20世纪科学革命同（与科幻小说相媲美的）形而上学相结合的决心、从对电影和摄影延伸到后期全系摄像与视频技术的实验，以及对艺术家形象与流行文化的成功结合，都在当今为他吸引了大量拥趸。

达利于1989年去世后留下了大量珍贵遗产，其中很多都不为人所知。这些遗产散布在他的3处住所——达利戏剧博物馆、利加特港宅邸和普波尔城堡中，包括速写、被弃置的作品及成摞的几乎被遗忘的手稿。如今，在经过精心整理之后，这些遗产被完整收录在线上资料库中，由位于菲格拉斯的加拉-萨尔瓦多·达利基金会（Fundació Gala-Salvador Dalí，简称FGSD）负责管理，公众可以免费在其中浏览、查阅达利的画作和雕塑作品，这无疑为本书的再版提供了巨大的帮助。达利基金会和位于佛罗里达州圣彼得堡市的达利博物馆专门展出他的作品，通过过去几十年孜孜不倦的研究及几场重要展览的支持，它们改变了公众对这位杰出而复杂的艺术家的理解。本书的另一重要信息来源，就是由伊恩·吉布森（Ian Gibson）于1997年出版的达利传记，这是截至目前内容最翔实、全面的达利传记。然而令人遗憾的是，吉布森对他书中的主人公怀有强烈的憎恶，他从不放过任何一个机会来攻击达利，这从这本畅销书的标题便可见一斑：《萨尔瓦多·达利的生活秘密》（*The Shameful Life of Salvador Dalí*）[1]。从某种角度来说，幸亏吉布森对达利的画作不太感兴趣，它们才免遭他的诋毁。

1：本书原名中的“shameful”意为“可耻的，丢脸的”。——译者注

从这个角度来说，“泰晤士哈德逊世界艺术巡礼”系列需要一本书，在其体量允许的范围内对达利的所有信息进行整合和重现。因此在本书的新版中，我尝试对所有内容进行平衡，以更连贯的时间线介绍达利的艺术创作，并对其后期作品进行更加深入的讨论，尽管它们确有不足之处。尤其令我感到遗憾的是无法对加拉（Gala）投以更多的关注，因为达利在很多画作的署名中都加上了加拉——“加拉-萨尔瓦多·达利”，以此证明在二人于1929年相遇后，加拉就一直处于达利生活和工作的绝对核心位置。除了达利自己对加拉那狂热的崇拜，我们也可以在其他地方瞥到加拉的身影：她曾认真抄写达利那措辞古怪而拼写正确的法语文章（她的书写极具特点），也曾向诺瓦耶公爵（de Noailles）和爱德华·詹姆斯[2]等好友及赞助人写过信件和明信片。虽然毫无疑问加拉极具魅力——她的第一任丈夫、诗人保尔·艾吕雅（Paul Éluard）一直对她念念不忘，马克斯·恩斯特[3]也为她倾倒——然而她的私人生活却极端低调。加拉似乎没有留下任何个人资料，直到人们在普波尔城堡中找到一册笔记本，才揭露了她的身世。书中主要记录了她早年在莫斯科的生活，以及沉静而自省的晚年生活——她的所见所闻、林中漫步、动物，以及如下陈述：“我生命的核心就是爱……它是我一切生命力的轴心……”当然，达利为加拉塑造了不朽的形象，然而她也值得从个人角度获得更多关注，而不仅仅被视为达利的模特和灵感来源。

书中的一些材料源自达利在其利加特港宅邸中进行的长谈。

2：爱德华·詹姆斯（Edward James，1907—1984年），英国诗人，因其对超现实主义运动的支持而闻名。

3：马克斯·恩斯特（Max Ernst，1891—1976年），德国著名画家、雕刻家、诗人，达达和超现实主义运动的领军人物。

年表

1904年 5月11日，萨尔瓦多·达利·多梅内克于西班牙菲格拉斯出生。他的妹妹安娜·玛利亚于1908年1月出生。

1919年 1月，参加菲格拉斯市民剧院举办的当地艺术家画展。

1921年 母亲去世。之后他的父亲续弦了他的姨妈。

1922年 进入马德里美术学院学习，在马德里学生公寓居住。他在那里结识了洛尔卡和布纽埃尔。

1923年 由于违抗校规而被学校勒令停课一年。

1925年 在巴塞罗那达尔茂画廊举办首次个展，11月14日至27日：参展作品包括1917年创作的《风景》，1924年创作的立体主义作品《维纳斯和水手（向萨尔瓦多-帕帕塞特致敬）》《我父亲的肖像》及《肖像（坐着的女孩）》。

1926年 首次游览巴黎；被美术学院永久开除；1926年12月31日至1927年1月14日，在达尔茂画廊举办第二次个展，参展作品包括《有三个人物的构图："新立体主义学院"》《缝纫的女孩》《悬崖》和《丑角》。

1927年 服兵役；为洛尔卡的戏剧《玛丽安娜·皮内达》在巴塞罗那的首演设计了舞台布景和服装；首次在《艺术之友》发表文章。

1928年 发表《加泰罗尼亚反艺术宣言》。

1929年 这一年初在巴黎同布纽埃尔共同制作《一条安达鲁狗》；夏天，加拉和保尔·艾吕雅、勒内·玛格利特一家及达利的新经纪人卡米尔·戈曼斯前往卡达克斯拜访达利，他由此正式加入超现实主义运动；11月在戈曼斯画廊举办首次巴黎个展，参展作品包括素描和11幅油画，其中9幅于这一年夏天完成，包括《忧伤的游戏》《欲望的居所》《点燃欢愉》《伟大的自慰者的脸》《面色萎靡的男人倾听大海之声》及《保尔·艾吕雅肖像》。在巴黎与加拉重聚，从此二人相伴一生。

1930年 与诺瓦耶子爵达成商业协议，在后者的资助下，达利在卡达克斯附近的利加特港买下一座小渔舍，经过扩建后与加拉同住。与巴黎皮埃尔·科勒画廊签订合同。参加了在美国康涅狄格州哈特福德的沃兹沃斯学院举办的首次超现实主义作品展，共展出8幅油画和2幅素描。在巴塞罗那雅典酒店发表"超现实主义的道德地位"主题演讲。

1931年 在皮埃尔·科勒画廊首次举办个展，参展作品包括《隐形人》《隐形的睡着的女人、马和狮子》《威廉·特尔》和《记忆的永恒》。

1932年 参加朱利安·莱维在纽约举办的"超现实主义"展，旋即获得成功。在皮埃尔·科勒画廊第二次举办个展。

1933年 由12名收藏家及好友组成的团体（"十二宫"）打算定期给达利"发工资"，作为交换条件，达利每月出借1幅大型油画，或1幅小型油画和2幅速写，在这一年中进行轮流展出。达利在皮埃尔·科勒画廊举办的超现实主义作品展上展出8幅作品；在6月举办的个展上展出几幅以米勒的《晚祷》为灵感绘制的作品。在朱利安·莱维画廊举办首次个展。

1934年 在匹茨堡卡内基研究所展出《风景中的神秘元素》，获得"荣誉奖"。在伦敦兹韦默画廊举办首次个展，引起大量关注。11月首次前往美国旅行，在莱维画廊和沃兹沃思学会举办个展。

1935年 1月，在纽约现代艺术博物馆发表超现实主义主题演讲。与富裕的英国收藏家、作家即超现实主义爱好者爱德华·詹姆斯会面，后者购入了达利的多幅重要作品。

1936年 在伦敦举办的超现实主义国际展上身穿潜水服和头盔发表演讲，由于头盔粘连，达利险些窒息。在纽约莱维画廊举办的画展收获大量关注，达利顺势登上《时代》杂志封面。

1937年 参观好莱坞。为了躲避西班牙内战而在爱德华·詹姆斯位于意大利的宅邸生活数月。签署合同，规定詹姆斯在接下来的一年中独享其作品的代理权。

1938年 在伦敦拜访弗洛伊德。在蒙特卡洛为芭蕾舞剧《疯狂的特里斯坦》和《酒神》工作。

1939年 在纽约莱维美术馆举办的最新画展吸引了极大关注。为纽约世界博览会创作《维纳斯之梦》。在第二次世界大战爆发之际逃往阿卡雄。

1940年 香奈儿前来拜访；与同在阿卡雄的杜尚见面。在纳粹于6月占领法国后，经西班牙逃往美国。达利在美国拜访了他的父亲，这是二人在决裂10年后的首次会面。在美国期间，他住在卡拉西·克罗斯比位于弗吉尼亚汉普顿的宅邸。

1941年 在莱维画廊举办画展。布勒东在《艺术起源》和《超现实主义视角》发文、卡拉斯在纽约《观点》杂志发文对达利进行攻击。完成《萨尔瓦多·达利的秘密生活》手稿。11月在纽约现代艺术博物馆举办回顾展。首次同韦尔杜拉公爵合作设计珠宝。

1943年 在纽约克内德勒画廊展出大量美国名人肖像；为海伦娜·鲁宾斯坦的住所绘制壁画。在美国的这些年，达利设计了大量广告。

1945年 在纽约比格努画廊展出最新作品；出版《达利新闻》。

1947年 在比格努画廊举办第二次画展；出版第二卷《达利新闻》。

1948年 返回欧洲。从此时起，达利每年会定期前往纽约过冬，而其他时候则在利加特港和巴黎度过。与超现实主义团体彻底决裂，但他再未加入其他艺术运动。

1949年 觐见教皇，并向教皇献上小幅的《利加特港的圣母》。

1951年 达利和加拉参加在威尼斯举办的贝斯特古盛装舞会，迪奥把他装扮成了7米高的巨人。

1952年 达利在全美以“核神秘主义”为题进行系列演讲。凯尔文格洛夫美术馆因收购《十字架上的神圣基督》而在英国引起争议。

1954年 在罗马、威尼斯和米兰举办回顾展。

1955年 在索邦大学发表“偏执狂批判法的现象学方面”主题演讲，探讨了维米尔的《花边女工》和犀牛。

1957年 为阿卡普尔科设计了能移动和呼吸的夜总会，不过这一构想并未实现。沃尔特·迪士尼在卡达克斯拜访达利；他们计划拍摄一部电影《唐·吉诃德》，不过这一构想从未实现。

1958年 在巴黎博览会期间，为在明星剧院进行的演讲而展出一根12米长的面包。同加拉在西班牙举行宗教婚礼。在纽约卡斯泰尔斯画廊展出原子“反物质”系列画作。

1959年 在巴黎和伦敦天文馆发表演讲。展出由他设计的圆形代步器——一件外面包裹着透明塑料球的交通工具。

1960年 受纽约亨廷顿·哈特福德现代艺术画廊委托首次创作“历史画”《克里斯托弗·哥伦布发现美洲》(又名《克里斯托弗·哥伦布之梦》)。因参加纽约达西画廊举办的超现实主义展而遭到超现实主义艺术家的抵制。

1962年 达利的画作《得土安战役》在巴塞罗那展出，它的旁边就陈列着福图尼创作的同名作品。

1964年 被授予西班牙最高级别的天主教会伊莎贝拉十字勋章。在日本举办回顾展。

1965年 在纽约克内德勒画廊举办特别展，其中包括被达利称为其最佳画作的《佩皮尼昂车站》，这幅画的全称是《加拉望向在〈波普-欧普-真棒-真棒-浮夸〉上失重的达利，在旁边还可以看到米勒〈晚祷〉中两个痛苦的人物呈原始冬眠状态，身后的天空突然爆炸并在佩皮尼昂车站中心呈现马耳他十字，宇宙从此处开始汇聚》。

1967年 在巴黎莫里斯酒店举办“向梅索尼埃致敬”主题展，展出最新作品《捕捞金枪鱼》。

1968年 在巴黎“五月事件”期间，向示威的索邦大学生发表“我的文化革命”主题演讲。

1970年 在纽约克内德勒画廊展出《致幻斗牛士》。宣布将在菲格拉斯创办达利戏剧博物馆。

1971年 达利的主要赞助人雷诺兹·莫尔斯夫妇将其位于克利夫兰的达利藏品向公众开放。达利为美国象棋基金会设计象棋，其形状为人的手指和牙齿，他将这件作品献给杜尚。

1972年 在纽约克内德勒画廊举办全息摄影展。

1974年 菲格拉斯的达利戏剧博物馆开放。发现了勒内·托姆的灾难理论。

1977年 在巴黎安德烈-弗朗索瓦·珀蒂美术馆展出最新作品，包括《佩皮尼昂车站》。

1978年 当选巴黎法兰西美术学院院士。

1979年 12月在巴黎蓬皮杜艺术中心举办回顾展，期间展示特别装置作品“弗兰德狂欢节”。

1980年 在伦敦泰特美术馆举办回顾展。

1982年 加拉于6月10日去世。达利搬入之前赠送给加拉的普波尔文艺复兴风格小城堡，加拉就葬在这里。被授为普波尔侯爵。开始在花园中陈列装置和雕塑。佛罗里达圣彼得堡的达利博物馆开放，用于展出雷诺兹·莫尔斯的藏品。

1983年 完成最后一幅画作，“灾难”系列中的《燕尾》。

1984年 8月在普波尔城堡的一次火灾中严重烧伤。之后搬往菲格拉斯的达利戏剧博物馆居住。

1989年 1月死于心力衰竭，被葬在达利戏剧博物馆的墓地中。达利的遗嘱规定，他之前没有捐给达利戏剧博物馆的财产和作品，全部捐赠给西班牙。

第一章
早年经历

1904年5月11日，萨尔瓦多·达利·多梅内克在西班牙加泰罗尼亚省东北部的菲格拉斯出生。童年和青春期的经历对达利有着生动而怪异的重要性：这一时期那些真实或出于想象的回忆日后成了达利许多最重要作品的基础，而他与家人的关系也为其艺术人格的养成发挥了至关重要的作用。他那小自己3岁半的妹妹曾说，他们的童年生活十分富足而和谐，这一点达利自己只是偶尔提及。

夏天和闲暇之时，达利一家会前往渔村卡达克斯（Cadaqués）附近的海边小屋度假。这一习惯贯穿了达利的一生。在结识未来的妻子加拉后不久，他就在卡达克斯北部海湾的小渔村利加特港（Portlligat）的海边买了一幢小屋。达利和加拉将这里打造成了他们的永久居所，他们几乎每年夏天都会来此度假。他一直热爱着自己童年时的风景——菲格拉斯所在地安普尔丹（Ampurdán）大平原和遍布橄榄树丛、锋利而贫瘠的礁石的加泰罗尼亚海岸。这些古老而苍凉的风景不仅是达利画作的背景，它们也是画作的主体。

从历史角度来看，加泰罗尼亚并非仅仅是西班牙的一个省。如今，法国和西班牙边境将古老的加泰罗尼亚一分为二，而在此之前，加泰罗尼亚自中世纪早期开始便有属于自己的语言及行政系统。在1249年签署《科尔贝条约》后，色丹尼亚（Cerdagne）和鲁西永（Roussillon）两省仍属于西班牙，然而如今它们已经变为法国的领土。鲁西永的首府佩皮尼昂（Perpignan）是一个重要的加泰罗尼亚城市，它一直对达利有着异乎寻常的魅力，其中一个原因就是这里是火车驶向巴黎的出发点。加泰罗尼亚的经济中心在巴塞罗那，自12世纪以来，巴塞罗那便是西地中海地区的商业扩张中心。1714年，由于在奥西战争中支持奥地利，巴塞罗那被卡斯蒂利亚（Castile）夺去了独立地位。时至今日，加泰罗尼亚地区一直持续进行着一场分离运动。

由于地理位置的优越性，巴塞罗那与马德里相比风气则更为开放，在文化、经济和功业发展上也更为进步；其包容性也更强，正因为此，达利自然而然希望从巴塞罗那走向巴黎，就像毕加索之前所做的那样。加泰罗尼亚历来反对波旁王朝及后续政权的中央集权政策，正因此，这里自然成为西班牙共和主义的发源地。从19世纪中叶开始，这里也成为无政府主义的摇篮。

尽管加泰罗尼亚背景对达利非常重要，然而也许除了一些消极影响，它并没有像达利的同辈、加泰罗尼亚超现实主义画家胡安·米罗（Joan Miró）那样决定他的政治立场。后者的绘画从很早开始就包含了加泰罗尼亚分离主义元素，而米罗也一直在这一方面不懈奋斗。可能我们必须从达利的家庭背景来解读他在政治立场上的乖张任性。他的父亲是一位无神论者及共和党人；他挚爱的母亲则是一位虔诚的天主教徒。这个家庭在思想和政治上都十分进步，而达利自己在绝大部分青年时期却是一个无政府主义者。由于其父在独裁者里维拉（Primo de Rivera）于1923年夺取政权后对相关政治人物的支持，他的家人备受骚扰，在之后的西班牙内战期间，他们的家还遭到了弗朗哥叛军的洗劫。达利随后宣布自己为君主主义者和天主教徒，并公开支持传统、反对他的同辈及他年轻时所支持的激进思想。这一反应无疑来自他对父亲的反抗和否定。然而矛盾的是，虽然达利十分认同自己的加泰罗尼亚身份，但他却经常对菲利普二世（Philip II）统治下的西班牙表示同情，与玲珑优雅的凡尔赛宫相比，他更偏爱阴森忧郁的埃斯科里亚尔宫。达利认为，他的性格中含有暴力和极端的成分，而这些特点都与西班牙息息相关。

在所有关于其童年的描述中，达利都被形容为高度兴奋且病态敏感，而不像乔治·奥威尔（George Orwell）所描述的那样“异常冷漠”。关于达利性格的形成，他自己曾给出一条重要线索。他那深受喜爱的哥哥在22个月大的时候死于肠胃炎，当时距离达利出生只有9个多月。达利随他的哥哥被取名萨尔瓦多，后者明显在智力上十分早熟，在其父母的卧室墙上一直挂着一幅哥哥的“庄严”肖像，就在委拉斯贵支的一幅复制作品《十字架上的基督》（*Christ on the Cross*）旁边。虽然从小就备受溺爱，然而弟弟萨尔瓦多或多或少觉得自己只是一个替身。“他得到的是理智的爱，而我得到的不过是溺爱，”他在《萨尔瓦多·达利不可言说的告白》（*The Unspeakable Confessions of Salvador Dalí*）中这样写道。对哥哥的嫉妒及病态的自我认同使达利成为一个野心勃勃、渴望关注、爱出风头的孩子：“6岁的时候我想成为一名厨师。7岁的时候我想当拿破仑。从那时起，我的野心就不断膨胀。”7岁

图2《有拉斐尔式长颈的自画像》，约1921年

时，达利的父亲将他送往菲格拉斯的公立学校上学，然而达利那精致的镶边水手服和撒过香粉的头发却让他和其他城里最穷的孩子形成了怪异的对比。在公立学校的一年，达利除了养成沉思的习惯，什么也没有学到。迫于无奈，他的父亲把他转到了当地基督教兄弟会开办的私立学校——就和其他中产阶级的孩子一样。这一时期达利保留了3样鲜明的视觉记忆，它们最终都以某种方式出现在了他后来创作的画作中：教室窗外的两棵柏树；在通往教室的走廊墙上挂着的一幅米勒的《晚祷》，以及一尊"黄色搪瓷质地的被钉在黑色十字架的耶稣"的雕像。每天下学前做祷告时，孩子们都要触摸雕像上耶稣的脚。

达利年幼时对绘画和素描的喜爱没有遭到家人的反对，虽然他的父亲坚持认为他在追求理想之前应该先获得学士学位，也希望他能从事一份稳定、偏学术的正式工作。除此之外，达利还受到了他父亲的朋友、印象派画家拉蒙·皮乔特（Ramón Pichot）的鼓励。皮乔特认识毕加索，后者曾于1910年来卡达克斯与其一道度假。皮乔特一家极富艺术和音乐天赋，达利经常与他们同住。达利9岁时，一次在皮乔特家的一扇旧门上仅用朱红、深红和白色就画了一幅樱桃静物画。当

皮乔特指出他没有画果柄时，达利就把真的果柄粘到了画上。他对皮
乔特挂在餐厅中的画作十分着迷，特别是那些点彩派作品，它们“精
细地呈现了橙色和紫色的并置”。这也成了达利早期作品中的标志性
配色，虽然他并没有对这两颜色进行系统化的运用，但在《小提琴家
3, 2 理查德·皮乔特肖像》（*Portrait of the Cellist Ricard Pichot*，1920年）
及《自画像》（*Self-Portrait*）中我们还是可以窥到这一特点。在皮乔
特的建议下，达利在12岁时被送往努涅斯（Nuñez）的绘画班学习。
努涅斯是一位学院派画家，曾因版画作品获得罗马大奖，达利后来曾
说，努涅斯为他提供了巨大的帮助。

达利大量进行绘画练习，并在每年夏末的时候把这些画作拿给他
的舅舅们。他的早期作品描绘了当地风景、如画的城镇风光、宁静的
6 西班牙家庭生活，以及有女性人物在窗边缝纫的室内场景。《在缝纫的
安娜祖母肖像》（*Portrait of Grandmother Anna Sewing*，约1920年）
便是一例。这些作品和西班牙风情画家乌赫利[1]的作品风格类似，达利
承认前者对他非常有帮助。达利早先尝试油画创作的一个例子便是临
4, 5 摹曼努埃尔·贝内迪托[2]的《荷兰室内画》（*Dutch Interior*）。这幅作品

1：莫代斯特·乌赫利（Modest Urgell，1839—1919年），西班牙画家。
2：曼努埃尔·贝内迪托（Manuel Benedito，1875—1963年），西班牙画家。

图3《小提琴家理查德·皮乔特肖像》，1920年

图4,5（上图和下图）曼努埃尔·贝内迪托《荷兰室内画》和达利的仿作，1915年

图6（对页图）《在缝纫的安娜祖母肖像》，约1920年

的图片来源是1912年的《博物馆》(*Museum*) 杂志。据此，我们可以清楚看到达利试图通过研究西班牙前辈画家的作品将传统荷兰风情画和家庭场景画结合起来。

早期达利对明暗对比的兴趣也可能源自他在努涅斯绘画班所做的实验。一天，课上要求学生们描绘一个手拿白面包的乞丐。达利的初稿因线条太过厚重、颜色太深而遭到批评。待画稿干燥后，他用小刀在画纸上刮出白底色，又在其他地方涂上口水使其呈现灰色；一经加工，画面变得轻盈起来，也加强了景深效果。“全靠我自己，”达利这样说道，“就像重新发现了绘画魔法师玛丽亚·福尔图尼（Marià Fortuny）——西班牙最擅长运用色彩的画家之一——的雕刻手法。”福尔图尼画作中的异域风情与豪华装饰在阴暗的背景前呈现出宝石般

7 的璀璨光芒（如《西班牙婚礼》，1870年），这与19世纪晚期法国象征主义画家古斯塔夫·莫罗（Gustave Moreau）的风格十分相似。有趣的是，达利在皮乔特等人的影响下先转为后印象主义，之后又经历了欧洲现代主义的不同时期，并最终加入超现实主义，然而到20世纪30年代，他又转回到自己最初学习的19世纪学院派风格。

与其学生时代的作品一样，达利早期作品的完成时间很不确定，但似乎他在十几岁时就开始尝试用厚涂技法上色，有时颜料厚到让帆布呈现浮雕般的状态。“我的研究就是要在帆布上厚重地覆盖一层物质，以捕捉光效、创造浮雕感和存在感。这就是为什么要决定先把石
8 块粘到画布上，再在上面作画。”（如《黄昏时分的老人》，约1918年）在达利父亲的餐厅中就挂着这样一幅作品，画面描绘了炫目的晚霞，其中的云朵就是由尺寸各异的石块制成。不时会有石块掉下来砸在餐具柜上，达利便会仔细观察，“在孩子的天空中，只有石头会不断掉下来”。

15岁时，达利和朋友们合作编写了《研究》（*Studium*）杂志（1919年1—6月）。这本杂志用未经漂白的粗纸印刷而成，设计极富装饰性。达利在杂志中负责一个名为“绘画大师”的板块，正是在这里，

他表达了对委拉斯贵支的热爱，还写了关于戈雅[3]、埃尔·格列柯[4]、丢勒[5]和米开朗琪罗的评论文章（他认为这一做法学术且华而不实）。那时的达利就已经见多识广。举例来说，他十分热衷于收藏袖珍本的“高恩艺术之书”系列（Gowans Art Books），这套书介绍了从马萨乔（Masaccio）到梅索尼埃（Meissonier）以及所有意大利绘画大师，每一册都包含60幅该画家名作的黑白照片。

有一年，达利得到一份为传统的主显节游行（国王游行）设计游行马车的工作。主显节游行是西班牙的主要圣诞庆祝活动之一。他设计了一辆高得连道路两旁的树枝都需要砍掉的马车，车顶上盘踞着一条两眼发光的巨龙。

这种巨大而怪异的形象是加泰罗尼亚节日的传统组成部分。米罗在多年后也受此启发，在20世纪70年代为加泰罗尼亚街头剧院“拉克拉卡”（La Claca）的反弗朗哥作品创作了讽刺人物。另一件事也为早年学生时代的达利招来了恶名，那是在第一次世界大战结束时延期

3：弗朗西斯科·戈雅（Francisco Goya，1746—1828年），西班牙著名画家，代表作《着衣的玛哈》《农神吞噬其子》等。

4：埃尔·格列柯（El Greco，1541—1614年），西班牙著名画家。

5：阿尔布雷希特·丢勒（Albrecht Dürer，1471—1528年），德国文艺复兴时期著名画家。

图7（下图）玛丽亚·福尔图尼《西班牙婚礼》（*The Spanish Wedding*），1870年

图8（对页图）《黄昏时分的老人》（*Old Man at the Twilight Hour*），约1918年

图9《通向卡达克斯利加特港的路》，约1921年

举行的一场富有争议的停战庆典，他被邀请在一场无政府主义学生的会议上发言。虽然之前精心准备了演讲，但当达利站在菲格拉斯共和党大厅那令人生畏的讲台上、面对着台下的大批听众时，他发现自己完全想不起来演讲的内容了。因此，他高喊了“德国万岁！俄罗斯万岁！”面对这一发言所引起的骚动，无政府主义领导人解释说，达利的意思是在战争中没有真正的胜利者和失败者。然而，第一次世界大战切实的影响是俄国革命已经蔓延到了德国。

达利于1922年成功完成菲格拉斯公立学校的课程，并获得学士学位，在此期间，他绘制了大量作品，包括风景画、静物画，以及给家人和朋友画的肖像画。1922年1月，他参加了在巴塞罗那达尔茂画廊（Galeries Dalmau）举办的加泰罗尼亚学生协会展，这是达利第一次在菲格拉斯以外的地方展出自己的作品。他展出的画作糅合了多种风格，包括印象主义和分离主义，它们在展览期间获得好评。出于对自然的热爱，他在一段时间中将自己定义为法国印象派风格，尽管在此期间他也不断尝试着各种风景描写方式：橄榄树丛、几何形状的白房子以及卡达克斯海岸，这些元素有时以厚涂的形式出现在达利笔下，有时又呈现出一种清新的自然主义风格，就像《通往卡达克斯利加特港的
9 路》(*The Lane to Portlligat*) 所描绘的那样，一条石板路从卡达克斯
2 通向小小的渔舍，而那里就将成为达利未来的家；《有拉斐尔式长颈的自画像》(*Self-Portrait with Raphaelesque Neck*) 和早期的《我父亲的肖像》(*Portrait of my Father*，1925年) 中艳丽的色彩则体现出达利十分喜爱夕阳初落时的戏剧化光效。在巴塞罗那画展上他还展出了一幅《微笑的维纳斯》(*Smiling Venus*)，画中的黑发裸女极富装饰性，背景则是分离主义风格的卡达克斯海岸风景。

这一时期的几幅作品展现了如画的加泰罗尼亚主义风格对达利的影响，当然，他也受到了拉蒙·皮乔特的启发，以扁平、明亮的色彩及厚重的黑色轮廓线描绘着当地的节日和美景。有时候达利会邀请罗马旅行者到他的画室做模特，他还会在作品中加入跳着萨达纳舞（*sardana*）的人物。萨达纳舞不仅是加泰罗尼亚的民族舞蹈，也是加泰罗尼亚复兴的重要标志。达利至少曾以他熟练的讽喻图像风格画过一幅描绘女巫们跳萨达纳舞的水彩画，画中还可以看到诺盖斯[6]的影子，而这种讽刺精神本身也是加泰罗尼亚传统的一部分。事实上，20世纪20年代渗入达利作品的各种文化民族主义流派，与他后来逐渐熟悉的巴黎先锋艺术运动同样重要。举例来说，他大量的“新立体主义”维纳斯主题作
18 品——比如《维纳斯和水手》(*Venus and Sailor*，1925年)——就同时借鉴了毕加索和与加泰罗尼亚复兴紧密相连的地中海艺术传统，我们可以在欧金尼奥·德奥尔[7]的作品中找到后者的线索。

尽管如此，达利更喜欢描绘的还是他自己。通过这一时期的自画像和照片，我们可以看到当时达利的形象颇具浪漫主义风范，他留着长发，戴着宽领和波希米亚艺术家风格的飘逸领结。达利的这一偏好一直持续到他进入马德里美术学院，只是从那时起，他很少再创作主题直白的“自画像”了。

6：泽维尔·诺盖斯（Xavier Nogués，1873—1941年），西班牙画家。
7：欧金尼奥·德奥尔（Eugeni d'Ors，1881—1954年），西班牙作家、新闻记者、哲学家和艺术评论家。

1922年，达利在他父亲和妹妹的陪同下前往马德里参加绘画、雕塑和雕刻特别学院（圣费尔南多皇家美术学院）的入学考试。参试者需要在六天内根据雅各布·桑索维诺[8]的雕塑《巴库斯》(*Bacchus*) 创作一幅素描。考试第一天，达利的父亲发现他的素描比考试要求的尺寸要小，达利随之便听从父亲的建议擦掉了第一稿。直到最后一天，他才完成了自己满意的最终稿，然而这一版的尺寸甚至比第一版还小。尽管如此，评审会对达利的作品仍然十分满意，于是他顺利通过考试，并于1922年9月搬入马德里的学生公寓（Residencia de Estudiantes）。如果说达利没有从美术学院的老师们那里学到很多，至少他在这段时间同公寓里最为进步的学生作家和艺术家发展出了重要的友谊。这其中尤为重要的朋友就是诗人费德里戈·加西亚·洛尔卡（Federico García Lorca）和未来的电影导演路易斯·布纽埃尔（Luis Buñuel）。除以上二人，这个小团体里还有佩平·贝洛[9]、佩德罗·加西亚斯（Pedro Garcías）、欧亨尼奥·蒙特斯[10]及乌拉圭画家拉斐尔·巴拉达斯（Rafael Barradas）。达利称这是一个“尖锐而革命性的”团体，它植根于上一代充满矛盾的“极端主义”传统，而这场运动又与达达主义有着紧密的联系。

我们对在接下来的几年中达利绘画风格的发展所知甚少。这一时期的作品并非每幅都有明确的创作日期，虽然我们知道达利的创作显然与欧洲现代主义的发展一脉相承，然而其作品也不一定严格按照时间顺序反映出相关艺术家及艺术运动对他的影响。实际情况似乎是，达利倚着自己学生的身份将绘画实验推到了极限，仅在一个学年中，他就尝试了大量不同的绘画风格。到1925年，达利的这一做法似乎已经变成有意为之，他也宣称，自己曾同时以两种不同的风格进行创作。

到达马德里后不久，达利就创作出一系列引人注目而不同寻常的
10 水墨画和水彩画。这组作品不仅糅合了天真、原始和讽刺风格，还对同时性及空间错位进行了复杂的运用。这些作品的诞生在很大程度上归功于拉斐尔·巴拉达斯的“振动主义”(Vibrationism)。巴拉达斯在米兰时与意大利未来主义艺术家联系密切，而振动主义就是未来主义的一个变体，强调动感与同时性。[巴拉达斯于1925年从马德里搬

8：雅各布·桑索维诺（Jacopo Sansovino，1486—1570年），意大利雕塑家、建筑家。
9：佩平·贝洛（Pepín Bello，1904—2008年），西班牙作家。
10：欧亨尼奥·蒙特斯（Eugenio Montes，1900—1982年），西班牙作家、政治家。

图10《马德里场景，醉汉》，约1922—1923年

往巴塞罗那，他在那里不仅与达利保持联系，还像后者一样为加泰罗尼亚先锋杂志《艺术之友》(*L'Amic de les Arts*)撰稿。] 这些画稿中的一些包含着怪诞而戏谑的场景，另一些则让人联想到马德里的夜生活——达利恰好十分享受夜生活。这个系列中最具野心的一幅就是
11 《无题。早春》(*Untitled. The First Days of Spring*)——此后，达利将再一次用这个标题为他的第一幅超现实主义作品命名。在这幅画中，达利以艺术家的形象位于画面中央，胳膊下夹着画集或速写簿，他的头后有一片巨大的树叶，而他周围则是一幕幕童年及少年时期的回忆场景。

大约1923年，达利重拾分离派风格，不过他并不仅仅运用这一种风格，而是经常将之与其他风格相混合。《埃斯利亚纳海滩的浴者》
12 (*Bathers of Es Llaner*，埃斯利亚纳海滩位于卡达克斯，就是达利一家海边度假小屋的所在地）便是这一时期的代表作之一。画面中的一些技巧和元素，比如水面倒影中弯曲的白帆，模仿了修拉（Seurat）的风格，而那些缺乏面部特征，或者眼睛和鼻子一笔带过、仅由基

图11 （左图）《无题。早春》，1922—1923年

图12 （下图）《埃斯利亚纳海滩的浴者》，1923年

本曲线勾勒而成的浴者，则暗示达利也借鉴了安德烈·德朗（André Derain）的后立体主义风格以及塞尚和原始主义画家笔下的裸体或沐浴场景画。而他同期的一些描绘卡达克斯风景及城市风光的画作则呈现了扁平化和几何化的趋势。德朗的影响时隐时现，可能也是在他的影响下，达利在这一年更多使用了立体主义画家偏爱的柔和色彩，特别是赭石、绿色和灰色。

如此说来，达利可能在接触到以毕加索和布拉克（Braque）为代表的真正的立体主义之前，就以一种后立体主义的扁平化和简单化风格进行创作了。然而，我们并不能确定他投身这一风格的具体时间。
13 达利一方面称《立体主义自画像》(*Cubist Self-Portrait*)创作于1920年（实际约为1923年），另一方面称他在进入马德里的学生公寓后才开始立体主义创作。他的另一幅《自画像》(*Self-Portrait*)据称完成于1926年，但其碎片化的画面又与《阿方索国王肖像》(*Portrait of King Alfonso*)最为相似，而后者是达利于1922年国王访问美术学院之后不久就完成的画作。虽然从这些画作看，达利对立体主义技巧的运用还处于初级阶段，因为他并没有真正对空间形式进行分析。然而很明显，他已经对一个事实了然于心，就是无论立体主义看起来多么标新立异，它仍然没有脱离现实主义艺术。

达利还专门买了一本关于布拉克的专著，并把书带到学校给同学们展示，因为当时这种风格对大家来说还很新奇。一位解剖学教授借走了这本书，第二天把书还给达利的时候，教授和他谈起了过去的非具象和几何艺术。达利答道，这一分析并不准确，因为立体主义艺术中非常明显地包含着具象元素。

无论《阿方索国王肖像》还是《自画像》，画面中交叉在钻石形及长方形抽象线条中的人物头部仍清晰可辨，毫无疑问这些作品参考了毕加索于1910年为康维勒（Kahnweiler）或沃拉尔（Vollard）创作的肖像，而达利所做的也仅仅是表面化的模仿。不过，他1923年左
14 右绘制的作品则具有德朗1910年作品的特点，呈现清晰、风格化而程式化的立体主义风格。直到1927年，达利一直对立体主义和后立体主义保持着兴趣。尽管1925年后，毕加索于当时绘制的作品对他产生了主要影响。

达利表示，他认为自己在进入美术学院时就已经比绝大多数同学超前许多了。他们还处于探索印象主义的阶段，而达利早就对此了然于胸。他还轻蔑地指出，周围的同学草率地以为研习印象主义就是走

图13《立体主义自画像》，约1923年

近自由。达利后来宣称，他希望学院提供的是正统的油画及学院派艺术技法。尽管乍一看这一说法难以令人信服，但考虑到他在这一时期的画作展示了其对巴黎和意大利最先进风格的尝试，所以可以肯定的是，他在1925年表达了对秩序、精确测量及控制的渴望。达利的画风虽然横跨立体主义、纯粹主义、形而上学和现实主义，然而他却避开了印象主义那种自发的感性。学生时期的达利对浪漫主义、感伤主义、如画艺术及诗歌也分外排斥。他和他在学生公寓的朋友们，特别是洛尔卡和佩平·贝洛，将这些艺术风格称为“腐化堕落”。他更关注古典理想的回归，用科克托[11]的话来说，为了“寻求秩序”。科克托的评论来自《新精神》(*L'Esprit Nouveau*) 杂志，这本杂志于1920至

11：让·科克托（Jean Cocteau，1889—1963年），法国诗人、小说家、设计师和导演。

1925年在巴黎发行，对达利产生了重要影响，同样对他产生影响的还有1918至1921年发行的意大利杂志《造型价值》(*Valori Plastici*)。这些杂志可能是达利订阅的，也可能是他勤奋的父亲或在巴塞罗那开书店的叔叔多梅内克定期寄给他的。与马德里相比，巴塞罗那的艺术思想十分进步，其中的代表就是达尔茂画廊，它与巴黎先锋艺术保持着密切联系。虽然很明显当时的达利太过年轻，并不知道第一次世界大战前在巴黎举办的立体主义展，但他一定听说了战后举办的各项展览。1920年，巴黎举办法国20世纪艺术展，其中的展品涵盖前野兽派、立体主义及后立体主义等不同流派，唯独没有战前立体主义盛期的毕加索和布拉克作品。达利似乎也没有参观达尔茂画廊于1922年举办的大型艺术展，其中展出了皮卡比亚[12]的达达主义画作及机器作品。这次艺术展目录的前言由巴黎达达主义运动领导人、未来的超现实主义运动领导人安德烈·布勒东撰写，他还在巴塞罗那的雅典娜酒店发表了一篇题为“现代进化的特征及其相关因素”(Caractères de l'évolution moderne et ce qui en participe)的演讲。

达利在那时直言不讳地对抽象艺术表现出极端的反对，不过虽然从未被纯抽象艺术的任何分支所吸引，但他却在1924年转向了纯粹主

12：弗朗西斯·皮卡比亚（1879—1953年），法国画家，达达主义创始人之一。

图14《拿着吉他的皮埃罗》，约1923年

义。这一运动由奥尚方[13]和让纳雷[14]（即勒·柯布西耶）于1918年发起，提倡静物与纯粹几何形状的结合。很明显达利对这一运动及其背后的主导思想都很感兴趣，而且就算在抛弃这一风格后很久，他在1927年撰写的文章中仍然透露出与纯粹主义创始人相似的对现代世界的态度。对达利来说，最重要的艺术家就是毕加索和胡安·格里斯[15]，因为他们主导着纯粹主义的主要喉舌《新精神》。奥尚方和让纳雷将纯粹主义绘画的主题定义为机械制造物和几何形状。在达利的大型纯
15 粹主义作品《静物》(*Still Life*）中，他将大量纯抽象形状同可辨认的物体混杂在了一起。然而达利在平衡抽象和具象时似乎有些力不从心，所以最终的画作并没有达到立体主义所追求的清晰明了。画面的线条及一些物体的形状难以确定。举例来说，画面中心的凹槽形状显然源自纯粹主义绘画中——特别是格里斯的画作中——经常出现的特定类型的玻璃器皿，据此推断这应该是长颈玻璃酒壶，然而达利却试图对平面、剖面和立面重新进行排列组合，最后的结果只能说不甚成功。这一年其他纯粹主义画家的静物作品主要集中在简单的物品上，与卡拉[16]、基里科[17]和莫兰迪[18]的形而上绘画风格更为贴近。这些画家的作品都通过《造型价值》杂志得到了大量宣传。

1923年，达利因违抗校规而被学院停课一年。当时，学院教授和学生聚在一起，参加一位新教授的任命仪式，然而最终当选的并非很受学生欢迎的那位，而是一位达利认为并没有能力的候选人。出于对这一任命的不满，达利站了出来表示抗议，一些学生跟在他后面也站了出来，这让他看起来成了反抗团伙的头目。达利对停课的处罚毫不在意。他在绘画方面的进步很少或完全不是来自学院的训练，可是这件事让他的父亲焦虑不安，因为他眼睁睁看着一份稳定职业从儿子的手边溜走了。和大多数朋友一样，达利也是一位无政府主义者。就在同年，普里莫·德里维拉（Primo de Rivera）夺取政权，随后西班牙爆发了一场

13：阿梅代·奥尚方（Amédée Ozenfant，1886—1966年），法国立体主义画家、作家。

14：夏尔·爱德华·让纳雷（Charles Edouard Jeanneret，1887—1965年），瑞士裔法国建筑师、作家和画家，即勒·柯布西耶，被誉为“功能主义之父”。

15：胡安·格里斯（Juan Gris，1887—1927年），西班牙画家、雕塑家。

16：卡洛·卡拉（Carlo Carra，1881—1966年），意大利画家，未来主义和形而上绘画代表人物。

17：乔治·德·基里科（Giorgio de Chirico，1888—1978年），意大利画家，形而上绘画创始人之一。

18：乔治·莫兰迪（Giorgio Morandi，1890—1964年），意大利画家，形而上绘画代表人物。

图15《静物》，1924年

反对其独裁统治的民众起义。在此期间，达利由于参与菲格拉斯公立学校的暴乱并焚烧西班牙国旗而被捕入狱。先是在菲格拉斯，之后又在赫罗纳（Gírona），他被监禁了一个月。1924年，达利回到了马德里学生公寓，从此开始到1926年被学院永久开除期间，他过起了花花公子的生活。早在菲格拉斯上学的时候，达利就已经蓄起长发、穿上了效果夸张的波希米亚长袍。到了马德里，他更是花费大量精力和金钱在自己的穿着上，甚至会用胶水而不是发蜡来探索不同的发型。在《萨尔瓦多·达利的秘密生活》中，他用大量篇幅、以耸人听闻的与其他人谈论了他对鸡尾酒的发现。这种生活方式与他在菲格拉斯和卡达克斯度假时所奉行的极端禁欲主义形成了鲜明对比，当然无论如何，也无法阻挡他对工作的痴迷。

图16 巴勃罗·毕加索《塞尔日·迪亚吉列夫和阿尔弗莱德·塞利格斯贝格》(*Serge Diaghilev and Alfred Seligsberg*),1919年

图17《艺术家的父亲和妹妹的肖像》(*Portrait of the Artist's Father and Sister*),1925年

诗人拉法埃尔·阿尔维蒂（Rafael Alberti）——洛尔卡小团体中的一员——后来这样描述那时的达利及他在学生公寓的房间：

> 对我来说，那时候的达利胆小而沉默。我听说他整天都在工作，有时候会忘了吃饭，有时候则是在食堂关门后才赶到那里。当我去到他的房间时，看到的情景同费德里戈的房间差不多，我几乎进不了房门，因为屋里没有地方搁脚：地面上铺满了画稿。达利对工作有着令人敬佩的热情，那时的他虽然年轻，却已然是一位令人惊讶的绘图师。他随心所欲地画画，从自然到想象都会出现在他的画中。他的线条古典而纯粹。他的笔法堪称完美，令人回想起希腊化时期的毕加索，并且和后者一样令人敬佩；那些以粗糙的笔触、斑点和溅痕勾勒出的轮廓线，再以水彩稍加强化，已经预示了后来将在巴黎转变成伟大超现实主义画家的达利。
>
> 在达利那加泰罗尼亚式的严肃背后，隐藏着一种罕见的幽默，而这不是通过他的面部表情能看出来的。他总是会头头是道地解释每幅画中的内容，从中便展露了他无可争议的文学天赋……“就在这儿，一头野兽在呕吐”[19]。那是一头正在呕吐的狗，但看起来就像一捆乱麻。“这里画的是两个警察（国民警卫队员）用他们的胡子之类做爱。”确实，你可以在画面中看到两团戴着三角帽的头发在一个类似床的物体上纠缠。“你看，这里画的是‘腐化堕落派’（洛尔卡、达利及他们的团体对传统艺术的称呼）的一员坐在咖啡馆的一张桌边。”

虽然达利1926年被学校开除，但其实在此之前，他就已经参加了各种学生展和混合展，并且还于1925年在巴塞罗那的达尔茂画廊举办了首次个展。除了一幅早期风景画，达利1924年的画作整体以立体主义和纯粹主义为主，而1925年的画作则可以分为两类：一类是全新的氛围感现实主义作品，内容主要为单个人物研究或含有风景的肖像；另一类则是像新古典立体主义过渡的油画作品，而这也将成为下一年达利作品的主导风格。

19：原文中将“呕吐”的“vomiting”一词拼写为“gomiting”，以此模仿达利浓重的加泰罗尼亚口音。

17 这期间有一幅参展作品是描绘达利父亲和妹妹的铅笔肖像。这幅细腻而写实的素描可能模仿了毕加索在1915年开始创作的肖像素描的风格，当时正处于立体主义的全盛时期。《新精神》的创刊号上刊登
16 了毕加索于1919年为塞尔日·迪亚吉列夫（Serge Diaghilev）和阿尔弗莱德·塞利格斯贝格（Alfred Seligsberg）创作的肖像画的复制图，而达利就模仿了这幅作品的构图，让两个人物非常靠近彼此，只不过毕加索的线条十分厚重夸张，极具张力，而达利的线条则更为柔和，颇具学院派风格，且人物头部的处理也较为传统。他们二人的作品都回顾了以安格尔和大卫为代表的19世纪法国资产阶级肖像传统。我们之所以知道达利的此番创作意图，是因为他在画展的作品目录中进行了说明。首先，他引用了埃利·富尔[19]的评论："伟大的画家，只有在经历过革命的历练后才有权力重新拾起传统，这场革命便是探索自己心中的真实。"这句含混而大胆的引言后还跟着安格尔的三条格言：

19：雅克·埃利·富尔（Jacques Elie Faure，1873—1937年），法国医生、艺术史学家和散文家。

图18（左图）《维纳斯和水手（向萨尔瓦特-帕帕塞特致敬）》，1925年

图19（对页图）《维纳斯和丘比特》，1925年

素描是艺术的精髓。

只关注自己内心而无视他人内心之人很快将发现自己身陷最悲惨的模仿之中，这便是他自己的作品。

优美的形态是带有曲线的方正平面。优美的形态构成丰富，结构稳固，细节不会被整体冲淡。

达利之所以选择这些主张传统及古典形式的格言，部分原因可能是想让他的西班牙同辈感到震惊，因为当时他们仍处于后印象主义的洪流中，对学院派的规则与传统极度排斥，并十分重视每个画家视野的独特性。然而，他们也紧跟着达利画作开创的新方向，即在作品中引入神话题材，并在一些作品的创作中运用更为古典的线条。

18 大型作品《维纳斯和水手》是为纪念刚去世不久的加泰罗尼亚诗人萨尔瓦特-帕帕塞特（Salvat-Papasseit）而作。在这幅画中，达利以讽喻的手法将神话般的地中海风景同现代世界结合在了一起。画

图20（左图）《我父亲的肖像》，1925年

图21（对页图）《窗边的人物》，1925年

面中，身形高大的维纳斯身着棱角分明的古典服饰，与毕加索的《泉
边的三个女人》(*Three Women at a Spring*，1921年）不无相似之处。
维纳斯被一名水手紧紧抱在怀中，后者的形象扁平而诡异，他那模糊
的身形难以辨认，仿佛一个幽灵的立体主义侧相，只有那只握着烟斗
19 的手才有些许实体感。达利于同年完成的还有一幅小型作品《维纳斯
和丘比特》(*Venus and Cupids*)，画作的场景是卡达克斯的海岸。为
了强调这幅画的神话主题，达利在天空中画了一个身披巴洛克式粉色
绸带的丘比特。尽管如此，画面中扁平化且线条感厚重的人物——与
20 《我父亲的肖像》相同——仍清晰表明了达利的后立体主义风格，而
画面右侧手拿海螺的孩子则再一次带上了强烈的毕加索色彩。

达尔茂画廊的展览获得了评论界的好评。1925年12月，《艺术之友》(*Gaseta de les Arts*）杂志评价这场展览向世人介绍了一位极具天赋的艺术家，并专门表扬了一幅描绘一个女孩从窗口望向外面风景的画作。1925年11月的《宣传》(*La Publicitat*）杂志上，一位匿名评论员回忆起达利在1922年巴萨罗那举办的混合学生作品展上展露的天赋，并称赞了这位年轻画家日益增强的自信，但他也提到，支持《新精神》的达利同未被《新精神》成功扼杀掉的浪漫主义达利之间存在着根本矛盾。这位评论员认为，《维纳斯和水手》本质上是一幅浪

漫主义作品，同时他还注意到，在同一幅作品中画家的笔触变化很大，与人物相比，画面中的背景及人物衣着的笔触更为厚重，也更为自由。事实确实如此，在这一时期的一些作品中——《窗边的人物》（*Figure at a Window*）便是一例——达利在上色时十分热情洒脱，这与画作规整的构图与安格尔式的冷静、纯粹的线条形成了鲜明对比。

图22（左图）《路易斯·布纽埃尔肖像》1924年

图23（对页图）《肖像（坐着的女孩）》，1925年

达利在达尔茂画廊展中展出的他父亲、妹妹和朋友的肖像为写实
22 主义风格，这与以《维纳斯和水手》为代表的现代主义风格对比明显。然而达利涉猎的风格也极为多样，其丰富性在其1926年的精彩画作中即可见一斑。除此之外，这些画作与奥弗贝克[20]和菲利普·奥托·伦杰[21]等德国画家的作品间还存在奇妙的相似之处，即新古典主义风格转变为冷静而具装饰性的浪漫主义风格。达利的作品甚至让我们联想到了卡斯帕·大卫·弗里德里希[22]的《窗边的女人》(*Woman at a Window*，1822年）和《窗边的人物》。更进一步来说，我们还能在达利身上看到新客观现实派（*Neue Sachlichkeit*）画家——比如乔治·舍夫勒（Georg Schrimpf）或里斯蒂安·沙德（Christian Schad）——的影子。在这段

20：约翰·弗里德里希·奥弗贝克（Johann Friedrich Overbeck，1789—1869年），德国浪漫主义画家。

21：菲利普·奥托·伦杰（Philip Otto Runge，1777—1810年），德国浪漫主义画家、绘图师。

22：卡斯帕·大卫·弗里德里希（Caspar David Friedrich，1774—1840年），德国著名浪漫主义画家，代表作有《云端的旅行者》等。

时间，达利与其他同辈加泰罗尼亚画家一起向“新客观主义”（New Objectivity）靠拢，而由于他对现代性有自己的见解，这使得新客观主义在他笔下演化成了极具个人色彩的道德审美。

无论达利的艺术往哪个方向发展，有一点很明显，即他涉猎广泛，对历史和当代艺术有十分深入的了解。正因此，他在1926年6月的学院考试中表现出强硬的姿态也不令人意外了。当评审老师在艺术理论这门考试中要求达利选择一个主题创作时，他答道：“不。考虑到圣费尔南多学院的教授都没有资格评价我，我选择退出。”达利的这番举动，再加上之前类似的“破坏校规”，导致了他被学院永久开除的结果。通过成绩单我们可以看到，达利的各科成绩参差不齐：他在古董史和现代艺术史两门课中获得了表扬；几次缺席考试；通过了人物解剖学写生考试，而色彩与构图、石刻和动态写生考试则没有通过。毫无疑问，美术学院的教育从很早之前就对达利毫无帮助了。1926年，他就已经在达尔茂画廊举办了第二次个展，并开始在巴黎结交朋友，与此同时，他一直在废寝忘食地作画。达利1925年的《我父亲的肖像》记录了父亲对于他学术生涯的失败而感到的极度失望，他后来在自传《萨尔瓦多·达利的秘密生活》中这样描述这幅画：“从我父亲的表情可以看出，我被逐出美术学院这件事给他带来了深切的痛苦。”（实际上这幅《我父亲的肖像》完成于1925年，当时达利只是被勒令停课，还没有被开除。）不过，他的父亲很快会意识到，被学校开除这件事完全没有影响达利那已经起步的事业。

1926年4月，达利第一次游览巴黎，并在那里见到了毕加索。后
23 者参观了1925年的达尔茂画展，特别对《肖像（坐着的女孩）》称赞有加。毕加索花两个小时的时间带达利参观了他的画室。在这趟行程中，达利还前往布鲁塞尔参观了维米尔[23]的作品。

达利于1926年创作的几幅浴者主题大型作品，包括《躺在沙滩上的人物》（*Figures Lying on a Beach*）、《礁石上的人物》（*Figure on the*
24 *Rocks*）以及野心勃勃的《有三个人物的构图：“新立体主义学院”》
25 （*Composition with Three Figures: ‘Neo-Cubist Academy’*）——当时达利创作过的最大尺寸画作，都可以清楚地看到毕加索对他的影响。他在《毕加索的影响》（*Picasso’s Influence*）一画中以自我模仿的态度评价了这一做法。就像《维纳斯和水手》一样，《有三个人物的构图：“新立体主义学院”》中的人物十分壮硕，他们以古典的裸体姿势呈现，被处理成了简单而扁平化的几何图形的组合。画面呈现典型的三角形构图，裸体水手位于最高点，这几乎完全模仿了文艺复兴时期画作的传统构图方式。西班牙艺术史学家拉斐尔·桑托斯·托洛艾拉（Rafael Santos Toroella）认为这幅画的题目可能是“达利对圣费尔南多美术学

23：约翰内斯·维米尔（Johannes Vermeer，1632—1675年），荷兰著名画家，代表作有《花边女工》《戴珍珠耳环的少女》等。

图24 （顶图）《礁石上的人物》，1926年

图25 （上图）《有三个人物的构图："新立体主义学院"》，1926年

图26 （左图）《静物》，1926年

图27 （下图）巴勃罗·毕加索《有石膏头像的画室》，1925年

图28 （对页图）《悬崖》，1926年

院的报复”。不无讽刺的是，这个名字倒是跟上了时代。这些画作的风格很接近上一年的新古典主义，所以它们可能是达利于1926年12月至1927年1月在达尔茂画廊举办的第二次个展中最早的作品。

达利将这场展览划分为两部分，其一是“立体主义”及“新立体主义”作品，其二则是“微型画”。也许达利认为，毕加索在20世纪20年代早期游走于不同风格之间的创作方式为他更为戏剧性的多样化尝试提供了一些借鉴。在巴黎之行结束后，达利的注意力转向了毕加索于1924年和1925年创作的杰出的静物主题作品，如1925年的
27 《有石膏头像的画室》(*Studio with Plaster Head*)，它们代表了立体主义的复兴。在这些画作中，毕加索经常将吉他、曼陀林琴、水果及古典半身雕像的残片置于窗前。这便给了达利最初创作《静物》(*Still*
26 *Life*）的灵感，而在这个过程中，他也将立体主义的表达可能性延伸向了更具个人特色的方向。在《静物》中，在敞开窗前摆放的静物极具戏剧感，月亮和吉他的浪漫组合将吉他在立体主义绘画中的传统意象进行了延伸，暗示了洛尔卡的诗歌——在后者的诗作中，月亮是一个反复出现的意象，它象征了神秘和命运。达利1925至1927年的画作经常包含自画像或洛尔卡的肖像，只不过都被掩盖在了立体主义的象征元素中，有时候二人的形象还会合二为一，《静物》中破碎的石膏像就是一例。

28 “微型画”一方的代表包括《悬崖》[*Penya-segats (Cliffs)*]——
微小的人物蜷缩在被夕阳照亮的硕大而戏剧化的悬崖前、《面包篮》
29 (*The Basket of Bread*)——在几乎全黑背景前的戏剧化光效让人不禁想
30 到苏巴朗[24]的静物画，以及《来自菲格拉斯的女孩》(*Girl from*
Figueres)。《面包篮》是达利第一次在美国参展的作品。1928年，这幅
画在匹茨堡卡内基研究所展出，备受好评。3月，在达利动身巴黎之前，
32 他在给洛尔卡的一封信中介绍了《来自菲格拉斯的女孩》的创作过程：
“在过去的5天里我忘情而耐心地画着她那刚刚剃过头发的脖颈，最终的
成品是如此精美，以至于它看起来几乎不像（虽然它是）一幅现代作
品（或古典作品）。”画中的女孩实际正在绣蕾丝，而这幅画也表达了达

24：弗朗西斯柯·德·苏巴朗（Francisco de Zurbarán，1598—1664年），西班牙著名画家。

图29《面包篮》，1926年

图30 弗朗西斯柯·德·苏巴朗《有柠檬、橘子和一枝玫瑰的静物》(*Still Life with Lemons, Oranges and a Rose*)，1633年

31 利对维米尔的崇拜——他一生都对后者的《花边女工》(*Lacemaker*)十分着迷。1929年的电影《一条安达鲁狗》(*Un Chien Andalou*)中就出现了一幅《花边女工》的复制品，而同样的放大版复制品后来又出现在了他未完成的电影《花边女工和犀牛的奇妙冒险》(*The Prodigious Adventure of the Lacemaker and the Rhinoceros*)中。有趣的是，达利认为他的这些画作既不现代也不复古——至少它们看起来绝不像那些达利崇拜的画家的作品。从此时起，达利那微型画画家和幻想艺术家的精湛技艺开始逐渐显露，然而通过他的想象力，这些技艺最终创造出了截然不同的作品。

与1925年的第一次个展相比，达利的第二次个展收获了评论界更为多样化的评价，不过有一点可以肯定，评论界认为他是新一代加泰罗尼亚画家中最有趣的成员之一。即将在下一年中成为达利坚定同盟的塞瓦斯蒂亚·加施（Sebastià Gasch）在1927年的《艺术之友》就这次个展发表了一篇逻辑缜密的长文。在他看来，达利的这些作品结构太过刻意，但是与其早期作品相比，其中的冷漠、对感性和内心情感表现不足的情况在减少。达利不再执着智力层面的炫耀，而是终于可以“把感性充分表达出来”。加泰罗尼亚诗人J.V. 富瓦（J. V. Foix）在《展示：萨尔瓦多·达利》一文中描绘了这次展览：

图31 （左图） 扬·维米尔《花边女工》，约1669—1670年

图32 （对页图）《来自菲格拉斯的女孩》，1926年

在展厅的入口处，达利抚摸着他左肩上的一只五颜六色的大鸟。

-超现实主义？

-不，不。

-立体主义？

-不，并不是那样：如果您不介意的话，我认为那就是纯粹的绘画。

他还向我展示了在达尔茂画廊建造的那座华丽宫殿的窗户。当时我强烈地感觉自己目睹了一位画家诞生的瞬间。那被剥得只剩骨头的活体解剖大厅展示了无限的生理景观：那些鲜血淋漓的树木将树荫投在小湖的水面上，湖中的鱼儿从早到晚不断地挣扎，只为逃离这些阴影。在那些画家、丑角和人体模型那深不见底的瞳孔中，黑色的星星划过银色天空。就在我考虑是否还要待在那里的时候，7点的钟声敲响，画面深处那些著名的幽灵逐渐浮现。

这是一幅美妙的景象：它们轻柔地用面纱盖住你，赐予你它们的无形。如果巴塞罗那的市民能够了解这一点，即每晚在达尔茂画廊都有幽灵出没，那他们就知道了“另一个”世界的入口。

可能并非巧合的是，这番话精巧地应和了1925年安德烈·布勒东在巴黎举办的第一次超现实主义画展的目录前言，后者也将画作的名字编入了一个极具梦幻色彩的故事中。富瓦在他的文章中提到的“丑角”和“人体模型”，都源自参展作品的名字。

富瓦不仅是当时最杰出和知名的加泰罗尼亚画家，同时也是诗人中对视觉艺术一直最具热情的一位。尽管远离各种政治宣言和公开示威，但他是巴塞罗那青年作家团体的一员，而这个团体是加泰罗尼亚的文化先锋。除此之外，他还是于锡切斯（Sitges）出版的《艺术之友》杂志的评论员之一。达利的画稿通常会引用富瓦在《艺术之友》中发表的文字，而从1927年开始，达利自己也开始定期在该杂志上发表文章。最有趣的是，在超现实主义于1924年正式确立之前，我们就已经可以将富瓦描述为“超现实主义作家”了。上文中引述的是富瓦

图33《人物（巴塞罗那人体模型）》，1926年

创作的一种诗意或“奇幻”——从超现实主义的角度来说，为了召唤另一个世界——的文本，而达利对其非常熟悉。

33 《人物（巴塞罗那人体模型）》[*Figure (Barcelona Mannequin)*]并没有在达尔茂画廊中展出，而且这件作品可能是达利在1927年2月服兵役前创作的最后一幅画。画中的人体模型非常奇怪，虽然十分性感，但又性别模糊。双鱼是阳具的象征，呼应了马克斯·恩斯特[26]的达达主义拼贴画《神圣的对话》(*Sacred Conversation*，1921年)。在恩斯特的画中，一只鸟遮住了人物的生殖器官。人物的姿势、胸部和高跟鞋都极具女性化特征，然而其头部的右侧又有着洛尔卡标志性的耳朵。此外，人物投下的影子也颇为男性化，它拥抱着这个人物，仿佛一位贴身舞伴。

26：马克斯·恩斯特（Max Ernst，1891—1976年），德裔法国画家，雕塑家，达达主义和超现实主义代表人物。

第二章
达利和洛尔卡

截至20世纪20年代中期，达利最重要也是对他影响最大的朋友就是安达卢西亚诗人费德里戈·加西亚·洛尔卡。他们在马德里学生公寓期间同路易斯·布纽埃尔结成了坚定同盟，而这份友谊一直持续到达利返回加泰罗尼亚。洛尔卡曾于1925年和1927年分别前往菲格拉斯和达利一家位于卡达克斯的度假别墅同达利碰面，进一步巩固了二人之间的亲密关系。在这些年里，他们在知识和审美方面的交流融入各自的事业中。洛尔卡不仅为达利着迷，还被卡达克斯的橄榄树那“巴洛克式的外貌及其灰色的灵魂”和加泰罗尼亚风景那犀利而清晰的美感所吸引。正如他在写给达利的妹妹安娜·玛利亚的信中提到的那样，加泰罗尼亚的风景“永恒、现实而完美”。1926年4月，洛尔卡在《西方评论》(*Revista de Occidente*）上发表了他的第一首颂歌《致萨尔瓦多·达利》，这首诗也揭示了下一年达利在文学创作中所运用的夸张语言的灵感来源。他所创作的颂歌标志性地运用了不寻常、优美且有时难以翻译的形容词，比如“¡O Salvador Dalí, de vóz aceitunada!”，字面意思就是“哦，萨尔瓦多·达利那浸过橄榄油的声音”，又如“Canto tu corazón astronómico y tierno de baraja francesa y sin ninguna herida”，意为“我为你那巨大的温柔之心歌唱，就像一副毫发无伤的法国纸牌”。这些诗句不仅涵盖了达利世界中那亦真亦幻的景观，同时还表露了他的绘画主题、野心和创作态度：

洁净的灵魂，你生活在崭新的大理石之上，
逃离了那形状诡谲的黑暗丛林。
你的幻想遍及你双手的所经之处
你欣赏着窗外那大海谱写的十四行诗。

这首诗结合了优美华丽的辞藻和精确的简洁感，旨在应和达利对多愁善感的抵触和对冷静的客观性的坚持：“你热爱精确、定义明确的

图34 （左图）路易斯·布纽埃尔，萨尔瓦多·达利、费德里戈·加西亚·洛尔卡和何塞·“佩平”·贝洛合影，1926年

图35 （对页图）《腐化之书》内页，1927年

事物。”然而与此同时，洛尔卡对历史和诗歌传统的熟稔也与达利对故土强烈的归属感及对地中海古典题材的热爱一拍即合：“卡达克斯是山与水的支点，海螺就隐藏其中……”这句诗不禁让我们回想起了达利
19 于1925年创作的《维纳斯和丘比特》。

达利并不喜欢赤裸裸的灵魂，他那“洁净的灵魂”更偏爱清晰、秩序和客观，这被他称为“天文学”。在1925年12月写给学生公寓的朋友佩平·贝洛的一封信中，他提出正是“天文学”让他们的团体形成了独特氛围：“我们支持天文学，反对腐化堕落——腐化堕落和天文学是两个标志，是两个不同的类别。”“腐化堕落”本来是包括贝洛、
34 布纽埃尔和洛尔卡在内的学生公寓小团体中的私人玩笑，但后来却被达利大力推行，他甚至计划同洛尔卡共同出版一本《腐化之书》
35 （*Book of Varicose Veins*），或被称为“巴斯特·基顿的漫步”（Buster Keaton's Stroll）。后者可能指的是电影《巴斯特·基顿的婚礼》（*The Wedding of Buster Keaton*），其中不仅有航空元素，还出现了一张他

们最喜爱的喜剧演员的照片——这些正好与“腐化堕落”艺术相反。达利很快完成了他负责的部分，之后于1926年3月给洛尔卡写了一封信，对他迟迟没有完成序言大加指责：“你甚至不必提及我的画，只要解释一下什么是腐化堕落就行了。一共只要5页啊，看在上帝的分上，上帝啊你快写吧……”然而洛尔卡从未完成他的部分，这个项目最终也被弃置。即便如此，达利仍不断对腐化堕落艺术进行抨击。1927年7月，达利在《艺术之友》上第一次发表了一篇名为《圣塞瓦斯蒂安》(*Sant Sebastiá*)的文章，详细且客观地描述了“腐化堕落之人的世界：哭泣的、超凡的艺术家们，远离一切清晰，成为细菌的培养者”。达利一直孜孜不倦地追捧着备受尊敬的诗人胡安·拉蒙·希门内斯(Juan Ramón Jiménez)，后者冒险创造了达利最著名的形象之一——腐烂的驴。希门内斯之前出版了一个有趣的故事《普拉特罗与我》[1](*Platero y Yo*)，讲述了他和他的驴普拉特罗到处漫游的经历。驴因为吃了有毒的草根而死，被葬在了盛开的花园中。在此之后，诗人仍然在和它对话，幻想着它的灵魂升入天堂。起初达利很喜欢这个

1：又译作《小银与我》。

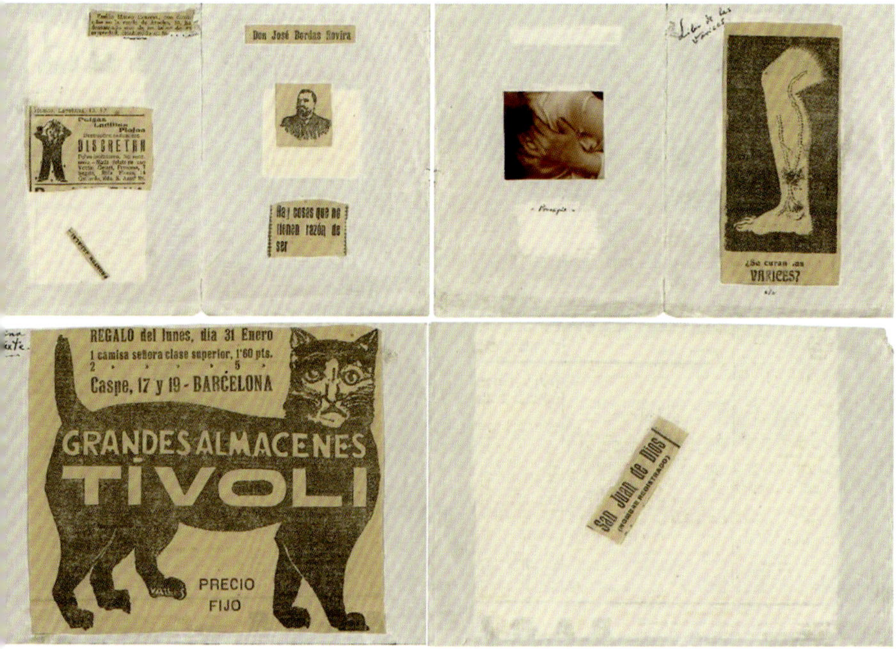

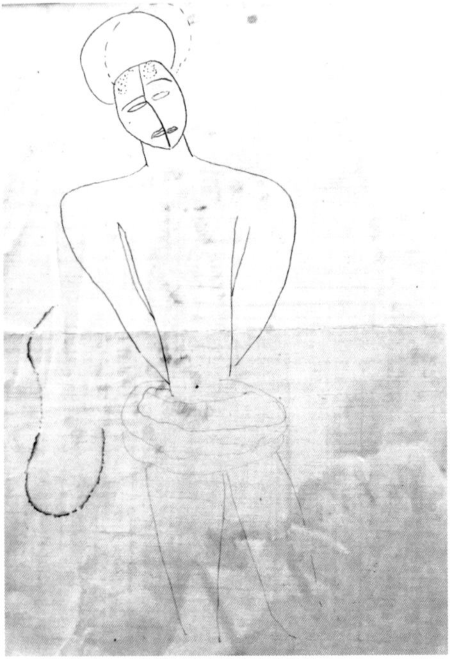

图36 （顶图）萨尔瓦多·达利、费德里戈·加西亚·洛尔卡和《艺术之友》成员

图37 （上左图）费德里戈·加西亚·洛尔卡《圣塞瓦斯蒂安》，1927年

图38 （上右图）《安普里亚斯海滩上的诗人——费德里戈·加西亚·洛尔卡》，选自《艺术之
1927年6月30日，第15期

故事，可在重读之后，又对它产生了强烈的厌恶之情，因为故事中充斥着感伤的理想主义，“这风格化的驴子，这反现实的驴子……”。

和融化的手表一样，腐烂的驴是达利最引人注目、同时也最令人困惑的形象之一，可它有着非常严谨的联想逻辑。腐烂的驴象征了腐化堕落者的世界，在已死亡的文化那极具欺骗性的表面背后，他们沉湎于滑稽的神秘主义中，而对达利来说，这就是资产阶级那拘谨而充满限制的世界（“……那些买来艺术品放在钢琴上的家庭……”）。这一意象后来以引人注目的方式出现在了他与布纽埃尔共同拍摄的电影
64 《一条安达鲁狗》中。

圣塞瓦斯蒂安是达利与洛尔卡二人艺术对话中一个长久存在的主题。前者那同性恋偶像的身份为二人越来越荒诞夸张的幻想奠定了基础。除此之外，圣塞瓦斯蒂安还与达利的家乡不无关联。后者在1926年9月写给洛尔卡的一封信中提到“圣塞瓦斯蒂安是卡达克斯的守护神。你还记得帕尼山（Pani）上圣塞巴斯蒂安的隐居之所吗？好吧，莉迪亚给我讲了一个关于他的故事，那个故事解释了他是如何被绑在石柱上的，而他的脊背又是多么结实”。而在1927年1月的一封信中，达利邀请洛尔卡“来看看我新创作的圣塞瓦斯蒂安，射中他的箭矢被我变形成了一条鲽鱼”，他随信附上了一幅速写，画面中一条大鱼卡在了一个受伤的无头躯干的脖子上。他们二人比试着谁才是真正的圣塞瓦斯蒂安。或者如达利所写，谁“可能就是你”，不过此时他已经默认自己就是圣塞瓦斯蒂安。

在达利那篇名为《圣塞瓦斯蒂安》的文章中，他解释了讽刺的概念，而洛尔卡显然对此不感兴趣。这一灵感源自德·基里科[2]的哥哥，音乐家、作家、画家阿尔贝托·萨维尼奥（Alberto Savinio）在1919年的《造型价值》上发表的一篇文章。在文章中，萨维尼奥部分探讨了前苏格拉底哲学家赫拉克利特（Heraclitus）关于讽刺的作品，他认为，大自然隐藏自身的方式就是为了更好地展露自身。达利坚持认为讽刺十分重要：“讽刺——赤裸——透彻地看清一切……描绘大海中的所有波浪。讽刺啊！”描绘大海中的所有波浪正是达利在许多作品
12 中所做的事，《埃斯利亚纳海滩的浴者》便是一例。不过在达利朋友的眼中，圣塞瓦斯蒂安这一意象有着完全不同的含义：“你的圣塞瓦斯蒂安”，洛尔卡这样写道，“是大理石制成的永恒的存在，和我的正相

2：乔治·德·基里科（1888—1978年），希腊裔意大利著名超现实主义画家，形而上艺术运动的创始人。

图39 （上左图）1927年巴塞罗那戈雅剧院上演《玛丽安娜·皮内达》时出现在《夜晚》（*Noche*）杂志上的洛尔卡和达利的漫画

图40 （上右图）《献给费德里戈·加西亚·洛尔卡的自画像》，1925年

反，我的圣塞瓦斯蒂安正在不断凋亡……”对达利来说，实际上是“圣客观性”（St Objectivity）“被套上了圣塞瓦斯蒂安的名字”。

39 1927年6月24日，洛尔卡的抒情剧《玛丽安娜·皮内达》（*Mariana Pineda*）于巴塞罗那的戈雅剧院（Teatre Goya）上演；第二天，他的个人画展也在达尔茂画廊开幕。4月，达利在给洛尔卡的信中写道：“我看到你的《玛丽安娜·皮内达》终于要上演了。我的父亲为此十分开心。我们全家都会去参加首映礼……”但由于当时达利仍在服兵役，他担心如果剧目于近期上演，那他就没有时间参加首映礼了。达利确实为这出剧设计了舞台背景，不过非常简单，“几乎是单色的”，传递出一种褪色的气氛，犹如古老的雕塑一般。而色彩则主要用在了戏服上。洛尔卡说，舞台背景没有“一丝民间传说的感觉”。

这一评价意义重大。整体来看，正是由于现代与传统、科技与民俗、客观与主观的对立主张，才最终导致了达利和洛尔卡二人分道扬镳。虽然二人有着深厚的友谊、共同的构想及私密的沟通方式，但是他们都越来越坚定地走上了自己的道路。在达利于1927年6月初写给洛尔卡的信中，我们便能清楚看到他们在探究二人的不同：他为没有对洛尔卡的《歌曲集》(*Songs*) 表现出热情而道歉。达利写道，这本书的吸引力超过了《一千零一夜》中最优美的诗句——虽然二者同样优秀。

相比之下，“那些来自美国查尔斯顿（Charleston）的诗歌标题（比如‘让我们再吃一块馅饼吧’），或者由全新发明物组合在一起的新的诗歌统一……以一种完全不同的方式吸引着我”。达利继续写道，机器“改变了一切”。达利认为，洛尔卡的诗歌描绘了“没有手推车也没有飞机”的格拉纳达（Granada，西班牙南部城市），而洛尔卡是一个“纯粹的安达卢西亚人”。除此之外，达利还在《新杂志》(*La Nova Revista*) 上撰文评论了洛尔卡的画作，认为它们“用非常古典的方式将色彩与建筑的关系转化成了一种和谐而不受控制的不对称性，这是最纯粹的东方造型艺术的特征”。

1927年夏天，服完兵役的达利立刻重新投入绘画中，创作了一幅
42 极为引人注目的油画：令人眩晕的陡峭山坡横亘在画面的对角线上，

图41《一分为三的自画像》(*Self-Portrait Splitting into Three*)，1926—1927年

图42《蜜比血甜》习作，1926年

大量针状物体整齐地排成列，其中点缀着神秘的测量仪器、奇怪的躯干（一个无头的性感裸女和一道黑影）、两颗被截掉的头（洛尔卡和达利），以及一头腐烂的驴，它那幽灵般的身影还浮现在了对角线的另一端，似乎是被强风吹走了似的，而这股强风还把山坡上的物体吹散在了空中。达利创作这幅作品的时候洛尔卡就待在卡达克斯，在临走时，他热切地记录下了在那里的时光：“我记得萨尔瓦多·达利这个新手舔舐着夕阳的外壳……即使在此，我仍能听到那器具丛林中受伤的美人鲜血缓慢涌出的汩汩声，我还听到了两头小兽踩在丛林地上的噼啪声……”洛尔卡请求达利把他的名字也添加到画中，“这样在这个世界上我的名字也有了些许意义，也请给我一个拥抱吧，我太需要了”。

《器具丛林》(或《有物体的丛林》) 是洛尔卡给这幅画起的名
42, 43 字，不过，达利将它命名为《蜜比血甜》(*Honey is Sweeter than Blood*)。这一名字引申自莉迪亚·诺格尔（Lídia Noguer）的“La ben plantada”，后者是卡达克斯最具传奇色彩的人物之一。她是一个

图43《蜜比血甜》，1927年

村妇，她的儿子则都是渔民。诺格尔的文字充斥着一种着魔般的妄想，而达利几乎正是据此在20世纪30年代发展出了他的偏执狂-批判方法模型。作家欧亨尼奥·多斯（Eugenio d’Ors）曾于学生时代在诺格尔位于卡达克斯的宅邸暂住，从那以后，她便对多斯产生了深厚的感情，尽管二人从未谋面，也没有信件往来。她读了他的每一本书和每一篇文章，并将它们理解为多斯传递给她的隐藏信息。后来证明，诺格尔在后来达利被赶出他父亲的房子后给予了后者重要的支持，而达利也是从诺格尔的手中买下的利加特港的渔屋。在《萨尔瓦多·达利的秘密生活》中达利将诺格尔称为“疯狂之我的教母”。

44 《蜜比血甜》《器具和手》（*Apparatus and Hand*）和《徒劳的努
45 力》（*Les efforts stériles*，之前被称为《小灰尘》，*Little Ashes*）3幅
画毫无疑问体现了达利所崇拜的超现实主义画家对他的影响，尽管当时的他还无意于投身到这场艺术运动中。这些画作中的一些元素同唐吉、米罗和恩斯特的作品不无联系，但它们被达利改造成了原创意象，他

图44《器具和手》，1927年

以一丝不苟的技巧绘制了这些意象，而这也成为他于1929年创作的超现实主义作品的标志。1927年秋天，达利在给洛尔卡的信中写道：

> 别告诉别人，但我觉得我现在正在创作一些了不起的东西。我用真正的愤怒作画。我用心勾勒每一条线、每一个点，

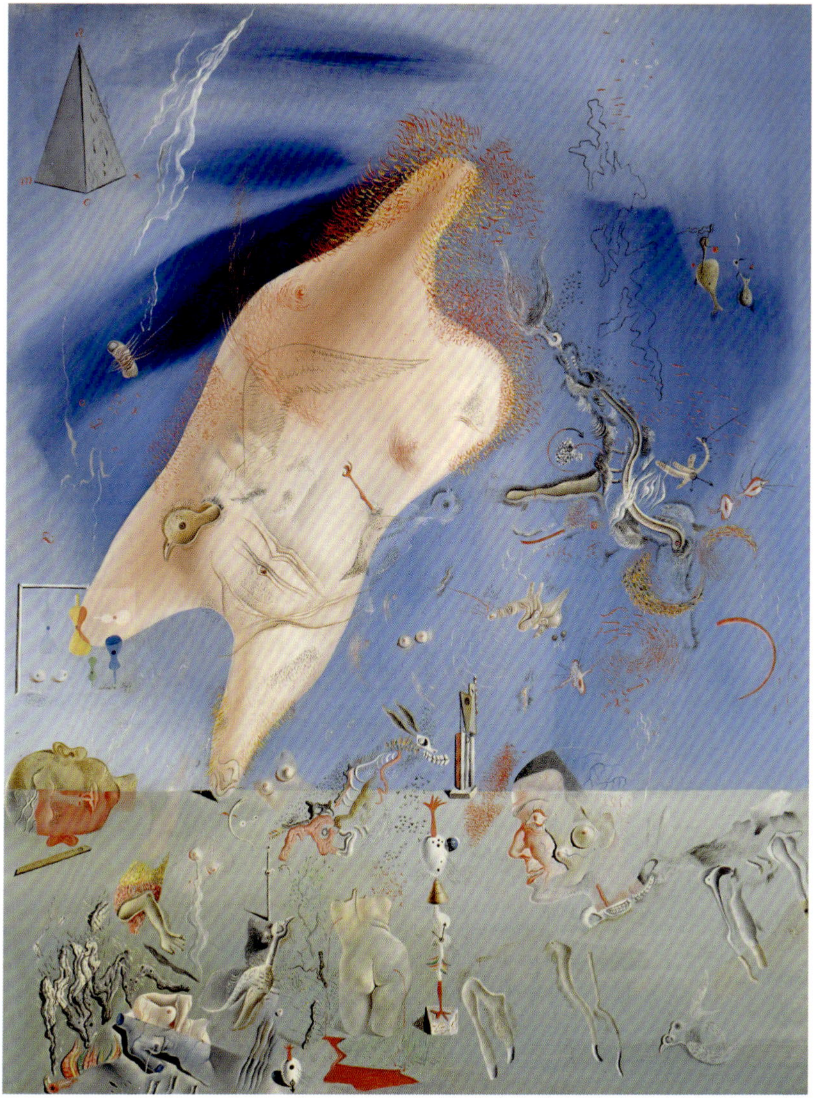

图45《徒劳的努力》，1927—1928年

上千次的抹掉重画。猪的艺术让我们习惯了逃避惯常的、反真实的、传统的现实……我有一种预感，未来的某一天我将表达出未知的事物。丑的事物？还是美丽的事物？哈哈哈哈……

《器具和手》中，低矮地平线上的中心处耸立着奇怪的物体，这

图46（顶左图）乔治·德·基里科《伟大的形而上学家》，1917年

图47（顶右图）伊夫·唐吉《他做了想做的事》，1927年

图48（上图）胡安·米罗《猎人（加泰罗尼亚风景）》，1923—1924年

幅画面让我们联想到了马克斯·恩斯特的《大象塞利比斯》(*Celebes*
Elephant);画面中心的几何物体混合了唐吉和德·基里科的风格,比
46 如和后者的《伟大的形而上学家》(*Il grande metafisico*)就较为相
47 似。唐吉的《他做了想做的事》(*Il faisait ce qu'il voulait*)也有类似
的意象,画中的物体被打散在空中,悬浮在地球之上。和达利有过交
48 往的米罗可能是继毕加索之后对达利影响最深的人。在1927年秋天写
给洛尔卡的一封信中,达利这样说道:"听到你对米罗印象深刻,我
可太高兴了。在毕加索之后,米罗说出了一些新东西。"然而在风格方
面,达利的作品与唐吉和米罗也有着鲜明的区别。米罗那充满想象力
的笔触自由奔放,时而复古,时而稚拙,他创造出的幻想生物、轮廓
鲜明又飘忽不定的空间,以及微妙的戏剧性都为达利所欣赏。然而达
利也在尝试着不同的表现形式,他将这些表现形式逐一在帆布上混合,
并辅以各种象征现代性的几何图形,从而形成了一种成熟的学术自然
主义,《器具和手》及《徒劳的努力》中的裸体躯干便是一例。除此
之外,他的画作中还有略具卡通风格的人物和高度加工、细腻而夸张
的现实主义元素,这些则与米罗于1922年和1923年创作的早期作品类
似,比如《谷穗》(*Ear of Grain*)。

《蜜比血甜》和《器具和手》两幅画都参加了1927年的巴塞罗那秋季沙龙展,它们受到了观众的高度关注,而人们关注的焦点就是达利同超现实主义的关系。这两幅画大量出现在了各类评论杂志中。从整体来看,评论界对这两幅画充满了敌意,这并不意外。它们让评论界感到困惑,人们认为达利的画难以理解,令人厌恶。

1927年10月,达利在《艺术之友》上发表了一篇名为《我的秋季沙龙展作品》(*L'Amic de les arts*)的文章,直接回应了评论界的诋毁。他解释道,自己努力以最正常和自然的方式作画。他说,孩子和卡达克斯的渔民可以毫不费力地理解他的画作,因为他们可以用"纯洁"的眼睛欣赏。只有对审美有先入之见的人才难以理解这些画,他们能够理解当代"艺术"绘画的复杂性和丰富性,然而却失去了简单欣赏自然的能力。接着达利谈到了"我们称之为最纯粹的潜意识和最自由的本能的诗意转换的介入",他承认自己实际上在诉诸超现实主义的核心概念——无意识。然而接下来,他又煞费苦心地提出了一个将自己与超现实主义者区分开来的关键因素:

一只活的眼睛,一株最无药可治、最不起眼的植物,甚

> 至一只苍蝇，这些生物比我笔下任何一种简单、原始的有机体都更为复杂、神秘和出人意料。我笔下的那些事物，比大自然所能提供给我们的描述更清晰、更精确，它们总是受着最轻微的偶然事件所支配。想知道如何用心灵之眼去观察一个物体、一只动物，就要在观察的过程中将客观真实最大化。然而人们只看得到事物的刻板形象、那些毫无表情的空洞阴影，以及事物那纯粹的幻影。最终他们发现，自己所见的一切，无论多么奇妙和神奇，都变得庸俗而正常。正如最近我在谈论摄影时说到的：观察就是发明的过程。在我看来，这一切足以表明我与超现实主义之间的距离……

除此之外，达利在1927年9月还发表了一篇名为《摄影，纯粹的心灵创造》（*La fotografia, pura creació de l'esperit*）的文章。他在文章中表扬了亨利·卢梭[3]和维米尔。达利认为卢梭比印象派画家更懂得观察之道。不过这篇文章的主要论点是摄影和它的客观观察能力："摄影的幻想；在做出发现时比模糊的潜意识过程更加敏捷和快速！"他明确提到，这里的"潜意识过程"指的就是超现实主义的自动主义（automatism），特别是自动绘画（automatic drawing）。达利解释道，他认为自己同超现实主义者之间的差别源于他对精神幻想或遐想的偏爱，这份遐想并非源自自动绘画的内在启示，而是源自外部世界的具体事物。传达这份客观实在的最佳媒介就是摄影。

正如1979年在巴黎蓬皮杜艺术中心（Pompidou Centre）举办的
49 回顾展所展示的那样，达利大约在这一时间尝试了自动绘画。就像他在文章中所写的那样，并没有多少例子可以证明他对这一创作方式有何不满。在很久之后的1974年，达利仍然坚称从严格意义上来讲自动绘画并非超现实主义所独有。他认为，自己作品中的书法线条确实源自超现实主义，然而与超现实主义所推崇的自动主义相比，他的画作有着"传达信息的欲望"。这种区分非常符合当时达利的创作观点，尽管我们可能有理由怀疑他的这些观点究竟在多大程度上得到了证实。不过，达利也确实承认了自动绘画对他未来肖像学方面的创作具有重要性；他的宇宙起源论已逐渐浮现："手指/阳具形态/苍蝇/水母般的

3：亨利·朱利安·菲利克斯·卢梭（Henri Julien Félix Rousseau，1844—1910年），法国印象派画家，天真画派（naïve）代表人物。

图49《无题》(*Untitled*)，1927年

黏性形态/生物元素/各种柔软而柔韧的元素。”毫无疑问，这些元素就出现在了达利的画作中，特别与他于1927至1928年绘制的作品中那些有机而呈块状的意象息息相关。我们很难弄清楚他所说的“超现实主义书法线条”究竟为何物，它可能仅仅是一种固定的、与超现实主义不同的表现形式。诚然，短促而重复的笔触、毛发般的排线、如苍蝇群般的记号，以及突兀的截面、狭窄而烦琐的线条，这些都是达利所
50 特有的“书法”特征，它们确实与马松[4]的自动墨水画——达利可能是从《超现实主义革命》(*La Révolution Surréaliste*)杂志中得知的——不无相似之处。此时的他似乎在理论上反对自动主义，但却对它的具体绘画技巧颇感兴趣，同时对潜意识保持警惕。在达利看来，滋养想象力的是事实的诗意，而非主观的内心世界。

4：安德烈·马松（André Masson，1896—1987年），法国超现实主义画家。

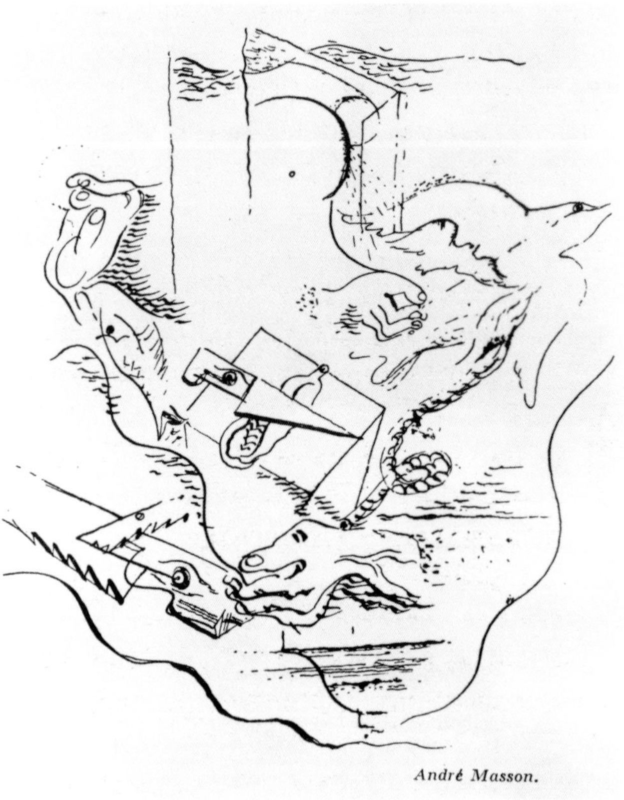

图50 安德烈·马松，《自动绘画》（*Automatic Drawing*），选自《超现实主义革命》，1924年第1期

达利通过《我的秋季沙龙展作品》及其他谈论电影和摄影的文章强调了客观观察及事物本身所拥有的潜在幻想的重要性，这使人们在最开始认为他与超现实主义产生了交集。达利的画作越显示出唐吉、米罗、阿尔普[5]、恩斯特和马松等超现实主义画家的影响，他就越觉得它们与自己关于摄影的观点之间的关系模糊不清。1927年12月，达利写了一篇名为《电影艺术，反艺术电影》（*Film-arte, film antiartístico*）的文章献给他马德里学生时代的朋友布纽埃尔。他写道，电影可以传达绘画无力传达的画面；与此同时，电影也激发了一种全新的观察方式。这篇文章抨击了那些将奇闻逸事或浮夸的艺术情感居于主导地位的电影，以及利用电影作为"阐释"艺术想象手段的这一倾向；达利不

5：让·阿尔普（Jean Arp，1887—1966年），法国超现实主义画家、雕塑家和图形艺术家。

接受曼·雷[6]或费尔南德·莱热[7]试图创造一种新型电影的尝试（尽管达利承认他们制作出了当时迄今为止最有趣的电影），因为他们犯了一个错误，即立足于已被发明的形态进行创作，而非普通的物体。“电影和绘画的世界截然不同；确切地说，摄影和电影的可能性存在于事物本身所产生的无限幻想中。”他在《摄影，纯粹的心灵创造》（*Film-arte, flim antiaristico*）中写到，一只牛的大眼睛可以包含“雪白和微缩的后机械主义景观”。而在《电影艺术，反艺术电影》中，他又提到“在屏幕上一块糖可以被赋予比无穷巨大的建筑更为广阔的视角”。

1927年12月，达利欣喜若狂地给洛尔卡写信，向后者描述了他迄今为止最为激进的作品，同时也预示了他超现实主义作品的到来：

> 费德里戈，我正在画的画让我高兴得要死。我的创作绝对自然，没有思考的审美考虑，我创作的东西正以一种十分深沉的情感激励着我，而我正在努力将它们忠实地描绘出来……
>
> 此刻，我正在画着一个非常美丽的女人，她微笑着，被五彩缤纷的羽毛所环绕，倚在一枚小小的燃烧着的大理石色子上，色子的一面靠一缕微弱的烟雾所支撑，它平静地飘动着。天空中还有点缀着小鹦鹉头的云彩，以及海滩上的沙子。

45 达利此处提到的可能就是《徒劳的努力》，这幅画无疑展现了他的精湛技艺和想象力。尽管他明确提出，与电影相比，绘画在表达某些特定图像或一系列图像的先后顺序时处于弱势地位，然而在这幅画中他仍然精确描述了在电影银幕上可以通过溶解或蒙太奇表现的变形过程。画面中，巨大的躯干中央被黑色或混合着红色和黄色的笔触所覆盖，其中一处可以清晰辨认出是腋毛，但其他区域看起来则更像鬃毛。达利试图在这幅画中表现一连串的图像，他在“Dues Proses”中便对此进行了讨论：

> 一天早上，我用日柏林（ripolin）涂料给一个新生儿上了色，然后把它留在网球场上晾干。过了两天，我发现它身

6：曼·雷（Man Ray，1890—1976年），美国达达主义和超现实主义艺术家，作品横跨摄影、绘画、雕塑等多个领域。
7：费尔南德·莱热（Fernand Leger，1881—1955年），法国立体主义画家。

上爬满了蚂蚁，这让它看起来像海胆一样，以一种麻醉的、无声的节奏移动着。这时我才意识到，这个刚出生的婴儿不是别人，而是我情人的粉红色乳房，它正在被留声机那闪闪发光的厚金属唱针疯狂地吞噬。

这篇文章还启发了后来的《一条安达鲁狗》。在电影中，一个女人的腋毛溶解变形成了海胆的刺。一条低矮的地平线将深蓝色的天空与大地一分为二，天空那肆意的笔触受到了米罗1924年和1925年创作的蓝底色作品的启发，地平线上还有达利和洛尔卡二人的头。不过画面中地面上的意象十分暧昧含混：地平线上的一些物体仿佛源自德·基里科的微型画，它们十分稳固，还投下了阴影，而另一些物体则好像被埋入地下，这些意象似乎暗示着地球的地质剖面。达利的头位于左侧，半埋在地下，驴子的骨架看起来从下面的死人中腾空而起。肢体碎片——胸部、手指——似乎失重一般飘浮在空中。

后来达利回忆起了一件事，和画面中飘浮在空中类似阳具的手指不无关系：在他服兵役期间遇到一位战友，后者没受过教育，也没读过什么书，但通过交流，达利对“最难以接近的事物”有了更深入的了解。达利向战友展示了超现实主义文章，而他们二人似乎一起尝试了自动写作。达利对战友那自由的想象力印象深刻：一天，他们二人正在咖啡馆里，达利突然宣布“填上有一个正在飞翔的阳具”，然后就把这一图案画在了咖啡馆的大理石餐桌上。达利补充道，知道后来，他才发现弗洛伊德提到过关于古代文明中长翅膀的阳具的比喻。他于1929年3月发表在《艺术之友》杂志上的文章《手指的解放》（*The Liberation of the Fingers*）便配了手指的照片作为插图。

达利当时创作的诗歌用文字刻画出了一种直截了当的客观性和激进的简约性，这一风格完全远离了洛尔卡那华美的词藻以及被他称为“腐化堕落”风格的诗歌传统。他在1927年秋天给洛尔卡寄去了一首名为《关于小东西的诗》（*Poem of the Little Things*）的诗（这首诗最终在《艺术之友》上发表），这首诗这样结尾：

鹧鸪的眼睛是红色的。
小东西，小东西，小东西，小东西，小东西，
小东西们就像一条面包般静止不动。

1927年11月，达利为《加略》(*Gallo*) 杂志创作了几首“诗”(他的诗有时候和散文难以区分)，这些诗并没有发表，其中有一首名叫《被一颗葡萄追赶的鱼》(*Fish pursued by a grape*)：

有些小东西是扁平的
还有些小东西用一条腿站立。
还有些小东西是毛发，另一些原来是盐。
刚才提到的鱼曾经只是一小粒盐……

他诗歌中那些模棱两可的特殊比喻、对物体的细微描写以及对事物变形的提及，都让人联想到了《徒劳的努力》。不过有趣的是，达利还给洛尔卡寄去了一沓照片，在其上对应诗作中提及的物体标出了数字。这些似乎是本来就存在的照片，而非达利为了配合他的画作或诗作而进行的再创作。它们的名字有“1、蝴蝶；11、母鸡；111、特别的脸”之类。他这样写道：“没有这些照片，诗歌的韵味会失去很多，因为它们是一个有机整体。我想我已经努力地捕捉真实了，至少捕捉到了分毫……我们必须抛弃那些历史性的、反现实的以及装饰性的元素，它们让诗歌不断腐烂……”

在整个1928年，达利都坚定地贯彻着这一原则，他也因此开始和洛尔卡保持距离——当然，这其中可能也有个人原因。布纽埃尔在他的自传《我最后的呼吸》(*My Last Breath*) 中这样写道：“洛尔卡对达利充满了极大的热情，然而我们这位‘捷克斯洛伐克画家’对此却无动于衷。”他想不起来当初他们在学生公寓时为什么给达利起了“捷克斯洛伐克画家”这一绰号。1928年9月，在洛尔卡出版了诗集《吉卜赛歌谣集》(*Romancero gitano*) 之后，达利义正词严地给他写了一封长信，批评了洛尔卡对民谣的看待方式，认为他的作品仍深深植根于过时的诗歌传统中，与现实脱节。写这封信时达利可能并不是要和洛尔卡决裂——他甚至邀请洛尔卡“和我一起跃入虚空”——然而这一举动最终还是导致了二人亲密关系的破裂。

图51《腐烂的驴》，1928年

第三章
达利、加泰罗尼亚先锋艺术和反艺术

1927年，达利开始积极投身文学及加泰罗尼亚先锋艺术运动。他于1925年、1926年、1927年在达尔茂画廊举办的两场个展已经为他赢得了评论界的关注。在接下来的两年中，他又定期参加了混合展及巴塞罗那秋季沙龙展（Saló de Tardor）。然而，这一时期达利的主战场是西班牙语和加泰罗尼亚语的艺术评论。1927至1928年，他每个月至少在《艺术之友》上发表一篇文章，有时甚至更多。在1929年加入超现实主义团体后，他仍将按此步调进行创作。纵观达利的职业生涯，他的文学创作几乎和绘画作品一样丰富。

1927年秋天，达利在写给洛尔卡的信中谈到了他绘画中的变化，这至少部分归因于新出现的超现实主义的影响，但从他当时所写的文章中也可以看出，他正在逐步向超现实主义靠拢。达利试图保持一种特别、独立和折中的立场，有时又显得颇为挑衅和好斗，这似乎与达达主义的思想最为契合。

除了在加泰罗尼亚杂志上发表文章和插图，这段时间达利还为加泰罗尼亚作家的小说和诗集创作了插图，比如普伊赫·普哈德斯（Puig Pujades）于1924年在菲格拉斯创作、之后于1926年在巴塞罗那发表的
52 《文森特叔叔》(*L'oncle Vicents*)，以及布恩迪亚（Buendía）于1928年
53 发表的《3根吉他琴弦中的沉船》(*Naufragio en 3 cuerdas de guitarra*)，
后者是布恩迪亚献给达利、加施（Gasch）和蒙塔亚（Montanyà）的作品。虽然达利发表言论的主战场是《艺术之友》，且这本杂志确实是非常有利的宣传媒介，然而他的名声逐渐鹊起，已不限于加泰罗尼亚的范围之内。1928年2月，一本名为《加略》的新杂志在洛尔卡的家乡格拉纳达创办，而洛尔卡在这个过程中发挥了主要作用。尽管此时他和达利的关系已不像从前那样亲密，特别是二人的艺术理念已渐行渐远，然而洛尔卡还是在这本杂志中为达利留出了显要的位置。《加略》的第一期收录了达利的第一首、辞藻最为华丽的文章《圣塞瓦斯蒂安》的西班牙语版，这篇文章最初于1927年7月在《艺术之友》上发表。

图52 （上图） J.普伊赫·普哈德斯《文森特叔叔》插图，1926年

图53 （右图） 罗赫略·布恩迪亚《3根吉他琴弦中的沉船》插图，1928年

1928年4月第2期《加略》以西班牙语版的《加泰罗尼亚反艺术宣言》（*Catalan Anti-Artistic Manifesto*）开篇，这篇文章也被称为“黄色宣言”。它最初于1928年在巴塞罗那出版，由达利、路易斯·蒙塔亚和塞瓦斯蒂亚·加施联合署名，他们全都是《艺术之友》的常客。当达利和洛尔卡于1927年在卡达克斯共度暑假的时候，达利就开始构思这篇文章了。他在写给他们二人在学生公寓的共同好友佩平·贝洛的信中曾提议，要将这篇文章署名为“裁缝、司机、舞者、银行家、电影导演、音乐厅艺人、飞行员和腐烂的驴”。不过很明显，蒙塔亚和加施——这篇文章最终的联合撰写人——在编写这篇文章的时候不得不不断纠正达利的措辞，比如他曾经想把备受尊敬的加泰罗尼亚剧作家安吉尔·吉马拉（Angel Guimarà）称作“腐朽的长毛猪”。

“《加泰罗尼亚反艺术宣言》”，《加略》杂志这样宣称，“让人们见识了加泰罗尼亚最有趣的青年派别”。这篇文章的本意是对加泰罗尼亚当代文化及其现代性的缺乏进行批判，它不仅包含大量未来主义思想，也应和了达达主义和昙花一现的西班牙极端主义（Ultraism）

运动，以及巴黎杂志《新精神》。文章宣称，机器引起了整个世界的革命，然而大多数作家和艺术家都未能对这种新动向做出反应；汽车和航空展比风景画展更具活力和生机，而人们处于或应该处于一种“后机械师思维”的状态。电影、拳击、爵士乐、电灯、留声机和照相机取代了装饰艺术、抒情艺术、传统艺术和民俗艺术。这份宣言表明了一小群以《艺术之友》和《加略》为中心的艺术家的理想，然而并不令人意外的是，它引起了大多数加泰罗尼亚知识分子、艺术家和作家的不满；一位评论家将其称为“未来主义垃圾”。1928年5月，达利基于同样的思想发表了另一份宣言《在锡切斯的“会议”上》（*Per al 'Meeting' de Sitges*），宣言抨击了一切地方性、区域性及民俗的艺术传统，包括加泰罗尼亚民族舞蹈萨达纳舞（sardana），鼓励新兴的艺术形式。宣言的最后达利总结道：“以尊重艺术的名义，让我们宣称自己为反艺术家。”

在距离家乡不远的地方，富瓦也表达着相同的思想，它同《新精神》不乏相似之处，显然也对达利产生了深刻的影响。富瓦对运动、爵士乐及新机器世界中的事物十分着迷，这与《加泰罗尼亚反艺术宣言》的思想如出一辙；但他的文章中还融入了幻想或奇妙的元素，这些元素同冷静客观的视角联系在一起，与达利的艺术有着密切的相似之处。在大约于1927年创作的《呈现：萨尔瓦多·达利》（*Presentations: Salvador Dalí*）的末尾，富瓦这样写道：“当我离开画廊时，格拉西亚大道已被废弃，道路两旁没有树木和路灯，这条巨大的道路两边排列着数百台壳牌（Shell）汽油泵，它们的顶部在柏油路面上反射着柔和的光。”

《加泰罗尼亚反艺术宣言》的结语是一份“当今伟大艺术家”名单，宣言的作者生成与这些艺术家关系密切，他们涵盖了“最多样化的艺术趋势与类别：毕加索、格里斯、奥尚方、基里科、胡安·米罗、里普希茨、布兰库希、阿尔普、勒·柯布西耶、勒韦迪、查拉、艾吕雅、阿拉贡、德斯诺斯、科克托、斯特拉芬斯基、马里旦、雷纳尔、泽尔沃斯、布勒东，等等”在这一串人名中，超现实主义作家和画家被放在了一起，然而这样并不太合适。举例来说，奥尚方和让纳雷主张现代主义，它与超现实主义的理念并不相同。

达利在这一时期的其他文章中追求着他关于现代世界及其意象的理想，比如《标准化效用之诗》（*Poesia de l'útil standarditzat*）就赞扬了《新精神》和勒·柯布西耶所提倡的“理智和基本的逻辑”。然而他在言辞中透露出的对基本机械物体的痴迷却并非出自勒·柯布西耶或奥尚方。像“电子计数机上黑色和朱红色数字的温柔喜悦”这样的修辞与纯粹主义者那节制的赞赏方式相冲突，后者更喜欢将人类的情感和感官与无生命的意象联系在一起，从而凸显不协调感。“电话”，达利在同一篇文章中这样说道：“脸盆、涂有日柏林涂料的白色冰箱、坐浴盆、小留声机……这些物件是最真实、最纯粹的诗歌。”他对现代世界的态度也许不像勒·柯布西耶，而更像阿波利奈尔，后者对现代的热情中还夹杂着破除旧习的愿望：基督比飞行员更容易爬上天堂，因为他保持着高度的世界纪录。[《地带》(*Zone*) 杂志，1912年］达利对这些人造物品的热情源于他的反艺术观点，以及对模糊、混乱、视觉传达无力的传统腐朽“艺术”的恐惧。与之相对，现代世界的物品则清晰、洁净而纯粹：“商业广告牌的反艺术世界！”在《标准化效用之诗》(*Poesia de l'util standarditzat*) 的开头，达利援引了勒·柯布西耶的话：“最有力的是事实的诗意。象征某种事物的物体，加上机智和天赋，创造出最具诗意的事实。”不过，勒·柯布西耶对“神奇的现代工业世界”的信仰依赖于功能美学的美，而达利口中的功能性——与事实性毫无关系——已经被纳入了诗意的范畴。很明显，之后他
164 将要把扭曲变形后的简单机械意象引入他的作品。举例来说，电话是
99 《希特勒之谜》(*The Enigma of Hitler*，1937年) 和《忧郁的怪诞》
(*Melancholic Eccentricity*，1938年) 中的核心元素，后来，他将这
144 一意象转化成了“龙虾电话”，这是为其早期超现实主义时期赞助人爱德华·詹姆斯 (Edward James) 而作的。

在达利分三部分发表于《艺术之友》的文章《绘画的新限制》(*New Limits of Painting*，1928年2月、4月、5月) 中，他对现代绘画进行了非常严肃的调查，并小心翼翼地走上了一条将前人成绩一扫而空的新道路，这一做法已十分接近超现实主义：

> 在当今最为活跃的绘画领域中，必然存在着无序的力量在互相斗争。这是一个充满激情的时期，每一个人正在从心理上被唤醒，即将对绘画上演一场最为激进的暗杀行动。你可以说，早期绘画的残留所剩无几；早期画家所关心的任何问题都无助于当代艺术家的发展。我相信，在这场对绘画的彻底性暗杀中，甚至没有人敢于鼓励和承认我们的热情……

达利在《绘画的新限制》一文的开头对拉斐尔·贝内特（Rafael Benet）发表在《艺术之家》的评论文章进行了攻击，因为后者对超现实主义并不了解。达利以华丽的语言阐述了“认知的艺术”（源自塞尚的艺术传统，其问题在于“无论如何都不能引起我们的兴趣”）和观念艺术（“我们自己捍卫的抽象的、唯心论的和反自然主义的艺术”）之间的对立。印象主义，未来主义和野兽派都与认知和自然紧密相关。立体主义打破了“绘画的陈规”；然而在达利看来，新限制就处于与纯粹主义相对的另一个极点，而纯粹主义正是立体主义的最终产物。他所捍卫的反自然主义和抽象主义体现了另一种秩序：它们存在于“词语和事物的诗意自治”中。这就是达利对超现实主义的理解，这份理解主要建立在对布勒东和佩雷文章的分析之上。“我们是否需要再次提醒拉斐尔·贝内特，画布表面和诗歌世界里的生物所存寻的生存条件与地球表面的生物截然不同？”然而在文章最后，达利又说他并不完全认同超现实主义对艺术的“暗杀”。

达利的反艺术立场源自几个不同方面的影响，特别是超现实主义。达利是米罗的忠实拥趸，而后者也十分支持这位年轻同胞的作品。他熟知米罗那激进的反艺术口号“我要暗杀绘画！”和“自洞穴时代以来，绘画就处于衰颓的状态”。布勒东曾在《超现实主义和绘画》（*Surrealism and Painting*）中评价米罗太过迷恋绘画，可能出于对此评价的回应，也可能是意识到了超现实主义领袖的观点“绘画只是可悲的权术”，米罗开始剥离他的画作，只留下赤裸裸的元素，并引入了与绘画本无关系的材料，比如砂纸、绳子和钉子等。他最激进的作品之一是《西班牙舞者》（*Spanish Dancer*，1928年），除了画面中间的一枚帽子别针和一根羽毛，整个画布空空如也。与之相仿，达利也在《徒劳的努力》中放弃了绘画传统，转而探索越来越非正统的技术和材料。在接下来的一年中，他专门创作了一些令人震惊的作品，这些作品也对传统绘画媒介发起了挑战。

这些作品在不确定性和自信之间来回转换，而其中意象最为明朗
51 的就是《腐烂的驴》（*L'Ane pourri*）。达利在帆布上用纹理各异的砂石拼凑出了高度整合的图案，这些图案同画面中用颜料绘制的图案形成了鲜明的对比。在轮廓分明的卵石海岸线和大海的映衬下，一具形体站立在粉色的天空之前，它呈装饰性的立体主义风格，细看之下，还可以分解为两个人物。画面的颜料光滑、坚硬而鲜艳，上色十分平滑，几乎难以辨认笔触。对这幅画的一块颜料碎片分析显示，此时的

图54 （上图）《幽灵牛》，1928年

图55 （对页图）《鸟》，约1928年

达利已经开始试验各种不同的树脂。多年之后，他在《50个神奇工艺的秘密》（*50 Secrets of Magic Craftsmanship*，1948年）中描述了这件事。画中的粉色由“龙血”和白色氧化锌颜料混合而成，“龙血”是一种从棕榈果实中提取的鲜红色树胶或树脂。用于作画的颜料经过了精心研磨，从画面上看不到任何颜料颗粒。创作完成之后，达利在画面覆盖了一层瓷釉，而没有使用画油。干燥后的瓷釉呈现玻璃一般光滑坚硬的质感，这一材料的运用可能帮助达利发展了微型画技巧，而这一技巧正逐渐成为他绘画的标志。

值得注意的是，达利于1928年创作的作品主题和想象受到了超现实主义文章的启发。比如布勒东在1923年的文章《地球之光》（*Clair*
54 *de Terre*）中记录了他的梦境，而达利就以此为灵感创作了《幽灵牛》（*The Spectral Cow*）。在布勒东的梦里，两只鸟飞过了他正在游泳的海滩。他和同行之人拿着枪，有人朝鸟开了火，其中一只鸟被射伤了。
两只鸟落在了远处的海中，当海浪渐渐将它们推向岸边时：“我观察到
这些动物并非开始以为的鸟，而是牛或马之类的动物。没有受伤的那
只极其温柔地照顾着它的同伴。当它们到达我脚边时，那只受伤的动
物死掉了。”布勒东梦中的鸟和幽灵般的牛都出现在了《幽灵牛》中，
51 这个梦的内容还应和了《腐烂的驴》，它直接启发达利创造出了其作
品中反复出现的“腐烂的驴”的形象。

性与色情，无论含蓄还是露骨，开始占据达利艺术的中心：海
滩上的人物无论一个、两个还是许多个，彼此之间的互动都更具秩
序，而自慰的主题也第一次从达利的作品中浮现出来。在《女性裸
57 体》(*Female Nude*）中，一具鲜活的粉色躯体躺在由真沙子铺成的沙
滩上。这具雌雄同体的躯体有着小小的圆头、夸张的四肢，而那双怪
异的大手则以令人吃惊的现实主义风格表现。肿胀的手臂和躯干合并
成为性器官，而这一意象也可以在画中人的大手中看到。在《浴者》
（*The Bather*）中，人物的身体则变成了一根硕大的手指，除了苍白而

轮廓清晰的脚指甲和女性生殖器之外，其他图案都模糊难辨。我们之前在《徒劳的努力》中提到了飘浮在空中的阳具手指，如今这一意象
56 又变成了膨胀的女性生殖器，只不过在《受伤的鸟》(*The Wounded Bird*) 和《大拇指、海滩、月亮和腐烂的鸟》(*Thumb, Beach, Moon and Decaying Bird*) 中，它以更明显的指头形状出现。

达利携《大拇指、海滩、月亮和腐烂的鸟》和《未满足的欲望》
58 (*Unsatisfied Desires*，又名《海滩上的两个人》) 参加了1928年巴内尔画廊 (Sala Parés) 举办的秋季沙龙展。在前一年的画展上，他的参展作品就受到了毁誉参半的评价，而这一年的画作则直接酿成巨大的争议。《未满足的欲望》中性暗示过于明显，导致画廊主理人琼·马拉加利 (Joan Maragall) 拒绝展出。这幅作品在公众中引起巨大关注，再加上达利以最杰出而极具争议的青年加泰罗尼亚艺术家、加泰罗尼亚文化的猛烈批判者及极具煽动性的演讲家而声名鹊起，让他于10月16日在巴内尔画廊举行的演讲座无虚席。

正如《艺术之友》(1928年10月号) 报道的那样，这篇演讲以对 “反艺术现象” 的强烈支持开始，达利认为它 “比错位的、所谓的艺

图56（对页图）《受伤的鸟》，1928年

图57（上图）《女性裸体》，1928年

术现象更欢乐、更具诗意，也更强烈”。然而接下来，他并没有谈论反艺术和现代世界的后机械主义思想的关系，而是将其与一种完全不同的调查联系了起来：“在人类心灵那广阔、未知而（可悲）的空间中依靠直觉的当代发明。”换言之，达利已经将自己和超现实主义联系在了一起，尽管此时这种联系还仅仅存在于他的言辞中，且只有理解超现实主义意图的人才会追随他——正如布勒东在第一份《宣言》中表达的那样——去探索整个人类那有意识和无意识的精神世界。

接下来，达尔茂画廊计划在“开幕展”上展出达利的《未满足
的欲望》及另外两幅新作《沙滩上的男人和女人》（*Female figure*
61 *and male figure on a beach*）和《躯干》（*Torso*，即《女性裸体》）。
就在此时，达尔茂画廊收到了达利父亲的一封信，言辞恳切地请求他

图58（顶图）《未满足的欲望》（《海滩上的两个人》），1928年

图59（上图）马克斯·恩斯特《美好的季节》，1925年

图60《拟人化的海滩》，1928年

无论如何都不要展出令人震惊的《未满足的欲望》。他写道："我的儿
子非常固执，他一定不会有好结果的。"在左右为难中，达尔茂画廊给
达利写了一封信。达利在《躯干》上添加了一块软木——卡达克斯
的渔民用它来浮网，受此启发，达尔茂画廊询问达利是否可以在《未
满足的欲望》上也添加一块软木遮住画面中有争议的部分。达利听闻
后十分愤怒，他答道，任何调整都会毁掉他的画。具有讽刺意味的是，
61 《躯干》(《女性裸体》) 上之所以添加软木，似乎就是为了应对审查制
度，因为它正好遮住了画面中一具毫不起眼、完全没有必要遮盖的裸
体。我们并不知道令人不快的《未满足的欲望》最终是否参展——
哪怕是经修改后短暂展出。达利声称，为了对付审查制度，他在第二
67 年创作了《早春》。如达利所说，这幅画是"真正的色情臆想"，同

时它也是一系列新风格油画中的第一幅。

评论界注意到了达尔茂画展上达利作品中的沙子和软木，而达利的朋友塞瓦斯蒂亚·加施则在《艺术之友》(1928年12月号）上发文称其与反艺术不无关系。“陈规几乎被驱逐到了地球的另一端，现在的画家早已抛弃那些陈旧的把式，他们在做的是纯粹的反绘画。如今我们终于得以目睹这场著名的对艺术的暗杀。”

达尔茂展览的第三幅作品《沙滩上的男人和女人》现已遗失，这幅画开启了一个短暂的时期，期间达利创作了一些最为怪异的作品：它们巨大的画面几乎为一片空白，似乎确实宣告了绘画的终结。后来，这批作品中的大部分被卷起来放在了他画室的角落里，在几十年中都
62 不为人所知。它们延续了“海滩上的性爱”主题：《沙滩上的男人和女人》用寥寥数笔勾勒了男性和女性的胸部，以此表现人物；《卡达克斯四个渔夫的妻子》(*Four Fishermen's Wives in Cadaqués*，又名《太阳》）中再次出现了《未满足的欲望》中的阳具手指，这次它的形象更为明确，还插入了一个白色矩形。这些象征性的意象有时以红色或黑色的身体碎片或蟹头呈现，它们在画布上不断复制、变形，其外形逐渐模糊，到变为几乎抽象的图案，这呼应了米罗和阿尔普的画作。达利对阿尔普于20世纪20年代创作的绘画和浮雕很感兴趣，阿尔普的作品虽然只包含一个形象，却可以有多种解读，这通常借助
63 正、负空间的转换实现。《山、桌子、锚和肚脐》(*Mountain, Table, Anchors, Navel*，1925年）便是一例。然而，达利笔下的形象仍然充满极具侵略性的情欲。由于大量留白的存在，画布显得十分巨大，画面中仅仅间或出现一些黑白的色块。白色的部分似乎是拼贴而成，然而实际上是用白色颜料绘制的。画面顶端偶尔会出现一条蓝色的细线来表示大海或天空，除此之外，画布上还粘有沙子和绳子等与绘画无关的材料。这些元素以极简的方式刻画了肉体的纠缠，它们有力地体现了何为“反绘画”。与此同时，这些画作似乎也体现出达利致力于远离摄影和电影。

达利以迂回的方式一点点靠近着超现实主义。他那些意象模棱两可的出色作品显示了他向超现实主义的转变，但同时他也没有完全放弃对客观性的坚持。他仍然热爱摄影和电影，只不过关注的点不同了。在1928年10月和1929年2月发表于《文学公报》(*La Gaceta Literaria*）的《现实与超现实》(*Reality and Surreality*）和《摄影的事实》(*La Dada Fotográfica*）中，达利赞扬了摄影术，说摄影那客

图61《躯干》(《女性裸体》)，1928年

观的视角让他想起了拉兹洛·莫霍利-纳吉[1]；与此同时，摄影又善于挖掘普通事物的神奇之处，这完全可以和超现实主义媲美：

> 摄影资料……从本质上来说仍然是最安全的诗歌媒介，同时它也是捕捉存在于现实与超现实之间最微妙的渗透的最

1：拉兹洛·莫霍利-纳吉（László Moholy-Nagy，1895—1946年），匈牙利画家、摄影师。

图62《卡达克斯四个渔夫的妻子》(又名《太阳》)，约1928年

便捷的工具。单单移位摄影术就已经算得上是了不起的发明了：它捕捉到了现实的秘密。没有什么能像摄影术这样如此清晰地证明超现实主义的真理。蔡司镜头有着意想不到的神奇能力！

《艺术之友》最后一期的插图全部由摄影作品组成。这本杂志在达利的事业早期发挥了重要作用，它忠实地支持着现代和传统的加泰罗尼亚文化。这期杂志以现代主义风格进行了编排，撰稿人只有达利（发表7篇文章）和他的好友加施、蒙塔亚（《加泰罗马亚反艺术宣言》联合作者）及富瓦（发表一篇关于爵士乐和流行歌曲的文章，以及一篇对布纽埃尔的采访）。杂志中的照片包括一组来自美国“反艺术”音乐剧的合唱队女孩；从莫霍利-纳吉的《绘画、摄影、电影》(*Painting Photography Film*）中截取的一只秃鹳眼睛（被错误的贴上了“大象的眼睛”的标签）的特写；单独截取的大拇指照片以配合达利的《手指的解放》一文。它就像是加泰罗尼亚先锋派反艺术势力的最后一次爆发，其中达利就仿佛凤凰一般，将在浴火后重生为一名超现实主义者。在杂志的开篇声明中，达利宣称“在这个时刻，我要重申，超现实主义作为现实的功能之一，作为活生生的反艺术现实，作为道德的颠覆，是反想象的唯一手段……”在《反艺术趋势评论》（*Review of Anti-Artistic Trends*）一文中，他挑选出了超现实主义中自己可以识别的方面加以讨论，而完全忽视了那些他不感兴趣的方面——尤其是自动主义。他热情地让读者关注最近发表在《超现实主义革命》（*La Révolution Surréaliste*）上的文章（《歇斯底里症的百年纪念》和《性研究》）。达利注意到布勒东在《就现实贫乏性的论述》（*Introduction to the Discourse on the Paucity of Reality*）一文中提出的记述梦的提议，除此之外，还有一篇关于“纪录片”的短文。当时很少有人会把达利的这些观点视为反艺术和超现实主义之间的一个连接点，但实际上它们非常关键地表明了他对电影的看法，以及对摄影、绘画不无矛盾的整体态度。在《艺术之友》的文章中达利写道，这部

图63 让·阿尔普《山，桌子，锚和肚脐》，1925年

纪录片具有一种处于萌芽状态的“强烈的反艺术倾向”，它“证明了现实与超现实之间的不断渗透”。然而达利还说道，这背后的强烈冲动被先锋主义电影“不光彩而艺术性地”引向了错误的方向。相比之下，他建议拍摄一部关于“耳毛的漫长生命或一块石头……”的纪录片。

在这期杂志出版后的3月底或4月初，达利前往巴黎协助布纽埃尔
64 拍摄电影《一条安达鲁狗》。与此同时，他也以自己喜爱的文字为媒介将自己对纪录片的理念付诸实践。他将7篇名为《纪录片—巴黎—1929》(*Documentary–Paris–1929*)文章寄给了在巴塞罗那发行的加泰罗尼亚语报纸《广告》(*La Publicitat*)。在第一篇文章中，达利从理论角度探讨了纪录片，他解释了为什么纪录片非但没有与超现实主义文本相对立，反而“本质上是一个反艺术和……反文学的过程”。达利希望自己同超现实主义站在同一立场，不过他看到了（最终也证明是正确的）在忠于客观性过程中的一个潜在问题。通过强调纪录片和超现实主义文本二者处于平行状态，他巧妙地解决了这一问题：当纪录片以反文学的方式记录客观世界的事物时，超现实主义文本“以与纪录片一样严格和反文学的方式真实记录着思想的自由流动，或者我们脑海中发生的真实事件，这都要归功于精神自动化及其他被动状态（灵感)”。

达利的“纪录片”兑现了他的承诺。这些5分钟时长的精彩短片记录了卢森堡公园中20平方厘米的湿沙地上的观察记录（有男人的鞋跟、女人的鞋尖、一只孩子的手、一缕烟的影子、一只苍蝇在离地面2厘米处盘旋，以及一只鸟的影子），这不禁让人联想起路易·阿拉贡（Louis Aragon）的《巴黎农民》(*Paris Peasant*）中的统计数字(“在巴黎有3万个画家，2万头牛……”)。为了使其对摄影和绘画相对重要性的看法更具说服力，他做了一个调查：“我在巴黎待了20天；我只和3个对画画感兴趣或自称对绘画感兴趣的人交谈过；没有一个人不对电影抱有浓厚的兴趣。”在这段时间，他继续和布纽埃尔合作参与电影的拍摄：

> ……在巴黎很难弄到蚂蚁。我已经花了200法郎乘出租车寻找蚂蚁，它是我和路易斯·布纽埃尔在巴黎制作的先锋电影中不可或缺的元素。路易斯·布纽埃尔是电影《一条安达鲁狗》的导演和编剧，他希望这部电影能于5月15日在乌尔苏拉剧院（Ursulines studio）上映。

第四章

《一条安达鲁狗》

对达利来说，此时电影正是他急于探索的新媒介。当布纽埃尔在巴黎作为让·爱泼斯坦[1]的助手拍摄电影《厄舍府的倒塌》(*The Fall of the House of Usher*）时，他给达利写信，告诉后者，他写了一个剧本。达利在回信中告诉布纽埃尔，他也写了一个剧本，将“彻底改变当代电影”。布纽埃尔的剧本中包含各种各样的报纸剪贴画面，这在达利看来十分平庸无趣，所以这一剧本就被放弃了。1928至1929年，布纽埃尔在卡达克斯和达利一起度过了冬天的一段时光，期间他给二人共同的好友佩平·贝洛写信说道：“达利和我比以往任何时候都要亲密。我们两个就一个极棒的剧本展开了密切的合作，这将是电影史上前无古人的壮举。”剧本创作完成后，布纽埃尔返回巴黎开始拍摄电影；1929年3月，达利也加入了前者的工作。他深入参与了电影拍摄，电影在巴黎和勒阿弗尔（Le Havre）两地取景，仅用6天时间就完成
64 了拍摄。最终，一部名为《一条安达鲁狗》的简短、野蛮而惊世骇俗的电影问世了。

1929年6月6日，《一条安达鲁狗》和曼·雷的《骰子城堡的神秘事件》(*Les Mystères du Chateau de Dés*）在乌尔苏拉剧院同期首映。从1929年10月开始，这部电影在巴黎的28号放映室（Studio 28）连映了8个月。布纽埃尔称：“如果超现实主义不存在，那么《一条安达鲁狗》也不会出现。”这部电影以其精神层面的自动主义、欲望的具体化、反艺术的创作动机和对观众的进攻性而被归为超现实主义风格，然而到目前为止，超现实主义运动并没有在电影屏幕上崭露过头角，虽然在此之前，有一些相关文章探讨了电影具有转换物体的能力，这和达利的观点不谋而合。举例来说，阿拉贡就曾在1918年发表的《论装饰》(*On Decor*）一文中这样写道：

1：让·爱泼斯坦（Jean Epstein，1879—1953年），法国导演、电影理论家。

儿童——是诗人，而非艺术家——有时会将注意力集中在一个物体上，以至于使它变得越来越大，大到完全占据了他们的视野，呈现出神秘的面貌，与它最初的目的失去一切联系……同样地，在荧幕上，几分钟前还平淡无奇的家具或衣帽间的票薄，突然就被赋予了威胁性或神秘的意象……

不过到目前为止，这一兴趣还主要停留在理论层面，而且十分被动，并不主动。达利、布纽埃尔和巴黎超现实主义者对美国电影，特别是卡通片赞赏有加，不过巴黎的超现实主义者青睐查理·卓别林（Charlie Chaplin），而布纽埃尔却更喜欢巴斯特·基顿[2]。在他看来，卓别林已经向知识分子出卖了自己，再也不能让大多数公众和儿童发笑了。在其评论巴斯特·基顿《学院》[*College*，《艺术手册》（*Cahiers d'Art*）1927年第10册]的文章中，布纽埃尔将蒙太奇手法称为"电影的金钥匙"，从《一条安达鲁狗》也能明显看出，他积极地借鉴了基顿在电影中运用的蒙太奇手法，并富有成效。在电影中，这一技巧主要被用来制造恐怖和喜剧效果。

《一条安达鲁狗》的整个拍摄过程中，达利和布纽埃尔两人都合作密切。很明显，二人的想法惊人的一致。首先，他们一致反对当时大多数前卫电影，因为它们或多或少有些抽象，重点都在摆弄光影、摄影效果和形式创新上。达利认为，他们的意图是反抗和挑衅，要通过拍摄这部电影"把每一位观众都带回青春期的秘密深处，回到梦想、命运及生与死之谜的源头，并把所有已知的想法和观念一并剔除……"。布纽埃尔在他的《〈一条安达鲁狗〉制作笔记》（*Notes on the Making of Un Chien Andalou*）中将这部电影称为"对当时所有'前卫电影'的暴力回应，其他电影只是针对艺术的感性一面罢了"，他继续说道：

在《一条安达鲁狗》中，电影制作人第一次从纯粹的诗意-道德层面出发……在构思情节的过程中，任何对理性的、美学的或其他技术层面问题的关注都被视为无关紧要的，并被拒绝。从传统标准出发，这部电影最终精心呈现了反道型、

2：巴斯特·基顿（Buster Keaton，1895—1966年），美国演员、导演。

64《一条安达鲁狗》中的两幅
影截图及一幅剧照，1929年。
利在电影中饰演了一个把架着腐
烂驴的钢琴拉走的牧师。

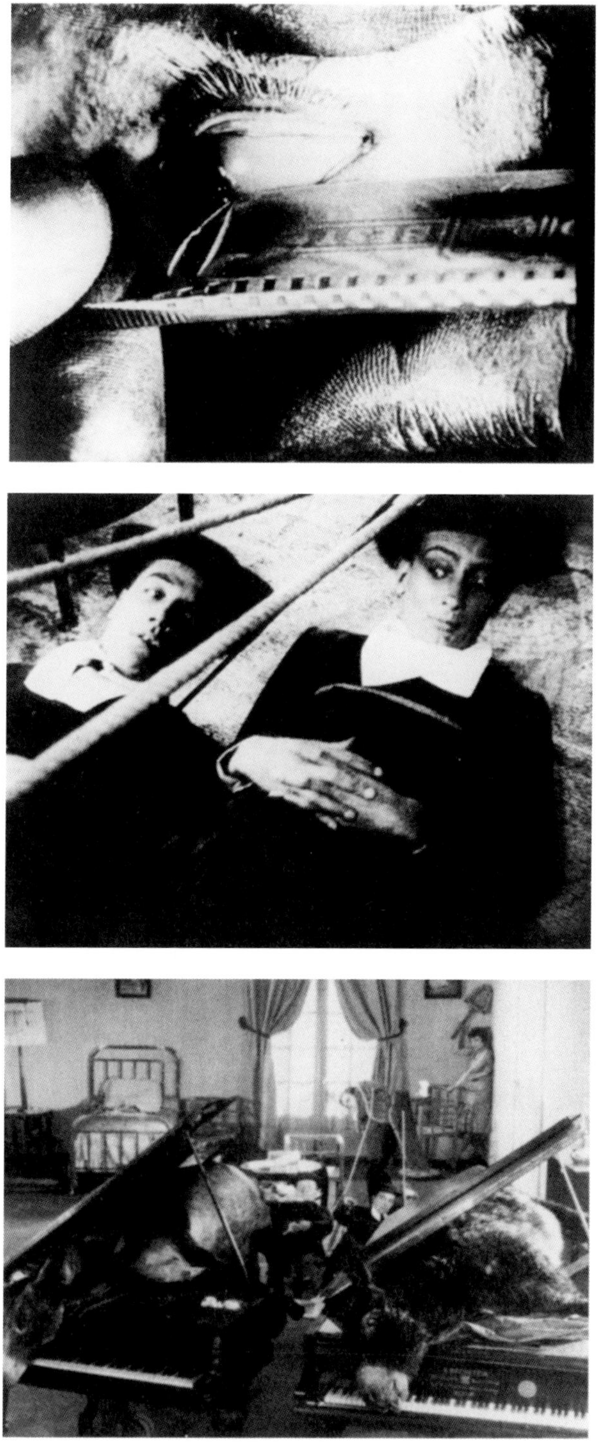

> 反艺术的效果。电影的情节完全是有意坚持精神层面自动主义的结果。从这一点出发，它并不试图讲述一个梦，尽管电影情节以梦幻一般的氛围展开。这部电影的灵感来自诗歌，并摆脱了理性和传统的桎梏。它的目的是激发观众吸引与排斥的本能反应……

这部电影时长只有17分钟。电影最初为默片形式，在首演时以阿根廷探戈舞曲和瓦格纳的歌剧《特里斯坦与伊索尔德》(*Tristan und*
64 *Isolde*）片段为背景音乐。布纽埃尔和达利两人都在电影中露面了。布纽埃尔出现在了电影开头，在臭名昭著的割女孩眼睛的桥段——实际上电影中用的道具是牛眼——之前，他在自己的指甲上用一把剃刀做了测试。这个场景让人回想起达利的《布鲁塞尔的圣诞节》(*Nadal a Bruselles*）一文中的一个可怕段落，这篇文章是"Dues Proces"系列中的一篇，达利将它献给路易斯·蒙塔亚，并题词"蜜比血甜"：

> 眼睛的中间有一根头发。我把手帕留下，好让安娜把它拔出来。一只睁大的眼睛，上面有一根头发。之后安娜会带来一些果酱和更多的木头。现在还不到六点钟。眼睛里有一根头发；在瞳孔深处，有一张小小的动物的脸在望着我们。小动物们，它们中的母兽，我们绝不能把火吹灭，否则你的眼睛会被火星灼伤。

64 在接下来的场景里，达利扮成牧师短暂出镜。正如布纽埃尔所说，《一条安达鲁狗》之所有具有震撼人心而诗意的生命力，其核心就在于蒙太奇手法的运用。电影中迅速切换的蒙太奇场景仿佛根植于实体世界中的一场幻影，画面不断切换，这一手法达利之前就讨论过，并在他的文章中探究过。然而如他所说，这一手法并不适用于绘画。画面中不断变形的元素互相矛盾，因为每个元素都具有绝对的含义，而非一串相似的比喻。电影可以传达这样不断变化的画面，下面这个出自《一条安达鲁狗》的片段便是一例：

> 满手蚂蚁的大特写。
>
> 蚂蚁爬行的镜头转换为一个女人腋窝的特写。
>
> 这个女人正在田野里晒日光浴……

> 腋毛的镜头转换为一枚沙滩上的海胆的刺的特写。
>
> 镜头转换为从上往下俯视的头部特写，就像透过眼睛的虹膜看到的一样。虹膜慢慢打开，一个极具男子气概的年轻女子显现，她穿着男士服装，留着男士发型。这个具有男女双性特征的年轻人手拿一根棍子挑动地上的一只手，它被割伤了，正在流血……镜头切换回年轻人，这次从更高的角度向下俯视。从虹膜中看到，她正被拥挤的人群包围……

布纽埃尔描述了他和达利共同创作剧本的过程：

> 他们二人从一幅梦境的画面出发，并以相同的方式探索其他形象，直到这些画面构成一个连续体。值得注意的是，当一幅画面或一个想法脱胎于回忆或他们的文化模式，或仅仅是与早先的创意有联系，他们会立刻将其抛弃。他们只接受那些将他们深深打动，然而又无法解释的灵感。

“没有什么，”他继续说道，“在电影中象征着任何事物。”其实他当时可以有意识地补充一句，因为他当时也承认，“研究符号的唯一方法可能就是精神分析”。然而就算精神分析法也无法完全阐明《一条安达鲁狗》的内涵。这部电影那野蛮的诗意和理性与非理性之间的对抗永远也无法简化为理性的文字描述。

同超现实主义一样，这部电影也包含着对观者的攻击，“在某种程度上，他存在于一个同超现实主义交战的社会”。让·维果（Jean Vigo）在《走向社会电影》（*Towards a Social Cinema*）一文中对《一条安达鲁狗》的这一方面进行了最精彩而生动的评论。他认为，我们懦弱地接受了人类作为一个物种的诸多可怖行径，比如在电影开头，剃刀将女人的眼球切成两半，这对我们的纵容仍然是一份沉重的考验。从那一刻起，你不可能不被这部电影所吸引。在一个镜头中，那个叫皮埃尔·巴切夫（Pierre Batcheff）的男人拼命想靠近蜷缩在房间角落里的女孩。在寻找有帮助的东西的过程中，他捡起了两根绳子，它们拴着各种各样的东西，包括两个躺着的牧师和架着驴子尸体的钢琴，驴的头上还浇了一罐胶水，以模拟其黏糊糊的腐烂过程。这些情节不仅是一种怪诞而戏谑的释放，也象征了一个腐朽社会中的全部重担，它将人们自由表达的欲望紧紧束缚起来。正如维果所说：

> 软木塞，在此处是一个有分量的论点。
>
> 甜瓜——那是被剥夺继承权的中产阶级。
>
> 两个牧师——为基督哀叹！
>
> 两架塞满尸体和排泄物的三角钢琴——那是我们可悲的多愁善感！最终是驴子的特写。那正是我们期望看到的。

在一段缓慢的闪回中，巴切夫扼杀了年轻时的自己，从而也扼杀了那个他本可以成为的人；在电影的最后，“沙漠中，一男一女被埋入沙中，沙子没到了他们的胸口。他们睁不开眼睛，衣衫褴褛，被炙热的骄阳和成群的虫子活活吃掉”，这幅画面象征了对被出卖的未来那毫无意义的悔恨，然而此处的副标题确实是极具讽刺意味的“在春天”。

影片中的一些画面已经开始和达利在绘画中所痴迷的主题产生联
43 系：情欲、死亡和衰败。腐烂的驴最早出现在《蜜比血甜》中，之
45, 51 后又陆续出现在了《徒劳的努力》和《腐烂的驴》中。在电影中，
与腐烂相关的元素，比如成群的蚂蚁，被转移到了人类身上——在巴
切夫被困在门里的特写镜头中，我们看到蚂蚁显然是从他手掌中的洞
66 里爬出来的。在后来的画作《梦》（*The Dream*，约1930年）中，达
利将这一场景同电影中的另一场景结合在了一起：巴切夫为了恐吓女
孩，用手擦了擦嘴，并直接把嘴巴抹掉，留下了光滑的皮肤，紧接着
女孩的腋毛转移到了他嘴的位置。在其另一幅1931年创作的《记忆的
65 永恒》（*The Persistence of Memory*）中，蚁群聚集在表壳上，仿佛做
出了死亡警示（memento mori）一般。正如达利经常回忆到的那样，
这些衰败的形象源自他的童年。在1929年3月发表于《艺术之友》中
的《手指的解放》一文中，他讲述了自己在三四岁时目睹一只蜥蜴被
蚂蚁肢解并吃掉的经历。在《萨尔瓦多·达利的秘密生活》一书中，
达利讲述了另一件对他童年影响深远的事。他的表姐送给他一只受伤
的蝙蝠，他很喜欢它，把它放在了洗衣房的一个小桶里过夜。“第二
天一早，可怕的一幕等着我。我发现小桶已经被打翻了，那只蝙蝠虽
然半死不活，但已经被疯狂的蚂蚁激怒了。”就在这时，他看到门口站
着他倾慕已久的年轻女子，突然间做出了自己也无法理解的行为：他
捡起蝙蝠，并没有像想象当中那样要吻它，而是狠狠地咬了它一口，
然后惊恐万分地把它扔了。

布纽埃尔和达利不遗余力地攻击着“先锋艺术电影”，因为后者并不赞赏《一条安达鲁狗》。但不可否认的是，如果我们将其归为模

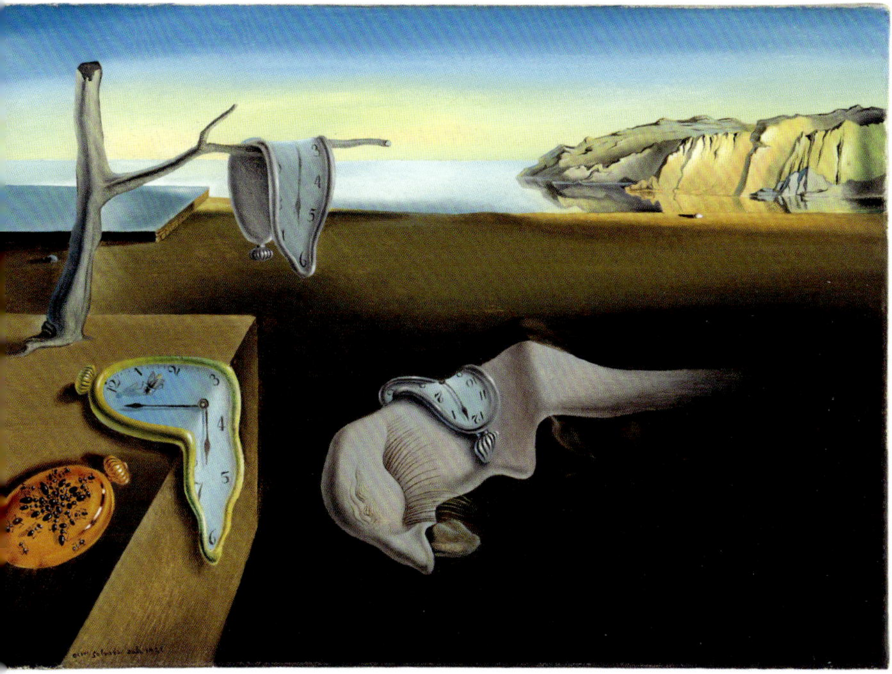

图65《记忆的永恒》，1931年

图66《梦》，约1930年

仿的话，这部电影同沃尔特·鲁特曼（Walter Ruttman）的《柏林：一座城市的交响曲》(*Berlin: Symphony of a City*）等电影不乏相似之处。那恶名昭著的割眼球场景不仅与超现实主义画作产生共鸣。比如，恩斯特为《重复》(*Répétitions*）一书创作的拼贴版画插图就展示了一只被一根线一分为二的眼睛，暗示了想象力的内在之眼——同时也是一幅以机械的“相机之眼”取代人眼的逆像，正如吉加·维尔托夫（Dziga Vertov）的摄影作品表现的那样。

这部电影的标题和内容没有任何关系。但据布纽埃尔所说，洛尔卡认为这个标题指的是他，因为他正是安达卢西亚人。虽然布纽埃尔否认了所有这类联想，但他们三人之间的关系确实很紧张，布纽埃尔利用了达利和洛尔卡之间的疏远，趁机把前者拉到了自己的圈子里。影片中有很多关于洛尔卡的情节，影射了他的性取向及其对死亡的痴迷。电影中的一幕是男主角皮埃尔·巴切夫穿着白色镶边衣服在街上摇摇晃晃地骑着自行车，之后莫名其妙地摔倒在地。这一滑稽的场景灵感很可能源自洛尔卡的《巴斯特·基顿之路》(*El Paseo de Buster Keaton*)。这是一部奇幻短剧，其中的一个情节就是巴斯顿·基顿一直骑着自行车，期间两次摔了下来。《巴斯特·基顿之路》的剧本发表在了洛尔卡创办的杂志《加略》上，那一期杂志还刊登了《加泰罗尼亚反艺术宣言》。

《一条安达鲁狗》的剧本于1929年12月发表在了《超现实主义革命》杂志的最后一期上。布纽埃尔评论道，这部电影“完整地表达了我对超现实主义思想和行动的执着。如果超现实主义不存在，《一条安达鲁狗》也不会存在”。此处布纽埃尔仅以个人立场发表评论，这为以后他和达利二人在谁是《一条安达鲁狗》创作者的问题上产生分歧埋下了伏笔，这一分歧后来又延续到了二人合作的《黄金时代》(*L'Age d'or*）上。

第五章
达利、超现实主义、《纪实》和弗洛伊德

1929年夏天，达利最终加入了超现实主义运动，从而进入了欧洲先锋艺术的核心。当时，如果想成为超现实主义团体的正式成员，就必须参加该团体的各项活动。在巴黎，这些活动就是参加经常在咖啡馆举办的会议及在超现实主义运动领导人安德烈·布勒东家中举办的研讨会。成员需要在会议中对超现实主义发表评论，并参加该团体组织的展览。尽管达利仍然与他的加泰罗尼亚朋友保持着联系，并于每年夏天定期返回卡达克斯度假，还于1930年在巴塞罗那的雅典娜酒店发表了一篇令人印象深刻的关于超现实主义丑闻的演讲，但在接下来的五六年中，他还是将巴黎作为他主要的活动舞台。

1929年对超现实主义运动来说是充满了危机的一年，而达利发现自己正处于危机的最深处。布勒东不相信超现实主义取得的公开成功，而且团体内部也出现了矛盾。1929年2月，布勒东召开了一次臭名昭著的会议，邀请了许多前超现实主义和非超现实主义艺术家，这其中就包括乔治·巴塔耶[1]，后者即将创办《纪实》(*Documents*）杂志，该杂志从1929年4月第1期开始就不断抨击超现实主义。从表面看来，布勒东试图通过此举就反对知识分子和政治压迫达成一致。然而，这件事最终以不同团体之间的激烈争吵告终，布勒东和巴塔耶彻底决裂，几位超现实主义者也因为领导层吹毛求疵的态度而对这一运动失去了希望。接下来，布勒东在第12期、也是最后一期《超现实主义革命》上发表了《第二次超现实主义宣言》(*Second Surrealist Manifesto*)，他希望通过这一举动重新规范超现实主义原则。这篇宣言讨论了超现实主义同令人怀疑的法国共产党之间的不愉快关系，并驱逐了包括诗人罗伯特·德斯诺斯（Robert Desnos）在内的大批持异见人士。除此之外，布勒东还对巴塔耶大肆抨击，称“我们正在目睹的是一种令人

1：乔治·巴塔耶（Georges Bataille，1897—1962年），法国思想家、小说家、评论家，代表作有《文学与恶》等。

厌恶的、陈腐的反辩证唯物主义的回归，这一次它试图通过弗洛伊德的理论开辟道路卷土重来……”

达利1929年3月到5月下旬在巴黎暂住逗留期间，似乎主要和与《纪实》杂志有关的异见人士及超现实主义者打交道。他最重要的联系人就是米罗，后者忠实地支持着这位年轻的加泰罗尼亚同胞。米罗不仅把达利介绍给巴黎上流社会，还把他介绍给了艺术商卡米尔·戈曼斯（Camille Goemans），后者之后为达利举办了第一次个展，这也是达利首次在巴黎举办画展。画展于1929年11月开幕，展览的序言由布勒东撰写，这是达利与超现实主义公开合作关系最早的标志。与此同时，作为大多数超现实主义画家经销商的戈曼斯还将达利介绍给了比利时画家勒内·玛格利特（René Magritte）。1927年，米罗将工作室从布洛梅特街（Blomet）搬到了图拉克街（Tourlaque）。之前在布洛梅特街时，他的工作室毗邻安德烈·马松的工作室，后者是超现实主义的反对者——米歇尔·雷里斯（Michel Leiris）和罗伯特·德斯诺斯的定期会议场所。搬到图拉克街后，米罗的邻居成了阿尔普、恩斯特和戈曼斯。超现实主义画家和团体中的作家、诗人一样都受布勒东的领导，但他们倾向于维护自己的独立自主。米罗对布勒东1929年2月的一封信做出了尖锐的回应，称个人（他自己显然也在其中）“永远不会屈服于集体行动必然要求的军事化纪律”。米罗因此与布勒东产生了隔阂，他选择在《纪实》上发表了最新作品，而非在《超现实主义革命》上。从达利的各种回忆录来看，此时在巴黎的他给人的印象是孤独而边缘化。正如达利自己描述的那样，他的性格矛盾地混合着羞怯、天真和拿破仑式的野心。在其自传《萨尔瓦多·达利的秘密生活》中，他在描述巴黎生活时几乎没有提到超现实主义者和《纪实》派之间的对立，
64 而是记录了自己的社交尴尬、色情幻想及拍摄《一条安达鲁狗》的细节，包括对道具员提出的无理要求（四头腐烂的驴、海胆、一只被砍断的手和三窝蚂蚁）。除此之外，达利还记录了一次重要的会面。一天晚上，他在圆顶咖啡馆（La Coupole）遇到了罗伯特·德斯诺斯，后者邀请他到自己的住所坐一坐。达利写道：“我总是夹着一幅画当作样本，他想买我那幅画，可是没有钱。他当然明白我这幅名叫《早春》的画的独创性。在这幅画中，我用令人惊讶的客观符号描绘了性爱的愉悦。罗伯特·德斯诺斯说：‘在巴黎从没出现过这样的作品。’”

67 《早春》不仅不像巴黎的任何画作，甚至和达利自己之前的作品也迥然不同。它似乎标志着达利回归了他之前因为对纪录片和电影的

图67《早春》，
1929年

喜爱而坚决抛弃了的艺术媒介——绘画。尽管这是一次绘画的“复
43 兴”，然而它的意象高度模糊化，甚至比《蜜比血甜》更像电影。画面中的元素是离散的，与电影中的一帧帧场景不无相似之处。达利在画作中用到了现成图片：一张他小时候的小照片，一张船上聚会的图片，以及几张转印图。在一般的拼贴画中，艺术家强调各种材质同颜料所呈现的质感差异。然而达利却不同，他将拼贴图和颜料整合在了一起，人们无从分辨绘图到哪里结束，拼贴又从哪里开始。当然，达利并没有背弃摄影，他之前还曾热情洋溢地写过关于摄影的文章，只是这一次他开始以一种更具体的类比方式用摄影来质疑绘画。除此之外，《早春》的意象也十分令人不安，它不仅包含了童年回忆和天真的欢乐，还融入了既露骨又具暗示性的色情和性爱场景。

在离开巴黎回国避暑之前，达利经戈曼斯引荐结识了超现实主义诗人保尔·艾吕雅——达利的“英雄人物”。艾吕雅答应夏天的时候到卡达克斯拜访他。达利在《一条安达鲁狗》最终上映前就离开了巴黎，身体抱恙，情绪低落。本来将要签订的合同也被戈曼斯推迟了，后者只是含糊地承诺达利会为他举办一次个展，但这取决于他在夏天的工作成果。

艾吕雅信守了他的承诺：8月，就在戈曼斯和玛格利特夫妇之后，他也携妻子加拉（Gala）和女儿塞西尔（Cécile）前往卡达克斯。对达利来说，这次超现实主义者的聚会意义重大，它也反映了达利日益增大的名气，而这正是《一条安达鲁狗》的功劳。正如他所预言的那样，“这把匕首刺进了巴黎的心脏……我们的电影一个晚上便毁掉了战后十年伪知识分子的先进性”。乔治·巴塔耶便是这部电影最狂热的追捧者之一，随后，“《纪实》派”和超现实主义者以《纪实》杂志为平台，就达利展开了一场短暂而激烈的争斗。在该杂志1929年9月刊上，巴塔耶在他的《字典》中的“眼睛”条目下写到了《一条安达鲁狗》，并为其配上了副标题“食人者的美餐”（Friandise cannibale）：

> 这部精彩的电影由两个年轻的加泰罗尼亚人指导……电影中一个接一个地呈现了非常明确的事实，它们之间毫无逻辑关系，但是都对恐惧进行了深入的探究，观众们就像观赏冒险电影一般直接参与其中。然而在参与其中的同时，观众似乎也被毫无雕饰的情节扼住了喉咙：他们知道电影会在哪里停下来吗？他们知道电影的作者是谁，或者认识像他们一样的人吗？

> 如果布纽埃尔在拍摄完割眼睛的场景后病了一周（他不得不在浑浊的空气中拍摄腐烂的驴），他怎么会看不到恐怖在什么时候变得迷人，以及恐怖本身就足以碾碎令人窒息的一切。

巴塔耶的好友也是《纪实》杂志作者之一的德斯诺斯，也在《乌鸦》(*Le merle*）上赞扬了这部电影："电影中没有一个元素不包含幽默和诗意，而这二者也紧密相连。"

《纪实》是巴黎第一本刊登达利作品的评论杂志。其中一期刊登了达利的三幅画作：《女性浴者》(*Baigneuses*)、《裸体》(*Nu féminin*)及《蜜比血甜》，不过第三件作品的标题被替换成了《血比蜂蜜更甜》(*Blood is Sweeter than Honey*)。这一恰如其分而引人注目的反转可能取自达利和布纽埃尔在学生公寓时代的共同好友欧亨尼奥·蒙特斯发表在《文学公报》头版上的文章，这篇文章对《一条安达鲁狗》充满了溢美之词。蒙特斯之前受委派参加了这部电影的首映礼，他特别强调了电影中的西班牙语特质："沙漠——月亮，大地——这原始而野蛮的美，正是'血比蜂蜜更甜'，电影将其重现在世人面前。不！不要在这里寻找法国的玫瑰。西班牙并非花园，西班牙人也非园丁。西班牙是一个星球。在沙漠中，玫瑰是腐烂的驴……"另外两幅画的出现则暗示了该杂志得到了圈内消息：《女性浴者》和《裸体》两幅作品"将参加苏黎世美术馆举办的抽象派和超现实主义艺术展"。这一展览于1929年10月开幕。画作的照片是由达利的画商戈曼斯画廊提供的，它被巧妙地安排在了一幅描绘帕多瓦的圣安东尼和婴儿基督的变形画旁，从而暗示了达利画作中的身体那怪异而膨胀形态的来源。

《纪实》杂志在超现实主义者的眼皮底下介绍了达利这位炙手可热的艺术新星。巴塔耶计划以此为基础，在杂志的1929年12月刊上
68 发表一篇文章介绍达利的新作《忧伤的游戏》(*Le jeu lugubre*)，这也将是他11月举办的艺术展上的核心展品。然而，达利拒绝在杂志上刊登这幅画的照片，因为他此时已经清楚地认识到，与巴塔耶和《纪实》的合作意味着他将失去超现实主义团体成员资格。在创作《忧伤的游戏》那个夏天，达利与超现实主义团体的核心人物一起度过，这使他热情澎湃地要加入这一运动。1929年12月，《超现实主义革
75 命》最后一期出版，其中刊登了达利两幅新作《欲望的居所》(*The*
77 *Accommodations of Desire*）和《启蒙的喜悦》(*Illumined Pleasures*)的照片。除此之外，从这时起一直到1936年，达利都定期在另外两本

GRAMME
CENTIGRAMME
MILLIGRAMME
Salvador Dalí 1929

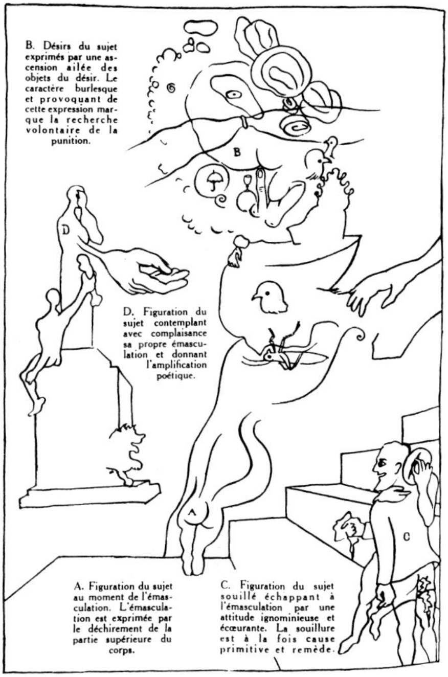

图68（对页图）《忧伤的游戏》，1929年

图69（右图）乔治·巴塔耶解释达利《忧伤的游戏》的示意图，刊登于《纪实》1929年12月刊

超现实主义核心期刊《为革命服务的超现实主义》(*Le Surréalisme au service de la révolution*，简称*SASDLR*，1930—1933年）和《米诺陶》(*Minotaure*，1933—1939年）上发表文章。

尽管如此，巴塔耶还是按原计划发表了他的文章，针对达利不允许刊登其画作的照片，巴塔耶用一幅以精神分析法揭示阉割主题的示意图替代了原本的画作。巴塔耶明确地将达利加入了他长期坚持的反对超现实主义的运动中，认为达利的画作就像《一条安达鲁狗》一样明确表达了对“艺术托辞”的拒绝，并对充斥着诗意而半真半假的礼貌世界进行了毫不留情的羞辱。巴塔耶写道，也许毕加索的画丑陋不堪，而达利的画则充斥着恐怖的丑恶。巴塔耶认为达利是萨德侯爵（Marquis de Sade）和洛特雷阿蒙伯爵伊齐多尔·迪卡斯（Isidore Ducasse, Comte de Lautréamont）的嫡系后裔，他们二人都是超现实主义者的偶像。巴塔耶也嘲笑他们把“迪卡斯这样的人变成了可憎的诗歌-宗教偶像”。巴塔耶在文章的注释中还补充道，超现实主义者如何能够看到蕴含于《忧伤的游戏》这样的画作中“敞开的精神之窗”——就像布勒东在达利的展览序言中声称的那样。

超现实主义者和巴塔耶都严重依赖于弗洛伊德的理论，尽管他们对精神分析的前提有不同的回应。巴塔耶在达利的画作中看到一种特质，他认为可以利用这一特质来攻击超现实主义者所坚持的反唯物主义理想。巴塔耶可能比布勒东更理解达利。达利主导下的《艺术之友》和《纪实》之间存在着一种奇特的亲切感，尽管后者是在《艺
69 术之友》停刊后才创办的。举例来说，巴塔耶在《纪实》第6期上为文章《大脚趾》(*The Big Toe*）配的插图与《艺术之友》1929年3月刊上达利的文章《手指的解放》中对手指和脚趾的特写就形成了奇特的平行关系。除此之外，巴塔耶比布勒东可以更开放地面对达利画作中那些令人震惊的意象，相比之下，后者对性的态度则更为浪漫而拘谨。对于达利画作中流露出的性反常和性变态，巴塔耶以社会心理学家的冷静态度与情色专家的认可态度进行评判。并没有证据表明此时的巴塔耶和达利碰过面，但达利一定读过巴塔耶的文章，而后者的《眼睛的故事》(*L'Histoire de l'oeil*，1928年）一直是对达利一生影响最深的书籍之一。

达利本人可能从未想过加入超现实主义者之外的任何团体。因为该团体要求他的绝对忠诚，所以他立即放弃了同巴塔耶的联系。超现实主义者为他提供了宝贵的人脉、发表作品的公共平台以及令人振奋的知识和艺术环境。我们并不知道达利和布勒东二人何时首次会面，但达利后来说这次会面发生在1929年春天他第二次前往巴黎时：

> 在我眼中，他的形象立刻变得像父亲一般。当时我感觉自己获得了重生。超现实主义团体就像滋养我的胎盘，我对超现实主义深信不疑，仿佛正是它构成了法律条文。我以一种难以置信的、无法满足的欲望，完全吸收了这一运动的文字与精神，而且它与我最深刻的自我是如此契合，以至于我以最自然的态度与其融为一体。

达利的这番肺腑之言也暗示了对即将在他的作品中出现的天父形象的回顾意识。达利从不隐瞒他希望把布勒东从领导人的位置赶下去。很难说他的这种野心有多强。无论如何，一旦达利所企图的“政变”失败，他将不得不接受一种局面，即他将在接下来的几年中成为超现实主义团体中最另类和杰出的活动家。

1929年夏天，达利在卡达克斯创作了数量惊人的杰出画作。在经

图70 马克斯·恩斯特《圣母怜子或夜之革命》，1923年

历早期变幻莫测的风格之后，如今的达利获得了一种新的自信，而这无疑得益于戈曼斯做出的为他在巴黎举办个展的承诺。这也可能是因为超现实主义为达利提供了有利的环境，鼓励他重新投入绘画。超现实主义并非一种艺术运动，也没有形成任何既定风格。它在否定和表达的需要之间进行了权衡，而这正与达利的理念相一致。布勒东可能在《超现实主义和绘画》中将绘画称为“可悲的权宜之计”，但他仍然为绘画及其包含的可能性所着迷。艾吕雅也是如此，他还是一个狂热的收藏家。达利的新风格有一个显著特点，就是梦幻般的深空间设定，这不禁让人想起德·基里科和马克斯·恩斯特早期的超现实主义画作。这些作品就挂在艾吕雅巴黎的公寓中，达利可能正是从这些画作中获得了灵感。艾吕雅的收藏中有一幅恩斯特的《圣母怜子或夜之革
70 命》(*Pieta or Revolution by Night*)，这幅画似乎对达利有着特别的魔
44 力。艾吕雅还收藏了达利的《器具和手》。在超现实主义团体中并不

罕见，他们收藏了达利的多幅作品，比如布勒东就买下了《欲望的居
107 所》和《威廉·特尔》(*William Tell*)。不过，当超现实主义艺术家们
68 到达卡达克斯时，达利正在创作的是《忧伤的游戏》，这幅画之后将被诺埃尔子爵（Vicomte de Noailles，巴黎现代艺术的重要赞助人）买下，挂在他巴黎居所的餐厅中，就在克拉纳赫[2]和华托[3]的画之间。

在《萨尔瓦多·达利的秘密生活》中，达利详细解释了《忧伤的游戏》这幅画的灵感来源。他整天专心于这幅画的创作中。其间，他开始重温童年的幻想，或者更确切地说，他看到了“我无法确定发生于何时何地，但我确定自己小时候见过的”情景。这其中包含一只绿色的小鹿形象，小鹿身上的花纹与他和妹妹小时候制作的弹珠上的花纹类似。除此之外，回忆中还有一些更为复杂和凝练的意象，比如共用一双眼睛的兔子和鹦鹉，以及3颗头，“鱼头包着另外两颗头。有时候我还看到这条鱼嘴里叼着一只蚱蜢”。在《忧伤的游戏》之后的几个月里，达利创作了诸多极富创意的作品，而这些意象或单独或组合
74 地出现在其中绝大部分画作里，其中一例便是《保尔·艾吕雅的肖像》(*Portrait of Paul Éluard*)。鱼和蚱蜢的关联十分有趣，因为这是达利第一次沉迷于让他感到恐惧的意象。他意识到了这一恐怖意象背后的性冲动，并将其明白无误地展露了出来。达利在《手指的解放》中提到，鱼和蚱蜢这一意象源自他童年经历的一件事，然而他一直将其压抑在心中，直到父亲再次让他回忆起来。达利小时候很喜欢蚱蜢，直到有一天，他抓到了一条叫作“口水鱼”的黏糊糊的小鱼，在近距离观察它的脸时，他发现小鱼的脸和蚱蜢长得一模一样。从那一刻起，达利就对蚱蜢产生了强烈的恐惧，他的同学们很快发现可以利用这一点来吓唬他，于是便抓蚱蜢夹到他的书里，这每次都可以吓得他几乎发疯。在《早春》中，一个年轻人头（就是达利自己）的嘴上拴着一只蚱蜢，它既有食人的特征，还带着性暗示。之后，这一恐怖的意
73 象又陆续出现在了《忧伤的游戏》和《伟大的自慰者的脸》(*Face of the Great Masturbator*）中。达利决定重现出现在他脑海中的形象，在这个过程中，他“尽可能谨慎地……以完全自动的感觉遵循它们排列组合的标准和规范”。他在《萨尔瓦多·达利的秘密生活》中描述

2：卢卡斯·克拉纳赫（Lucas Cranach，1472—1553年），德国画家。
3：让-安东尼·华托（Jean—Antoine Watteau，1684—1721年），法国著名洛可可风格画家，代表作有《朝发西苔岛》等。

了自己如何把《忧伤的游戏》放在床尾的画架上，这样在他起床时和临睡前便可以一眼看到它：

> 我整天都坐在画架前，我的眼睛使劲盯着画布，试图“看到”，此时的我就像一个媒介一般（确实如此），试图将想象中的画面转移到画布上。通常情况下，我可以准确看到这些图案在画布上的样子。接下来，按照图案的指示，我就画了起来。这期间我嘴中感觉热辣辣的，就像气喘吁吁的猎狗咬紧牙关奔向被主人一枪射中的猎物一样。

与“媒介”的类比引出了自动主义的概念，而这也是布勒东的《超现实主义宣言》中超现实主义定义的核心：

> 纯粹的精神自动性，其目的是以口头或其他形式进行表达思想的真正功能；思想是在没有任何理性控制、也不受任何道德或美学关注的情况下转录而来的。

然而，像马松这样的艺术家对此的解释同达利赋予自动主义的意义截然不同。对马松来说，绘画在刚开始时没有任何先入为主的概念，但随着创作的进行，潜意识中的、未识别的念头等意象将逐渐在脑海中浮现，它们将被转换成画布上的图案。而对达利来说，这些图像植根于梦境，它们在出现之时便已是成熟完整的形象，而非部分完成或尚未清晰的状态，不需要借助纯粹的自动绘画成形。所以可以说，达利的创作或多或少是一个将“现成品”转印到画布上的过程，他也正是从这个角度出发认为自己扮演着媒介的角色——当然，这一类比仍隶属于超现实主义理论框架之中。媒介的技术，比如自我诱导的恍惚状态，在早期超现实主义实验中发挥了重要作用。但超现实主义和媒介之间的本质区别是后来布勒东在他的《信息自动化》（*Message automatique*，1933年）阐明的：超现实主义者不接受外部信息，需要的是无意识或自动接收的，就仿佛是来自别处的“精神之声”。“记录”所呈现的是人内心的无意识状态。在清醒时将梦境或自发的幻觉以“自动”的方式迅速记录在画布上，类似于媒介的“记录”，但它只是当事人对自身经历、思想或“幻想”的记录。达利在解释他的创作过程时，可能也试图避免对德·基里科所提出的对“梦境图像”的批评。达利读过马克斯·莫里斯（Max Morise）在《超现实主义革命》上发表的文章《迷人的眼睛》(*Enchanted Eyes*)。这篇文章认为梦的原始属性在转移到画布上时无法保留，因为它受到记忆的变形和随后有意识操作的影响。因此，达利坚持对他想象中出现的意象进行自动抄写——他在后来的作
105 品中也坚持了这一点，有一次他言之凿凿地表示，《致幻斗牛士》(*The Hallucinogenic Toreador*）中的大部分场景都是纯自动绘制的。

在《忧伤的游戏》中，达利通过图形语言的运用，为作品打造了一种如巫术般的迷幻氛围。他使用了一系列多色图案，以及小石块、帽子之类的意象，它们都从他的头上腾空而起。这一画面直接借鉴了一类媒介的绘画方式——展示“幻想”从画家的前额升腾而起。

如此说来，达利似乎试图在视觉上将20世纪20年代占主导地位的两股超现实主义潮流——自动主义和梦境叙事结合起来。它们都与第一份《超现实主义宣言》中提到的弗洛伊德的理论有关，而《超现实主义宣言》本身就是为了致敬弗洛伊德在《梦的解析》(*Interpretation of Dreams*）中对梦境及其与潜意识联系的科学探索。弗洛伊德强调，在通往潜意识的过程中，梦境和自由、不受约束的表达发挥着重要作用，这为许多超现实主义艺术创作提供了理论基础。不过超现实主义者最看重的是弗洛伊德的发现对解放人类想象力的意义，以及潜意识作为发掘诗意意象的源泉。他们对于与之相关的精神分析并不感兴趣。

截至目前，达利谈及《忧伤的游戏》的创作时主要在理论层面上与超现实主义原则相一致。他在安排那些不请自来的“自发性幻觉”时所遵循的唯一标准就是“最不受控制的生物欲望”。他声称，这些幻觉既不由有意识的思想所决定，也与品位问题无关，但它们给人一种强烈的印象，即它们是通过某种叙事线索联系起来的。此时，如果我们回过头去更仔细地分析达利对这幅画中意象起源的描述，就会清楚地发现，它与弗洛伊德的理论有着非常直接的联系，而非仅仅将超现实主义理论作为创作原则。

达利一直强调，他作品中的许多意象都源自童年回忆，或与这些回忆有着紧密的联系。而弗洛伊德恰好强调了病人的童年回忆和相关联想对精神分析的重要性，因为它们通常对解开梦的潜在内容或与强迫症的成因至关重要。达利在描述《忧伤的游戏》时也说，它并非一幅单纯描绘梦境的作品；画面中的各种意象在不同时间陆续在他的脑海中浮现，它们的来源可能并不相同。画中的各种意象也不局限在这

一幅画中。以蚱蜢为例，我们看到一些意象在这一时期的画作中重复出现。这种重复一定具有重要的主题意义，考虑到达利提及他的童年回忆及当时的精神状态，这些意象似乎与某种支配他的执念有关。由此也引出了一系列问题：这些意象究竟有多“纯洁”、多“自动”？更甚者，从心理层面来说，达利是否清楚这些意象源自何处？他又在多大程度上控制了这一联想的过程？

达利第一次读到弗洛伊德的《梦的解析》时还在马德里求学。“在我看来，这本书是我一生中我的最重要发现之一，我为此深深地迷恋上了自我解读，不仅针对我的梦境，而且针对发生在我身上的一切，无论这些事看起来有多么偶然。”像《忧伤的游戏》这样的画是直接由源自潜意识的意象组成，还是这些意象已经过了达利的消化和分析处理？当弗洛伊德本人于1938年在伦敦被斯蒂芬·茨威格[4]介绍给达利后，达利得出了十分确定的答案。根据达利的情况，弗洛伊德这样告诉他：

> 我在你的画中寻找的不是无意识，而是意识。但是在达·芬奇或安格尔之类大师的画作中，我寻找的恰是源于潜意识的灵感，它谜一般的隐藏在画中，这也使这些画显得非常神秘，令我倍感困扰。然而，你的谜已经在画中明白无误地展现了出来。你的画只不过是展示你潜意识的媒介罢了。

弗洛伊德认为，达利的画不仅解释了他的执念的成因，还包含了这种执念的（被解读的）象征表现。在弗洛伊德看来，无意识的想法和执念通常与性有关，它们通常呈隐藏状态，比如在达·芬奇的画中，然而达利却将这些意象当成了公开的绘画主题——当然，前提是他了解心理学教科书中关于性象征的术语。与最终的成品相比，《忧伤的游
71 戏》速写稿中的性暗示要明显得多。

然而，达利在1929年和1930年创作的画之所以如此不同寻常，是因为它们巧妙糅合了一种真正的神经质的恐惧，这一感情显然十分强烈，它也是达利对心理学教科书的巧妙运用。通过精心构造一套高度复杂的精神景观，达利以绘画这一媒介正式与梦境和幻觉的体验建立了视觉类比。在《忧伤的游戏》《早春》《启蒙的喜悦》和《伟大的

4：斯蒂芬·茨威格（Stefan Zweig，1881—1942年），奥地利著名作家、诗人。代表作有《一封陌生女人的来信》等。

图71《忧伤的游戏》速写稿，1929年

自慰者的脸》中，他都描绘了一大片无甚特点的土地，这些土地广阔无垠，一直延伸到视野之外的地平线。这一风景通常以单色呈现：在《早春》和《忧伤的游戏》中，背景和一些物体都是暗灰色的，在它们的衬托下，其他物体跳脱于眼前，勾勒出一个色彩斑斓的梦境。这种风景结构不禁让人想起恩斯特的《此人将一无所知》（*Of This Men Shall Know Nothing*）一类的画作，并通过在背景中安排微小的人物而旋即强调了画面的景深感。近景中的人物和物体则被放置在了明显不相关的组合中，它们暗示了正在睡梦中工作的大脑，在这个过程中，一些事情即将发生，或将被清晰地观察到，而另一些事情则难以察觉，或者发生于意识的边缘，“在一个人大脑的后面”。在画面中，不同（组）的物品之间产生了古怪而明显不合逻辑的联系，人和物品会在没有明确原因的情况下出乎意料地变成别的东西。

涌入画面的各个意象是自传式的，往往具有象征意义，且已经被达利解读了出来。然而，这些象征性的意象却各不相同：一些源自心理学教科书上的老生常谈；另外一些——比如蚱蜢和鱼，则源自达利的个人经历，其意义通过一系列画作中的并置和联想，以及达利自己的解释而明确；而其他意象——比如鹿——的重要性（如果还有的话），则仍然深不可知。

达利于前一年夏天创作的许多画作都与自发的性行为有关，而1929年的画作主题则是一种深深的性焦虑。在这份焦虑中，自慰仍然扮演着重要的角色，比如在《忧伤的游戏》中，雌雄同体、有着怪异而有罪的大手的人物因为羞愧而用手遮住了脸。自慰导致了来自父母的威胁，这一可怕后果被解读为阉割，表现为坐着的年轻男子（可能是达利自己）在雕像旁高举着放大的性器官，以及近景中微笑的男子手中拿着染血的物体。巴塔耶在他那幅解释这幅画的示意图中还暗示，画面中央身体那被撕裂的上半身也象征了阉割，这一做法借鉴了弗洛伊德的经典概念，即身体在梦中会上下颠倒，上半身就代表了下半身。

与他人发生性关系是自慰的潜在补救措施或替代方案，但随之而来的是阳痿的威胁，这一点达利在很多画作中都表现了出来，我们应该从精神分析的角度对这些意象认真对待。画面的左下方的铺路石上有一个小小的彩色物体呈下垂状态，它是一根软化的、正在滴蜡的蜡烛，当这一意象出现在弗洛伊德的病人的梦中时，它总是被解释为阳痿的象征。另外，楼梯这一意象在关于性行为的精神分析文献中也经常出现，但在《忧伤的游戏》中，这种象征手法的运用颇为巧妙，它为画面注入了一种真实感。画面右侧的硕大楼梯被戏剧化的光效照亮，它与作品主题紧密相连，这一意象并非随机选择的，或仅仅为了博人眼球。楼梯那令人压抑的尺寸构成了一道几乎无法逾越的障碍，从达利睡梦中喷涌而出的零散图像只能在其上盘旋。这些楼梯也可以被视为纪念碑的底座，这就让人联想到画面中可能存在一尊隐藏的巨大雕像，其形象就是达利的父亲。如此说来，楼梯不仅仅是一个具有特定含义的符号，它还被赋予了一种特殊的主导意义，即对性的可能性的渴望和压倒性的恐惧。其他意象也与这一解读相一致：我们从达利自己的描述中得知，那只系在他嘴上的蚱蜢是恐惧的象征；在其回忆录（以及《保尔·艾吕雅的肖像》）中，达利通过将蚱蜢和阳具鱼联系在一起，也证实了前者的性象征意义。

这种分析必然不是精确的，然而考虑到达利对待精神分析中的图像内容就像对待公共财产——类似于中世纪时宗教图像被视为公共财产——这种分析也不无道理。

达利声称他在这个工作紧张而情绪波动的夏天接近疯狂，这一说法不无可取之处。他处于一种精神高度兴奋的状态，几乎达到了歇斯底里的边缘，由于突然想象到一些奇形怪状的画面，他会突然大笑起来，有时这种状态甚至来得毫无缘由。那些从巴黎前来拜访的朋友——达利的画商卡米尔·戈曼斯、玛格利特夫妇以及保尔和加拉夫妇——也没有帮助缓解这一情况：

> 一小时接着一小时，我的笑声变得越来越猛烈，我不时瞥到周围有人在看我并窃窃私语，我不由自主地想到我的处境在周围人群中引起的焦虑。在我看来，这和其他事情一样可笑，因为我十分清楚，我的大笑源自我脑海中浮现的画面……

如达利所说，他的客人被他“不同寻常的个性”所吸引，远道而来拜访他，但对于他们无法理解他画作中的幽默，达利也表示理解。举例来说，达利把一尊小猫头鹰像粘在了一个体面之人的头上，又在猫头鹰的头上涂抹了他自己的粪便。这一小群超现实主义者开始时兴趣满满地关注着《忧伤的游戏》的创作，而在之后则转变为关切。最初加拉·艾吕雅发现达利不仅性情古怪，还十分令人厌恶，连同他那“涂满发油的头发和他的优雅”（他从马德里学生时代遗留下来的对个人装扮的热爱）以及他被“我在思想领域展示的严谨”所激起的兴趣，都令她非常反感。然而，最终加拉却被指派去向达利询问他作品

图72《卡达克斯的岩石》(*Rocks at Cadaqués*)，约1960年

图73《伟大的自慰者的脸》，1929年

中特定元素的象征意义，因为人们普遍担心达利会将这幅画作变成一份纯粹的精神病病例，特别是画面右侧近景中那个男子的裤子上溅满了粪便，他们担心这会暴露出达利身上那不可接受的反常行为。可是，达利成功地让加拉放下心来："我向你发誓，我不是'食粪癖'。我和你一样讨厌那种反常行为，但我认为粪便是一个可以营造恐怖感的元素，就像我对鲜血和蚱蜢感到恐惧一样。"（达利当时可能用了更笼统的术语"嗜粪的"，意思是"喜欢粪便的"，而没有说"食粪癖"或喜欢吃屎。[5]）尽管人们对达利"反常"的怀疑仍然存在——例如，它被布勒东写进了戈曼斯画展的目录序言中——但他的抗议最终被接受了，并最终被承认是超现实主义运动的一员。

虽然还沉浸在几年前的色情和自慰主题中，但此时的达利却爱上了加拉，他还发现他的焦虑越来越集中于对阳痿的恐惧上。他从未和

5：原文中"食粪癖"对应的单词是coprophilous，而"嗜粪的"则是coprophagic。——译者注

图74《保尔·艾吕雅的肖像》，1929年

女人有过一段完整的性关系，而在其他人都动身返回巴黎，且加拉陪
他一直待到9月底的时候，他的这一恐惧仍没有消除。加拉离开后，
73 达利返回菲格拉斯创作了《伟大的自慰者的脸》和《保尔·艾吕雅的
74 肖像》，他将前者解释为“我对异性恋焦虑的表达”。这幅画的灵感
来自一幅19世纪末典型的铜板印刷海报：海报中，一位慵懒的女士把
白色的马蹄莲捧在面前。达利借用了马蹄莲，而它的阳具象征又在旁
边狮头伸出的怪异舌头上得到了重现。他将这朵马蹄莲放在了一个男
子的躯干下部，男子的生殖器被遮盖了起来。达利自己的头几乎覆盖
了整个画面，它的形象源自一块卡达克斯海岸的礁石，在其头皮上还
嵌着一枚鱼钩。这块礁石就像《忧伤的游戏》中人物头部下方的碎片
一样，呈尖锐的锯齿状，很容易划破裸露的四肢。正因此，画中伟大
的自慰者的膝盖呈划破的样子，鲜血直流，我们不难将其解读为移位
的阉割象征。礁石一般的头部也包含一件1900年装饰风格的家具，这
80 件家具装饰有女性的头部及其裸露的肩膀。在达利的另一幅画《欲望
之谜》(*The Enigma of Desire*）中，这块礁石变得像生物一般，从一
条弯曲的家具腿中生长出来。达利在第二年于卡达克斯创作的《伟大
的自慰者》(*The Great Masturbator*）一诗中，解释了女性形象与这
种特殊风格家具的密切联系，它源自19世纪末典型的铜板印刷海报的
典型主题：“在装饰着彩绘玻璃和变形图案的可怕的现代风格室内，一
个非常漂亮的卷发女人，脸上挂着梦呓般的微笑，整体表情非常可怖，
她有着优雅的颈部，坐在钢琴前……”

1929年的夏天和秋天，达利绘制的作品在尺寸上变化非常大，难
75 以通过印刷图的方式呈现。《伟大的自慰者的脸》和《欲望之谜》都
77 是大型作品，而《保尔·艾吕雅的肖像》《欲望的居所》和《启蒙的喜
悦》则是尺寸很小的纸板画或木版画，达利以微型画的精确度完成了
这些作品。《保尔·艾吕雅的肖像》是达利第一次为超现实主义者创作
肖像，它是在艾吕雅缺席的情况下完成的。据达利所说，“我认为自己
有责任永远铭记这位诗人，因为我从他的奥林匹斯山偷走了一位缪斯女
神”。他以精细的笔触勾勒了艾吕雅那精致、瘦削的面庞，肖像保留了
艾吕雅肩部以上的部位，使画作中的他仿佛一尊古典半身像，而达利通
过将艾吕雅的外套边缘描绘成石灰岩的风景，进一步强调了雕像效果。
接下来，达利将雕像置于无限的地平线之上。乍看之下，他似乎恢复了
绘画的传统，通过在画面中添加重要细节来说明人物的职业、品位等。
然而，达利添加的这些细节却属于他自己，而非艾吕雅，这些细节我们

图75《欲望的居所》，1929年

图76 版画《喷泉》（*The Fountain*），未知作者

在他其他的画作中已经见识过：比如蚱蜢，它的头还巧妙地变成了下面那条“口水鱼”的眼睛，除此之外还有女性头部形状的水罐等。艾吕雅前额上的手，源于达利自己在创作《忧伤的游戏》时的体验：“我感觉源自想象的保护，我的手指在我的两道眉毛之间划来划去……”有时他感觉有什么东西在他的眉梢啄了一下，此处他将之描绘成了蝴蝶。

75, 77 性焦虑仍然是贯穿《欲望的居所》和《启蒙的喜悦》的主题，然而对父子关系的探讨也逐渐浮出表面，并将在下一年的“威廉·特尔”系列作品中成为核心主题。在《欲望的居所》中，我们看到一颗鬃毛华丽的狮子头大张着嘴。这是一幅拼贴画，达利可能是从一本介绍珍奇动物的儿童绘本上裁下来的，然后粘在了白色的“鹅卵石”上。这颗狮头引发了一系列视觉联想，从而阐述了与性有关的象征意义。在7颗“鹅卵石”中的一颗上，狮子头再次出现，但是它的脸被裁掉了，而在另一颗“鹅卵石”上只有狮子下巴的拼贴碎片。在后者的轮廓处有一圈红晕，它与一旁的纯红色剪影一同表现了在长时间凝视特定颜色的物体后，转移目光或闭上眼睛时所“看到”的互补色图像。然而红色并非黄色的互补色，而是绿色的互补色。它是血液或热量的颜色，因此也象征着激情或愤怒。

狮子的形象几乎出现在了这一时期达利的所有画作中，我们通常看到的是狮头。而在《忧伤的游戏》中看到的则是以灰色装饰画形式出现的一头狮子。弗洛伊德在1919年版的《梦的解析》中这样写道：

> 在描绘梦境的作品中，野兽通常被用来表现做梦者所害怕的激情冲动，这种冲动可能来自自己，也可能来自别人。（然后，只需要稍加改动，野兽就可以代表被激情所虏获的人们。由此说开，很快我们就可以看到野兽被用来代指可怕的父亲的案例……）可以说，野兽被用来象征力比多（*Libido*），这是一种自我所畏惧的力量，它通过压制的方式来对抗力比多。

不过，虽然狮子这一意象偶尔可以和父亲的形象联系在一起——
比如在《欲望的居所》中，我们就能在画面中间的顶部看到父子相拥
107 的场景——同时它也是下一年《威廉·特尔》的意象，然而在1929年
狮子主要象征的其实是女人。达利曾说，狮子的胃“诠释了他在和女
人相处之前的恐惧”。那年夏天，正是在同加拉郊游之后，达利才创
作出了《欲望的居所》。

这一令人着迷的狮头形象最初并非源自弗洛伊德——尽管它出现
76 在1929年的画作中可能是受到了弗洛伊德的启发——而是源自小时候
挂在达利房间里的一幅画，画中有一个小女孩拿着水罐站在井边。水
井上有一个咆哮狮子造型的压模浮雕，井水从它的口中不断涌出，这
一形象同《欲望的居所》中左下角的狮头拼贴画十分相似。在另一块
“鹅卵石”上，一头狮子被放置在了女孩的大腿旁，这构成了非常明
显的性暗示：女性的生殖器有着锋利的牙齿，极具威胁性，这应和了
经典的“阴齿”（*vagina dentata*）传说。

狮头的形状最后出现在了画面右上角的鹅卵石上一个拥挤的小场景中，被放在了一个微型的、丰满的女性的生殖器旁，但它此时全无面容，色彩也十分暗淡，仿佛是空心的或被抹去了一般。最后两块鹅

图77《启蒙的喜悦》，1929年

卵石的形象看起来十分神秘，但如果从女性性别焦虑这一点出发，则又呈现出令人不安的特点，这是由不断变化的狮头形象所揭示的。画面顶部的鹅卵石像一颗鸡蛋，上面点缀着点状的排线，其白色的表面被打破，露出了其中有黑色头发的头颅。很快达利将在他的作品中用各种各样的方式表达鸡蛋与出生的明显关联。“蛋”这一比喻在《欲望的居所》中首次出现，以后将频繁出现在他的作品中，这便是他在《萨尔瓦多·达利的秘密生活》中所说的“出生创伤”。不过后来，这种创伤变成了与母亲子宫的分离，达利在《萨尔瓦多·达利的秘密生活》中声称要记住自己在子宫中的状态，那里是他遭到驱逐的天堂。他写道，他总是以一种胎儿般的姿势蜷缩着入睡，想象自己回到了子宫内。但在《欲望的居所》中，女性的身体成了一个恐怖的对象，达利对它的恐怖联想间接但形象地表现在了最后一块鹅卵石上。在那里，一群蚂蚁正从裂缝中蜂拥而出。

在白色鹅卵石上的这些图像，有些是画的，有些是拼贴的，仿佛幻觉一般，而达利也描述过他凝视海滩上的鹅卵石并在上面“看到”图案的习惯。在后来的文章《米勒〈晚祷〉的悲剧神话》（*The*

Tragic Myth of Millet's Angelus）中，达利提到了他对利加特港海滩上各种各样鹅卵石的迷恋。那些鹅卵石有些被海水打磨得分外光滑，而另一些则被侵蚀得布满孔洞。他特别喜欢圆形的、“充满肉欲”的石头，他会把这些石头放在一起，寻找与它们凹凸的外形最相配的姿势，从而“让人想到爱情的结合”。正是在这样的游戏中，达利发现两块石头的造型同《晚祷》中的两个人物有着惊人的相似性，这促
120 使他在画作中将《晚祷》里的夫妇描绘成了石头、石笋或废墟。而在《欲望的居所》中，这一联想朝着相反的方向发展，从鹅卵石变成了肉体；画面中的一些白色石头形状十分肉欲，圆圆的就像肚子一般。它们与散落在深棕色地面上的参差不齐的岩石形成了鲜明对比，这片土地不断向远处延伸，似乎连上了卡达克斯的海湾。远处，达利的父亲正朝着海湾挥手，他的身影虽小，但却十分显眼。

在这幅规划仔细、构图紧凑的杰作中，达利似乎对现实进行了多重影射。画面上方的一组人物——一个男人和一个雌雄同体的年轻人拥抱在一起，他们之间有一颗凶猛的狮子头——和那些幻想中的石头

图78 乔治·德·基里科，《孩子的大脑》，1914年

并不在同一个世界，然而他们被放置在一个底座之上，不属于任何直观的现实。在他们身旁还有一个双手抱头的年轻人，他似乎承载了画面中诸多符号所象征的焦虑，他是这些符号的解读者，也是这幅画的创造者。

从风格上讲，达利在《欲望的居所》中放大了不同拼贴图案之间的风格差异，这些图案本身具有教科书插图的平庸、简单的现实主义风格，而画面中那些举止夸张的人物几乎是矫饰主义风格。乔治·奥威尔[6]在其评论达利的《萨尔瓦多·达利的秘密生活》的文章《神职人员的好处》(*Benefit of Clergy*）中的观点似乎颇为正确，他认为这种精心设计且夸张的绘画风格——因为从本质来看这幅画不过是一堆夸张的线条——类似于爱德华七世时期的童书插图，就像巴里[7]和拉克姆[8]所构建的幻想世界。换句话说，这种风格源自达利自己的童年生活。

6：乔治·奥威尔（George Orwell，1903—1950年），英国著名作家、记者和社会评论家，代表作有《1984》《动物农场》等。

7：詹姆斯·马修·巴里爵士（Sir James Matthew Barrie，1860—1937年），苏格兰著名小说家和剧作家，代表作《彼得·潘》。

8：亚瑟·拉克姆（Arthur Rackham，1867—1939年），英国著名插画家，曾为《彼得·潘》创作插图。

图79《弗洛伊德肖像》(*Portrait of Freud*)，1938年

图80《欲望之谜》，1929年

然而，达利的目的并非是在《欲望的居所》中强调拼贴画和绘画的不同。可以说这幅画是对无意识和意识、梦境符号与个人体验、恐惧与欲望的可视化。只要达利愿意，他可以完美地模仿照片或彩色印刷图中的精确细节。

达利曾将《早春》称为“真正的情色谵妄”，而《启蒙的喜悦》
77 则是关于性焦虑的妄想，与其说是色情，不如说是暴力。这幅画中充满了对其他画作的引用：达利通过三个盒子构成的“画中画”，以及这些盒子之间发生的种种情况对这一点进行了表达。狮子头——象征着激情与威胁——与一个女人的头相连。就像在其他画作中所做的那样，达利通过在女人头上加装一个把手而把它变成了水罐，而容器这一意象（出于显而易见的原因）在心理分析中是象征女性梦境的一个常见符号。《忧伤的游戏》里因羞愧而掩面的雌雄同体之人再度出现在了《启蒙的喜悦》中。在这幅画的近景中间有一组意象，可以解读为达利将来自父母的阉割威胁同女性的性威胁联系在一起，实实在在地表现了令人左右为难的性焦虑。在画面右侧的近景中，一个看不见

的物体投下一道黑影，它与《忧伤的游戏》右侧那对搂在一起的人投
下的阴影一模一样，几乎可以肯定这道阴影来自一对父子，德·基里科
的《浪子回头》(*The Prodigal Son*，1924年）中类似的意象让我们更
加确定这一解读的准确性。画面中一只手握着一只血迹斑斑的手，这
只手又被另一只手所控制。它不可避免地与旁边女人沾满血迹的手联
系在一起，这个女人让我们联想到的一定是徒劳地希望通过洗手洗刷
掉臆想罪恶的麦克白夫人，而非哈丽雅特·珍妮斯（Harriet Janis）画
中从海浪中升起的维纳斯，这是对这幅画进行精神分析的关键。人们
可能还记得，如果不是因为睡梦中的邓肯像麦克白夫人的父亲，她本
可能会亲手杀死他。抱着这个女人的是一个大胡子男子，他是恩斯特
70 的《圣母怜子或夜之革命》(*Pieta or Revolution by night*）的模特，
而达利与这幅画产生了强烈共鸣。在《圣母怜子或夜之革命》中，恩
斯特本人死在了一个男人怀中（并变成了石头），这个男人代表了他
78 的父亲，他与德·基里科的《孩子的大脑》(*The Child's Brain*）中陷
入沉思的父亲形象十分类似。我们很难从《启蒙的喜悦》近景中这一
组意象选出单一的主旨；相反，这组意象不仅含有在达利其他画作中
已经研究过的性焦虑主题，还混杂着对传说和文学中经典主题的引用，
这些主题体现了深藏在人类性行为中的无意识冲动，而这正是弗洛伊
德所关注的。1938年，当二人在伦敦见面时，达利对弗洛伊德长期以
来的崇拜得到了意想不到的回报。弗洛伊德后来在给斯蒂芬·茨威格的
信中这样写道：

> 我十分感谢您昨天带来的客人。因为到目前为止，我一直倾向于将超现实主义者视为十足的怪人（就说95%吧，就像描述酒精的纯度那样），他们显然把我当成了他们的守护神。那个年轻的西班牙人以他坦率、狂热的眼神和那不可否认的卓越画技改变了我的看法。分析他如何创造出这幅画这件事确实很有趣……

达利对他这一阶段在绘画中运用拼贴技法秘而不宣，这一做法前
所未见。他将印刷图、照片或彩色平板画全面地组合在一起，人们几
乎无法区别他作品中的拼贴图和手绘图（即便把这些画作复制出来也
80 是如此）。以《欲望之谜》为例，即便这幅画就在你面前，你也需要
非常仔细地观察才能区分出粘贴在远处岩石中的图片——一个微小的

躯干。在《忧伤的游戏》中，拼贴图片包括两顶帽子和一张显微镜的黑白照片。而《启蒙的喜悦》中，一幅教堂正面的黑白版画被嵌在一个画框里，作为画中画的盒子结构的一部分。这些嵌在框中的图片就像是“梦境”的一幅幅快照。

超现实主义诗人路易·阿拉贡在1930年的《绘画的挑战》（*La Peinture au défi*）一文中这样描述了拼贴画：

> 可能最难以解释的是萨尔瓦多·达利对拼贴画的运用。他用放大镜作画；他可以把彩色石印画（一种廉价的彩色印刷图）模仿到以假乱真的程度：粘贴在画面中的图片像是画出来的，而画出来的部分又像粘上去的。难道他想蒙蔽别人的眼睛，或者专门制造假象吗？你可以这样认为，然而没有人可以找到这场双重游戏的答案，它既不能被归结为画家对难以模仿的事物感到绝望，也不能归结为画家在面对现成事物（tout-exprimé）时的懒惰。

阿拉贡认为达利的画作是“反绘画”的；这些画虽然表面看来不像拼贴画，但它们有达利口中的“拼贴画特有的不连贯性”，他大概指的是非理性的并置。阿拉贡写道，人们试图将恩斯特的拼贴画简化为“拼贴诗歌”，从这一点看来，达利的拼贴画可以被视为故事，是对一连串密集而连续意象的趣味回应。

在达利手中，拼贴不再具有它在立体主义中的功能，即强调图片的外观及其纹理，也不是像恩斯特的作品那样用于展现某一（现成的）特定图片的内容。达利似乎将拼贴作为一种反绘画的方式。他煞费苦心地消除了一切可见的笔触，使整个画面都像平板印刷图一样光滑而有光泽，无论画面中是否有拼贴图片。在1935年的文章《非理性的征服》（*La Conquête de l'irrationel*）中，他这样写道：

> 根据未知的想象，将不合理的想法画得逼真。瞬时性与手工上色的照片，超精细，奢侈，偶发，未经探索，超绘画，超塑性，欺骗性，超正常，具体非理性的病态图像……

达利表示，与现成图像相比，画布上的油画并没有更多或更少的价值。对他来说，任何媒介，甚至“摄影”的目的都是协助呈现他

图81《组合（或组合的达利式幻影：蚂蚁、钥匙和蜗牛）》，1931年

非理性的想法。以此说来，绘画、摄影或印刷图之间并没有本质区别，而达利接下来的创作就证明了这一点。有时候，他用绘画模仿拼贴图，而其他时候，因为一张特定的照片或印刷图可能在唤醒清醒状态下的梦境或幻觉联想的过程中发挥重要作用，所以它们也会被包括在画作中。然而，这些拼贴图不能和他所运用的其他意象有太大差别，而是应该尽可能相似。

达利在1929年11月的戈曼斯画廊展上展出了11幅油画，这其中，包括上面几幅已经谈到的作品在内的9幅画都是在那年夏初创作的。在其展览目录的序言中，安德烈·布勒东以他一贯的批判眼光看到达利正处于两条可能的道路之间，用他的话说，那是一条由天赋和聪慧，或邪恶与美德组成的道路。当然，他对达利及其作品的看法从一开始就有所保留：

> 一方面，蜱虫假装住在他的衣服里，甚至在他走到街上时也不离身；这些蜱虫说，西班牙很好，甚至加泰罗尼亚也很好，如果一个人能将这些小东西画得如此精美（当然如果能画得更大些就更好了），那属实令人陶醉。一个衣服上粘着粪便的人——就像《忧伤的游戏》展示的那样——抵得上10个穿着体面的人，甚至10个裸体的人。很快，这些害虫就会走到街上，成为我们可爱的国家以及周边废土的国王。最终，无论超现实主义是好是坏，我们这些侃侃而谈之人都将被碾压在车轮之下，"记录"将获得胜利，警察将重新为人们——至少是诚实之人——建立特权。之后，当然，你没有想过改变世界吗？也许我们可以安静地在很多艰难之事上达成一致（比如彼此身上的蜱虫，它们将蔓延到旧时尚杂志上、到仍然残留的抽象主义绘画上。它们也将渗透到评论界，假装参与到左派政治活动之中，并在电影那美味的甜蜜飨宴中大谈"词汇革命"）。

另一方面，布勒东继续解释，尽管那些"唯物主义者"（布勒东在文章前一段已经对他们进行了抨击，他所指的显然是巴塔耶）试图迷惑达利，但他希望"达利不会在这一过程中失掉原则"。抛开达利探索感知的一面，布勒东正确地强调了比这更重要的一点，那就是达利卓越的技巧。这确是事实，达利真诚地与超现实主义者一同加入了"对现实的控诉"，他们这一方呼吁着"见证了一个人……无所保留：他什么也不怕失去，甚至是他的头颅"。"对达利来说，这可能是他第一次敞开了心灵之窗。"达利的画作让人联想到人物逡巡于"第二空间的另一番风景"中的可能性：

> 只要……我们能除掉那些悲惨的树以及那些房屋、火山、帝国！超现实主义的秘密在于我们相信这些事物的背后另有隐情。接下来，你只需检查压制树木的种种可能模式，便会发现这些模式中只有一种可以为我们所用，而一切最终都取决于我们自发的幻觉之力。

最后布勒东总结道，达利的艺术"就我们所知最为虚幻，它构成了一种真正的威胁"。

在这篇序言中，布勒东对达利在超现实主义思想所涉及的全部领域中的重要性进行了最具概括性的辩护，与此同时，他也小心避免了对达利画作中的个人心理学特点进行过于详细的讨论。布勒东似乎将达利对弗洛伊德和克拉夫特·埃宾[9]的心理学教科书的运用看作是刻意追求轰动效果的潜在手段，同时可能也暗示了他所厌恶的一种变态类型。在1952年的一系列采访中，布勒东对达利有意识地使用精神分析做出了评论：“在精神层面上，没有人比他更受精神分析的影响。不过，如果达利运用精神分析，他一定是为了小心翼翼地守护他的情结，并将之变得愈加丰富多彩。”换句话说，达利对精神分析的使用并非为了消除自己的强迫症情结，而是将这些情结充分展现在他自己眼前，进而对它们进行探索，并在心理学教科书的帮助下给予它们尽可能丰富的表达，从而详细地将它们阐述给观者。1929年的画作中那些势不

9：理查德·弗雷尔·克拉夫特·埃宾（Richard Freiherr Krafft Ebing，1840—1902年），德国精神病学家。

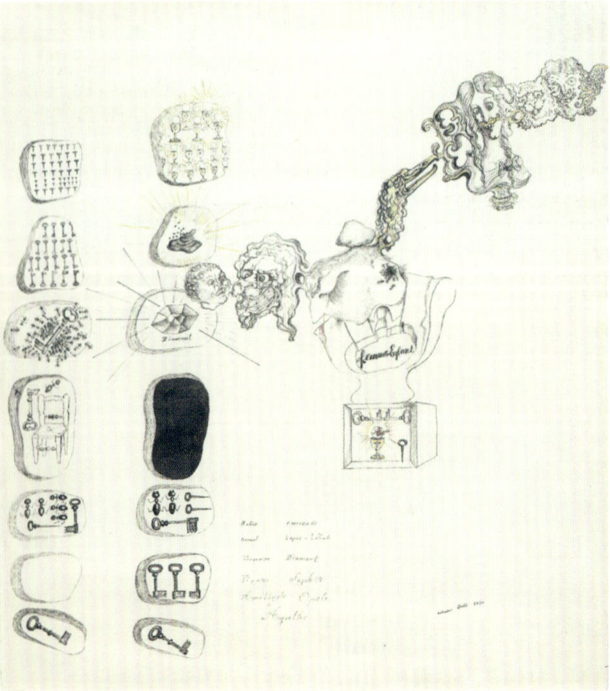

图82（左图）《第二次超现实主义宣言》卷首插图，巴黎，1930年

图83（对页图）《孤独》，1931年

可挡、难以抗拒的元素随后被达利系统地运用，为他接下来的作品提供了素材。

到目前为止，达利只是从弗洛伊德学说的角度运用了心理学和精神分析，即便在以后的岁月中他对这一领域进行了更深入的研究，弗洛伊德仍然在他心中占据最重要的地位。1930年，达利的作品中出现了一系列象征性意象，它们仍然主要源自弗洛伊德的理论。其中一个

82 经常出现的符号是钥匙，它首次出现是在达利为《第二次超现实主义
宣言》(*Second Surrealist Manifesto*）于1930年出版时创作的卷首插
图中。在这幅插图中，钥匙时而单独出现，时而成组出现，有时还和
蜗牛、蚂蚁、圣杯和椅子等意象产生关联，它们都嵌在椭圆形的物体
上，这些物体可以解读为壁龛或不规则的石板。这些图案不禁让人想起
《欲望的居所》中的鹅卵石及新艺术风格建筑常用到的曲线元素。画面
左侧的这些图案同右侧的一串头颅形成了对比，这些头颅在达利1929
年的画作中十分常见，包括画家本人低垂的侧颜，还有老人、女人和
狮子。对弗洛伊德来说，女人和房间的关系构成了一般的梦的象征中的
关键元素，房间可能是“锁上的”或“未锁的”。达利在水粉画《组
81 合（或组合的达利式幻影：蚂蚁、钥匙和蜗牛）》[*Combinations (or
the Combined Dalinian Phantasms: Ants, Keys, Nails)*] 中对这组象征
进行了直白的借用。在这幅画中，一把钥匙和一群蚂蚁被放置在了女
孩生殖器的位置上，就像《欲望的居所》中右上角上小狮子的位置一
样。所有意象似乎都反映着同样的事实，这似乎表明达利意识到了弗洛
伊德关于梦中多因决定（over-determination）的概念：“梦境中的每一
个元素，”弗洛伊德在《梦的解析》中他对自己的《植物学专著之梦》
（*Dream of the Botanical Monograph*）一文的分析中写道，“都被证明
是多因决定的——它们会在梦境中多次重现。”

在达利所绘制的卷首插图中，女人的头奇妙地和一只猛禽的头连在了一起，这个女人还长着胡须——这无疑对应了《忧伤的游戏》中那个为了满足欲望而紧紧抱住大胡子男人的雌雄同体之人，以及那尊垂着大手的雌雄同体的雕像。因此，达利在画作中结合了丰富的视觉象征意向，并提供了解释它们的“钥匙”。正如弗洛伊德所说，达利有意识地传达了无意识，以及在梦境中与性有关的恐惧和欲望。

弗洛伊德对达利的另一影响与一个强有力的新结构有关，达利将
之与自己一直着迷的形态学联系在了一起——这便是对结构、同源性
和变形的结合。20世纪20年代，他在软与硬的形状之间发展出一种
区分方式，在这种区分中，他把软的形状与腐败和排斥的思想联系起
来——就像腐烂的驴子的形象一样——而硬质形状或晶体结构则与秩
82 序和控制联系在了一起。达利在《第二次超现实主义宣言》的卷首插
图中表现了这种区分，在“柔软”的壁龛及他自己仿佛将要融化的
头部之下，他还并置了很多宝石，它们那坚硬而闪耀的外观是地球巨
大压力的结果。在1930年发表的《可见的女人》(*La Femme Visible*)

一文中，达利从这些形态中引申出一种心理、形式和道德意识，他尤其关注对柔软形态的解读。他首先解释了“非理性”，认为新艺术运动中的软结构是一种对无意识欲望的具体化，然后以弗洛伊德在《超越唯乐原则》（*Beyond the Pleasure Principle*）中关于死亡愿望的概念为依据表达了对软结构的厌恶：

> 如果爱是梦的肉体，让我们不要忘记，我们经常梦到自己的消亡，从梦境的角度来说，这是人类无意识欲望中最强烈也最混乱的一种……心理生理学教给我们的一切关于厌恶的现象学让我们相信欲望可以轻易征服无意识的象征性表象。因此，厌恶将是对死亡愿望之眩晕的象征性防御。我们对那些渴望接近的事物感到厌恶和嫌弃，那是造成对“病态”的无形吸引力的根源，它通常被解释为我们对自身似乎厌恶的事物的一种难以理解的好奇心。在爱情中，我们控制着自动毁灭的意象洪流。污秽的拟像、欲望的拟像和恐怖的拟像呈现出最清晰而耀眼的混乱。

因此，以达利自己的头为例——自从它第一次以一个被截断的碎片出现在《徒劳的努力》中，就不断变得越来越柔软，呈现流动性，并融入新艺术风格建筑的岩石结构。而在《伟大的自慰者的脸》中，它不仅构成了梦境元素的核心和根源，还呈现了可怕的溶解过程。在《伟大的自慰者的脸》和《忧伤的游戏》中，蚱蜢被系在了达利嘴上，它的形象在画作中越来越稳固，就像蚂蚁这一意象一样，象征了恐怖和欲望。

然而，弗洛伊德并非达利唯一的灵感来源。当1929年夏天超现实主义者们担心他的画作会被降低到“心理学病例报告”的水平时，他们指出了达利作品中性意象的一个方面，即对其他心理学研究的了解。这其中最有成果的可能是克拉夫特·埃宾的《性心理病态》（*Psychopathia sexualis*，1899年）。这本专著记录了性生活中各种各样的心理学病理表现，特别强调了性时常的象征意义，如施虐和受虐。克拉夫特·埃宾收集的一些案例说明了恋物癖的本质，这似乎也为达利提供了丰富的灵感来源。正是基于此，他在20世纪20年代早期精心发明了“具有象征意义的超现实主义物体”。

第六章

绘画与偏执狂批判法

达利赋予超现实主义一种重要工具，那便是偏执狂批判法，它立刻彰显自己可以成功地被运用于绘画、诗歌、电影、典型的超现实主义物体构造、时尚、雕塑，甚至如果有必要的话，用于各种诠释。

安德烈·布勒东，《什么是超现实主义？》（*What is Surrealism?*）演讲，布鲁塞尔，1934年

达利将他的偏执狂批判法定义为一种基于“诠释谵妄”（a delirium of interpretation）的“非理性知识”形式。简而言之，它是艺术家在单一给定主题中感知不同意象的能力。就这一点而言，它并不新颖，但却与马克斯·恩斯特的拓片技术（*frottage*）有密切联系。这是一种“幻觉刺激”，其操作方法是为一个有纹理的表面制作拓片，之后阅读并解释拓片上的图像。恩斯特将这一做法追溯到莱昂纳多·达·芬奇凝视旧墙上的污迹、云朵、灰烬或溪流的习惯，从中他可以想象出奇妙的风景或战争场面，这与哈姆雷特（Hamlet）嘲笑普罗尼尔斯（Polonius）不无相似之处：

哈姆雷特：你看见那边的一朵云吗，形状几乎像一峰骆驼？

普罗尼尔斯:凭圣餐，它倒是像一峰骆驼，当真。

哈姆雷特：我看来，它像一只伶鼬。

普罗尼尔斯：它的背部倒像一只伶鼬。

哈姆雷特：或许像一条鲸鱼？

普罗尼尔斯：很像一条鲸鱼……

达利与恩斯特和达·芬奇的不同之处在于他把这种行为与疯狂或精神失常联系在一起。当然，这也可能并非来自哈姆雷特。正如“偏执

狂批判法”这个名字所表明的那样，他故意要模仿这种行为。在这种情况下，他的著名言论“我和疯子之间的唯一区别就是我不是疯子”便被赋予了更具体的内涵。

达利在1929年绘制的作品无论如何利用心理学教科书中的象征语言，仍带有强烈的个人特色。20世纪30年代，达利分别以威廉·特尔和米勒的《晚祷》为主题创作了两个系列的作品，尽管画中人已经通过“神化”的过程被进行了物化，但它们仍展示了达利小心翼翼守护着的执念。偏执批判的实践是“对谵妄联想和解释的批判性、系统性的客观化”的尝试。达利利用了其对精神分析的兴趣，以更直观的方式展示了知觉和心理状态之间的关系。

在《达利的案例》(*The Dalí Case*，1936年）一文中，布勒东称达利使用绘画或其他各种媒介作为逃避会导致精神错乱的压制手段。达利的“伟大创意在于，他表现出足够强大的力量，可以同时以演员和观众的身份参与到他的创作中。在快乐地对抗现实的过程中，他成功地让自己做到既是审判者又是参与者。这便构成了偏执狂批判活动……”布勒东用克雷佩林[1]的术语来讨论达利的偏执，称达利为孤立的谵妄：“达利那一流的智慧擅长在事件发生后立即将其不同级别重新进行串联，并使自己的加工创作合理化。他画作的主要材料是幻想经历、有意义的伪造记忆，以及有悖常理的超主观诠释，这些意象组成了妄想症的临床表征，但对达利来说，却是宝贵的灵感之源。”

实际上在达利的早期作品中就已经出现了偏执狂批判的意象。例如，蚱蜢的头兼作鱼的眼睛，或者《欲望的居所》中散落在卡达克斯海滩上的鹅卵石中展现的幻象。这些意象的一个重要来源就是达利所熟悉和钟爱的加泰罗尼亚风景。他在《萨尔瓦多·达利的秘密生活》中写道：

> 但是，除却这壮丽景观的美感，在花岗岩的形体中也体现了一种偏执的变形原则，这点我在这本书中已经多次提及。的确，如果必须找一些东西来与这些岩石进行类比，那么从形式的角度来看，最合适的便是云，岩石仿佛是一堆废墟中灾难性的石化积云。当你改变观察角度时，它们的外貌不断变化，

1：埃米尔·克雷佩林（Emil Kraepelin，1856—1926年），德国精神病学家，现代精神病学的创始人。

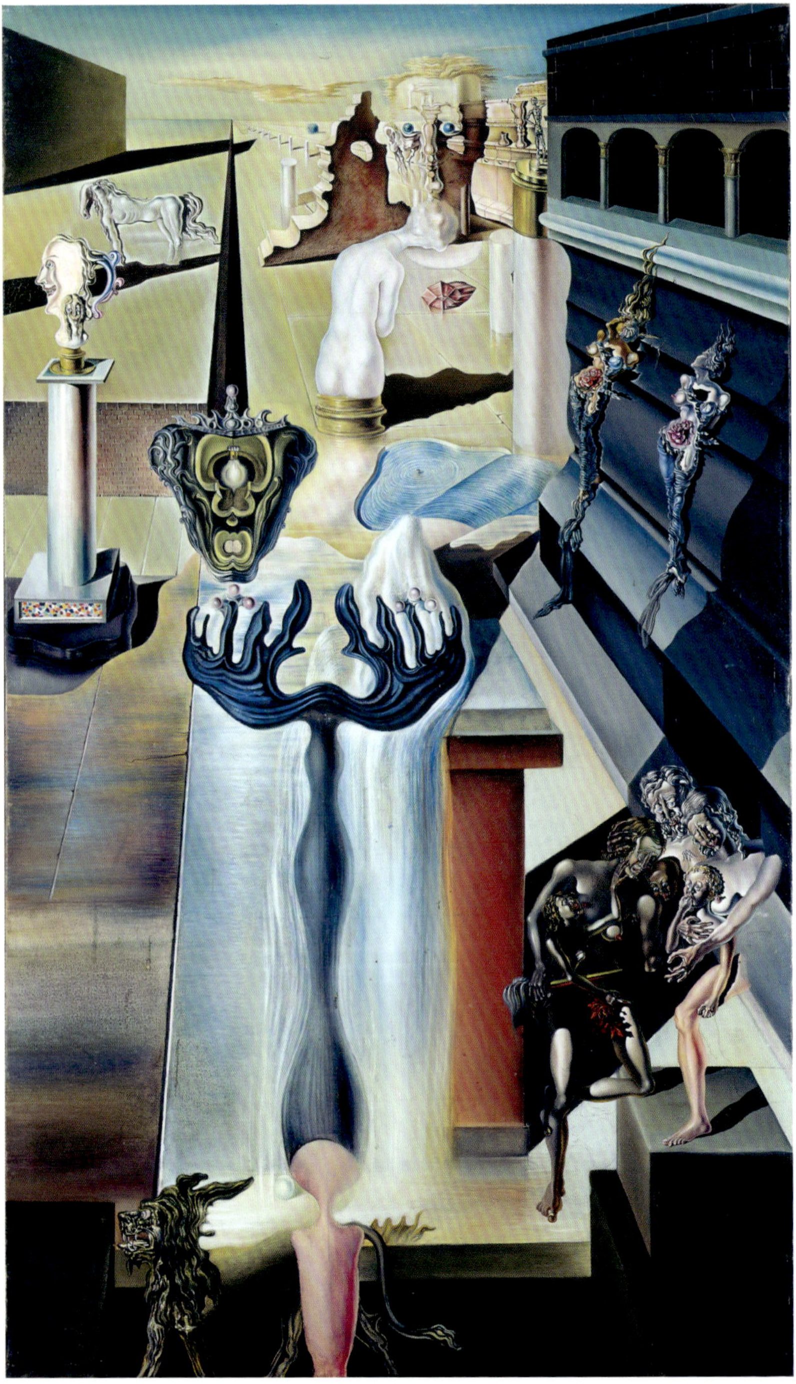

图84（
《隐形人
1929—

> 因此也构成了无数不规则的复杂意象。这一现象非常明显，所以这一地区的渔民自古以来就为这些壮观的庞然大物——骆驼、鹰、铁砧、僧侣、死去的女人、狮头——施以洗礼。但当我们向划艇一般缓慢地向它们靠近时……所有的图案都变形了……先前的骆驼头变成了（公鸡的）鸡冠……

1929年冬天，达利开始创作一幅雄心勃勃的作品，在其中首次尝试了双重形象。1931年，这幅画作在尚未完成时就参加了他的新画商皮埃尔·科勒（Pierre Colle）举办的画展（戈曼斯画廊在前一年关门，科勒画廊接手在1931年、1932年和1933年组织了达利的个展）。这幅画就是
84 《隐形人》（*The Invisible Man*），创作于1929至1932年。画面中，一个坐着的男人占据了大片画布，此外还有废墟、雕像和拱廊。这一风景的灵感来源达利小时候读过的一本童书中介绍埃及遗迹的彩色插图。

直到1933年，达利才开始完整地使用“偏执狂批判法”这个术语。之前他曾在发表于《为革命服务的超现实主义》的文章《腐烂的驴》（*L'Ane pourri*，1930年）中提到自己的一种简单称为“偏执狂”的新技法，并将它和超现实主义联系在一起。他认为偏执狂和幻觉之间的关键区别在于前者是自愿的，这是一种主动的精神状态：“我相信，通过偏执狂和主动的思考过程，将有可能（在自动主义和其他被动状态运作的同时）使混乱系统化，并有助于对现实世界进行全面怀疑。”

几个月后，他又在《为革命服务的超现实主义》上发表了一篇图像说明《沟通：偏执狂的脸》（*Communication: Paranoiac Face*），并在旁边附上了文字解释。他一直在思考毕加索在“非洲时期”的面孔，然后在一堆文件中翻找地址的时候发现了一张他认为最不为人所知的毕加索头像的作品。就在这时，达利突然产生了幻觉——这张照片变成了一张印着非洲村庄的明信片。与之相对，布勒东则将其解
85 读为萨德侯爵的头像，他认为白云可以被看作是萨德那上了粉的假发，而达利则将之解读为未上颜料的画布，呈现典型的毕加索风格。这个例子不仅展示了“偏执狂”现象，还证明了不同的人会对同一意象做出不同的诠释。

同年，达利撰写了文章《腐烂的驴》，他在文中介绍了布勒东和艾吕雅的著作《圣灵感孕》（*L'Immaculée conception*）。这本书中收录了模拟各类疯狂状态的文章，包括“诠释谵妄”（克雷佩林关于临床精神病学的讲座内容构成了本书的一个重要资料来源，除此之外，

塞里厄[2]和卡普格拉[3]的著作也是参考对象）。布勒东说，达利的兴趣是偶然同这一理论结合在一起的，但应该记住，超现实主义从一开始就将注意力转向了疯狂，而它也逐渐被看作与理智和正常的错误定义相对的一种状态。有一点公众已经不感到陌生，即理智与疯狂之间的界限并不固定，疯狂也并非一种绝对的状态，而是由某些法律和社会习俗定义的状态。而超现实主义者和其他人——比如浪漫主义者——所不同的是，他们对可利用的人类思想进行了大量的科学和临床研究。这些研究表明，疯狂可能直接联系着存在于所有人心中的潜意识区域的压抑或反叛状态。将想象和直觉有关的心理活动与创造力对精神紊乱的人开放，却对正常人封闭，这是布勒东在《娜嘉》（*Nadja*）一书中所探讨的一个主题。布纽埃尔称达利“非常喜欢这本书”。

“偏执狂”（paranoia）一词在古希腊已经被用来指妄想和精神错乱。1818年，这个词被海因洛特[4]重新使用，用于描述一种19世纪公认的精神病形式。而弗洛伊德对偏执的研究则依据19世纪晚期意大利心理学家桑特·德·桑提斯（Sante de Sanctis）的观察。后者认为，在一个焦虑或可怕的梦中，妄想的内容突然被唤醒时，偏执便会一触即发。偏执是妄想症的一种形式，在1887年被沙尔庞捷（Charpentier）归类为涉及迫害的病态想法。不过，“迫害情结”的概念对妄想症的定义是必不可少的，它还包含被达利称为“推理疯狂”的更广泛、更模糊的内容，这是一种关于诠释的谵妄。按照这种诠释，一系列的意象、想法或事件被认为包含因果关系，或都与同一中心思想有关，对谵妄的主体而言，它们在内部是互相关联的，然而对外部观察者来说却毫无意义。在布勒东和艾吕雅合写的一篇文章《模拟诠释的谵妄》（*In Simulation of the Delirium of Interpretation*）中，虚构的主体感觉自己像一只鸟，并以此来解释一切：“太阳的双眼皮在生活上起起落落。鸟爪踏在天空中的正方形上，我以前将它称为星星。”

现代在偏执这一话题上最具影响力的作家之一雅克·拉康（Jacques Lacan）在超现实主义评论杂志《米诺陶》上发表了他最早的一些文章。其中一篇是《风格问题和偏执体验形式的精神病学概念》（*The Problem of Style and the Psychiatric Conception of the*

2：保罗·塞里厄（Paul Sérieux，1864—1947年），法国精神病学家。

3：约瑟夫·卡普格拉（Joseph Capgras，1873—1950年），法国精神病学家，以卡普格拉斯病（Capgras delusion）而闻名。

4：奥斯卡·海因洛特（Oskar Heinroth，1871—1945年），德国动物学家。

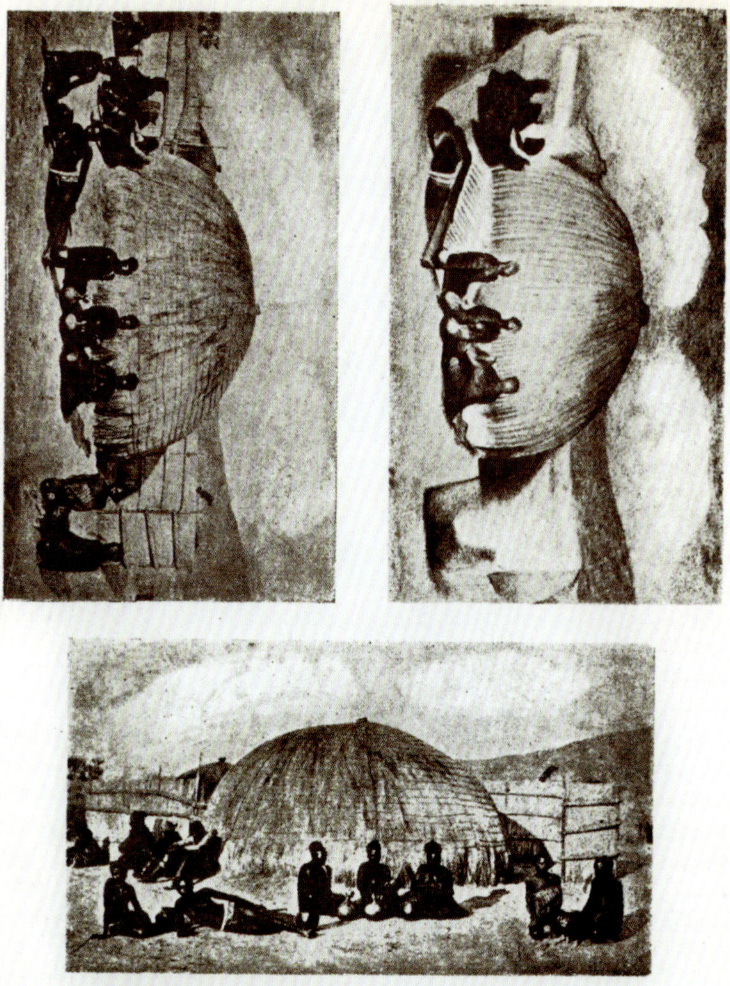

COMMUNICATION : Visage paranoïaque.

A la suite d'une étude, au cours de laquelle m'avait obsédé une longue réflexion sur les visages de Picasso et particulièrement ceux de l'époque noire, je cherche une adresse dans un tas de papiers et suis soudain frappé par la reproduction d'un visage que je crois de Picasso, visage absolument inconnu.

Tout à coup, ce visage s'efface et je me rends compte de l'illusion (?) L'analyse de l'image paranoïaque en question me vaut de retrouver, par une interprétation symbolique, toutes les idées qui avaient précédé la vision du visage.

André Breton avait interprété ce visage comme étant celui de Sade, ce qui correspondait à une toute particulière préoccupation de Breton quant à Sade.

Dans les cheveux du visage en question Breton voyait une perruque poudrée, alors que moi je voyais un fragment de toile non peinte, comme il est fréquent dans le style picassien.

Salvador DALI

图85《沟通：偏执狂的脸》，选自《为革命服务的超现实主义革命》，巴黎，1931年12月第3期

图86 （左上图）《超现实主义的5分钟》内页，《隐形的睡着的女人、马和狮子》的示意图，约1931—1933年

图87 （左图）《隐形的睡着的女人、马和狮子》，1930年

Paranoiac Forms of Experience），这篇文章紧跟达利1933年的《对米勒〈晚祷〉中强迫性形象的偏执狂批判解读》（*Paranoiac–critical Interpretation of the Obsessive Image of Millet's Angelus*）刊登。拉康在文章中颂扬了偏执体验的创造潜力。他甚至在1931年和其他人合写的关于偏执的文章中对《圣灵感孕》（*L'Immaculée Conception*）一类的超现实主义自动写作大加赞赏，并认为它与那些被诊断为精神病

患者之人的写作具有真正的相似性。

当然，达利已经开始在超现实主义的语境中对偏执活动的心理—哲学本质进行探讨。作品《可见的女人》(*La Femme Visible*，1930年，其中还包含“腐烂的驴”）便是一例，而且他的研究独立于拉康。但达利已经读过了后者的论文《论偏执型精神病与人格的关系》(*On Paranoiac Psychosis in its Relations with the Personality*，1932年)，当时他正准备在《米诺陶》上发表第一篇文章，而对于拉康的观点他十分支持，因为它一方面确认了自己的观点，另外还以“完全的和同质的想法”对偏执现象进行了解读。达利在《米诺陶》上发表的文章并不直接与《晚祷》有关，而是讨论了偏执狂批判法本身，以及它与超现实主义活动的其他两个主要领域自动主义和梦境的关系。在承认后两个领域的实验具有持续性价值之外，达利显然希望增大偏执狂批判法的重要性。在这一点上，他发现拉康的观点提供了重要支持，因为后者在心理学范畴内强调了现象所具有的积极和“具体”的性质：“拉康的文章对现象的客观性和‘可传达的’超敏锐性给出了完美的描述，正因此，谵妄呈现出这种有形的特性是无以反驳的，同时拉康还将谵妄置于了自动主义和梦境的刻板印象的对立面。”

达利认为，偏执狂批判法可以避免自动主义和梦境成为刻板印象——因此，它不是后者的替代品，而是一件必要的附加工具。他在一篇与巴塔耶风格类似的文章中提到，如果没有这种方法，“梦境和自动主义只能是残留的理想主义逃避现实的工具，作为一种不令人生厌而娱乐性的资源为那些挑剔的诗人提供舒适的快乐”。实际上，此时这一方法已经成为超现实主义者“对现实控诉”的关键武器。达利建议：“偏执机制必须由我们建立，从我们具体的超现实主义角度出发，作为证明辩证价值的检验原则，通过这样做，谵妄元素实际上将进入有形的行动领域，同时保证超现实主义在自动主义和梦境领域取得轰动性的胜利。”然而，布勒东在《访谈录》(*Entretiens*，1952年）中指出，他和艾吕雅在《圣灵感孕》中提出的概念比达利同期在偏执领域的探索要深入得多，因为他们主要关注的是“减少理性和非理性之间的矛盾”，而达利则是放大了这一矛盾。

86 在一部日期不确定的电影脚本《超现实主义的5分钟》(*Cinq minutes à propos du surréalisme*）中——这部电影计划于1933年筹拍，但最终没有实现——达利这样写道：

> 偏执活动为我们提供了将谵妄系统化的可能性。偏执意象来自诠释的谵妄。这些谵妄从梦中醒来后便会消失，它们真的会延续到这些偏执意象中，并直接传染给每一个人。实际上，我们将看到偏执谵妄如何将一个宫女同时转化成一匹马和一头狮子。宫女来了，她懒洋洋地躺了下来。注意马尾巴是如何开始移动的；它又变回到了宫女，现在是一头消失在远处的狮子。现在这里又出现了一个真正的幽灵。

87 达利一共创作了三个版本的《隐形的睡着的女人、马和狮子》（*Invisible Sleeping Woman Horse Lion*），此处展示的这幅三合一图像速写是为电影情节创作的。1930年，其中一幅油画在放映《黄金时代》的电影院前厅中展出时被一群右翼学生划破。在《隐形的睡着的女人、马和狮子》中，躺着的裸体可以被解读成一头狮子，有鬃毛的狮头就在女人右侧，它同时也能被解读为一匹马，女人垂着的手臂便是马头。但此时达利还没有完全掌握如何在一致性和独立性之间
97 进行转换，最终他在《奴隶市场和正在消失的伏尔泰半身像》（*Slave Market with the Disappearing Bust of Voltaire*，1940年）中实现了这一点。《隐形的睡着的女人、马和狮子》的动感可能更适合在电影中表现，而非在静态的画面中。在《奴隶市场》中，偏执狂批判法呈固定化；各个意象之间已经完成了转换，它们呈现一种互相排斥的状态。

达利对偏执狂批判活动最完整的讨论出现在《征服非理性》（*The Conquest of the Irrational*，1935年）中。在这篇文章里，他详细阐述了自己在1934年的文章《1934年夏天思维兴奋的最新时尚》（*Latest Fashions of Intellectual Excitement for the Summer of 1934*）中给出的偏执狂批判法的定义，并解释了这一方法的起源。达利说，1929年他第一次意识到“一种基于偏执狂特有的系统性关联的突然力量的实验方法”的可能性。偏执狂批判法是一种“基于对谵妄现象的注释——批判联想的非理性认识的自发方法”。这种自发的非理性认识可以使人通过在非理性中发现新的客观“意义”，从而从“精神错乱的世界”进入“现实世界”，并以绘画的形式将这种认识转移到物质层面：

> 偏执现象：具有双重意象的常见图像；图像可以在理论上和实际上进行叠加；一切都取决于作者的偏执能力。正是在联想机制的基础和强迫性想法的基础之上，我们现在正在讨

图88《幽灵车》，1933年

论的这幅萨尔瓦多·达利的最新画作才可以同时呈现6组图案，其中的任何一组图案都没有经过变形：运动员的躯干、狮头、将军的头、马、牧羊女半身像，以及一个死人头。不同的观众在这幅画中会看到不同的意象；自不必说，它是从严谨的现实主义角度来完成的。（他提到的那幅画似乎从未完成过。）

达利声称，他的画作完全没有此类美学价值。在《征服非理性》中，他写道：

我在绘画领域的全部抱负，就是以最精确的帝国主义怒火，将具体的非理性形象物化……（我认为）最卑劣的暴发户的幻想主义、不可抗拒的模仿艺术、总是让人感到麻痹的错视图（trompe- l'œil）、最具分析性的叙事以及声名狼藉的学院派，都可以成为崇高的思想……在一定程度上，非理性

图 89 《一个“偏执批判小镇”的郊外》[又名《一个“偏执批判小镇”郊外的下午（欧洲史的边缘）》]，1935年

形象更接近现象的本质，相应的表现手法也更接近伟大的现实主义画家，如委拉斯贵支，维米尔或代尔夫特[5]……用逻辑直觉系统或理性机制暂时既不能解释也不能简化的形象……

他继续从两方面入手攻击其他超现实主义方法，比如“纯粹的精神自动主义，梦境，实验性的梦，具有象征意义的超现实主义物体”。首先，“它们不再是未知的意象，因为在精神分析的领域中，它们很

5：此处的代尔夫特即维米尔。

容易被简化为普通的逻辑语言”。当然，达利也承认它们仍包含一些谜团，尤其是对大多数公众来说。其次，它们的“虚构性和嵌合性不再满足我们的‘验证原则’”。超现实主义绘画的有机抽象时期——种种迹象散布在达利1929年的画作中，被他称为“难以触及的残缺不全、无法实现的血腥渗透、内脏撕裂的孔洞、岩石毛发和灾难性的移民”的时期——现在结束了。

显然，在达利看来，偏执狂批判法的主要目的是帮助他创造具体的非理性形象，增强混乱性，而非解决疯狂和理智之间的矛盾。他完全忽略了布勒东对疯狂感兴趣的那一方面，这导致了他和精神病医生

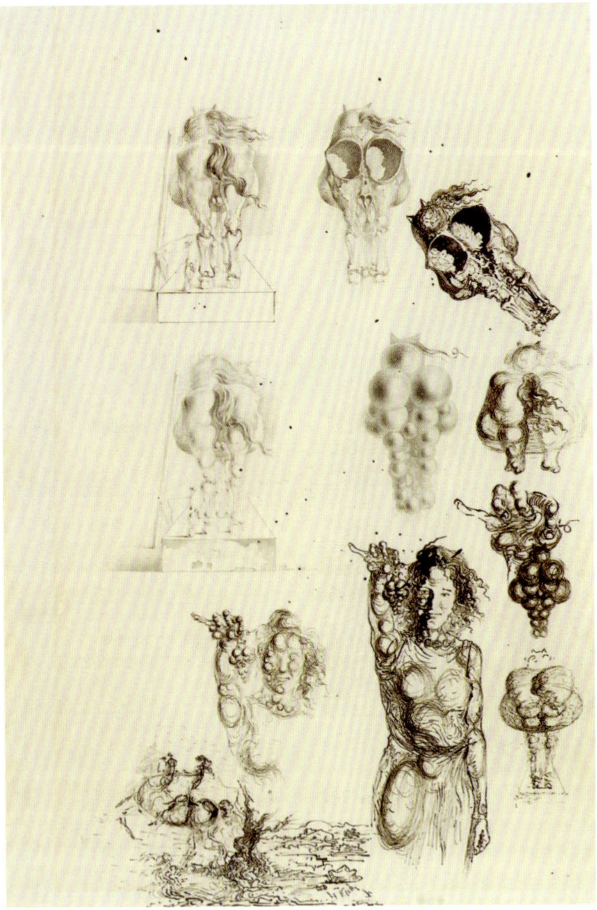

图90《一个“偏执批判小镇”的郊外》习作，1935年

观点的直接冲突，也与布勒东当时认为是超现实主义活动组成部分的社会和道德责任相违背。

达利在20世纪30年代不断尝试他的偏执狂批判法，并在1938年左右完善了多重形象的表达技巧。在此之前，就有两个例子表现了他
88 的偏执狂批判法，当然这不是仅有的例子。其一是《幽灵车》（*The Phantom Cart*，1933年），画中马车上的两个人物也可以被解读为他们穿过平原时——或者“偏执狂关键城镇”的郊区——正在接近的城镇中的塔楼；另一例则是《一个“偏执批判小镇”的郊外》（*Suburbs of the 'paranoiac-critical town'*，1935年），也称为《一
89 个“偏执批判小镇”郊外的下午（欧洲史的边缘）》[*Suburbs of the*

'paranoiac-critical' afternoon (on the outskirts of European History)］。这幅画中有几组不同的偏执意象，它们并不都像《隐形人》那样具有双重形象，却探索了各种视觉上意外或不合理的连接方式。画面的第一组意象与建筑有关：3座独立的建筑水平排列在一起，但在彼此分离的不同平面中，仿佛3个不同的舞台。每座建筑点都代表了一个达利所熟悉的地方：左侧是一座位于巴塞罗那南部帕拉莫斯的建筑，达利的朋友、壁画家何塞·玛利亚·塞尔特（José María Sert）就住在那里，而达利在创作这幅画时也到访过那里；在画面中央，拱门后的村庄是比拉韦尔特兰（Vilabertràn），就在菲格拉斯外面；右侧则是卡达克斯的主街卡尔街（Calle del Cal），一直延伸到港口。画面左边和中间的建筑通过拱门/门上的圆形天窗相互呼应，而天窗的意象在比拉韦尔特兰又变成了他楼上的小圆球。每个场景本身都是独立的图像空间，从建筑物的中间还能进入不确定的内部空间，仿佛穿过大门就能进入另一个世界。从某些方面来看，它们与德·基里科的形而上建筑最为类似，其作用是具体表现偏执现象的场景。左侧帕拉莫斯的建筑则让人联想起拉斐尔的《圣母的婚礼》（*Marriage of the Virgin*）中的布拉曼穹顶（达利在自传中再现了这一穹顶，以展示“神圣空间”）。

第二组偏执意象——这样的表述更为恰当——位于画面的中间，这部分不受建筑的影响，包括加拉和她手中的一串葡萄、她旁边桌上的头骨以及身后的马的臀部，它像德·基里科画作中的雕像一般单独矗
90 立在底座之上。一幅草图展示了达利如何尝试将不同物体融合在一起；而在最终完成的作品中，达利对形式上的相似之处仅仅略有暗示。

第三组意象分散在画布上，包括一些散布在周围的小型人物，在绘制这部分的时候达利几乎运用了微型画技巧，这使得我们很难在作品的复制图中看清它们并进行解读。这些人物以从中央拱门看到的那个女孩“开始”，这个形象直接脱胎于德·基里科的《街道的神秘与忧郁》（*Mystery and Melancholy of a Street*，1914年）中那个奔跑的孩子，她的动作与身后塔楼上摇晃的大钟完全相同。在画面近景的梳妆台上有一对奇怪的人物，他们顶着旋钮，仿佛棋子一般，也可以解读为呼应了钟的形状。这两个人物还出现在了后面左侧的建筑上，这次他们有了更为清晰的人形。这一形象也出现在了画面右侧近景中箱子的钥匙孔上，钥匙孔则是达利画作中反复出现的意象。它绝非这幅画中偏执形象的全部——又比如，画面左下方两个披着布的人物仿佛有另一半，二人之间的联系令人感到不安，他们面前的扶手椅上还留

图91 （上图）《通灵-偏执图像》，约1934年

图92 （左图）《白色平静》，1935年

着一个缺席之人的印记。这幅作品确实展示了达利所使用的偏执狂批
101 判法，虽然它不像后来的一些作品——比如《无尽之谜》(*Endless
Enigma*，1938年)——那样受到高度控制，也没有像解谜一般提供相
当有限的满足感，但它确实激起了一种真正的幻觉感知的混乱感，并
经由达利同意，给予了观众进行解读的权利。

达利在画作标题中引用的“欧洲历史”，其确切含义并不清楚。
桌上的双耳瓶无疑让人联想到了存在于加泰罗尼亚和安普尔丹平原
(Ampurdán plain)上的古希腊罗马文明。该平原位于卡达克斯以南，
以腓尼基人的定居点安普里亚斯(Emporion)得名，后来被罗马人
殖民。标题可能是指地中海文明的延续，尽管这比他后来的画作更具
暗示意义。双耳瓶这一意象在达利稍早的几幅画中曾反复出现，比如
92 《白色平静，偏执-形体图像》(*White Calm, Paranoiac–astral Image*)
91 或《通灵-偏执图像》(*Mediumistic–paranoiac Image*)。与拥挤的
《郊外》相比，这两幅画幅画极为开放和空旷，描绘了闪闪发光的海
滩场景。

93 《纳喀索斯的变形》(*Metamorphosis of Narcissus*)则和《郊区》
一样具有相似的意象展示方式及相互关联的意义。对达利来说，罗马
诗人奥维德笔下最著名的纳喀索斯神话体现了欲望和死亡的主题，是
“凡人之爱”(mortal love)的自恋版本，就像瓦格纳的《特利斯坦与
伊索尔德》(*Tristan and Isolde*)中的“爱之死”(Liebestod)所表达
的主题一样，而后者正是《一条安达鲁狗》背景音乐中的一首。在为
这幅画所作的诗中(诗名也叫《纳喀索斯的变形》)，达利赋予了这一
主题以扭曲的结局，并解释了这幅画如何将偏执狂批判法付诸实践。

在整个画布上，各种意象像回声一样重复出现，每次略有变化。奥维德说，纳喀索斯是如此美丽，所有人，无论男女，甚至是宁芙仙女都渴望得到他。然而就像对待所有潜在的情人一样(这便是以达利为代表、在中景中颇具讽刺画风格的“异性恋群体”)，纳喀索斯拒绝了宁芙仙女，后者在悲伤中逃到洞穴和树林中，日渐憔悴。最终，她的骨头变成了石头，只剩下她的声音因受到诅咒而不断重复着别人最后说过的那几句话。纳喀索斯则爱上了自己在水潭中的倒影，然而他却无法企及这片倒影，并溺毙在潭水中。最终，一朵水仙花出现在了他曾在的位置。在这幅画中，坐在岸边俯身望向水中的纳喀索斯变成了一只重复出现的僵硬的手，他的头部变成了一枚裂开的蛋，蛋中冒出一株水仙。在远处的山上，可以看到同一意象第三次出现，此时他

图93《纳喀索斯的变形》，1937年

变成了雪神，“他那炫目的头颅倚靠着背后令人眩晕的光芒”，他开始在欲望中融化。

《纳喀索斯的变形》也是一个独特的偏执狂批判法实验。达利在为这幅画配的诗中解释说，他希望让观者体验一种可以重现神话的视错觉：

> 如果你从稍远的地方以某种“遥远的凝视”望向纳喀索斯那催眠般一动不动的身影，那么它就会逐渐消失，直至完全看不见。
>
> 神话的变形就恰好发生在那一刻，纳喀索斯的形象突然变成了他倒影中的手的形象……

达利在这幅画中的主张——这在复制的过程中很难实现——是将倚在火红的岩石前、身体柔和、发色金黄的纳喀索斯在观者的注视之下变成一只手，从而打造出一种身体变成手、手变成蛋的双重意象，这在他的许多作品中都曾出现过。这只手进一步变形，变成了一块化石：

图94（下图）列奥纳多·达·芬奇《三博士朝圣》，约1482年，未完成

图95（右图）《西班牙》，1938年（细节图）

图96（对页图）《伟大的偏执狂》，1936年

现在的他只剩下

那令人产生幻觉的白色椭圆形头颅……

它被手指的指尖托起

那是失去知觉之手

可怖之手

食粪之手

凡人之手

那手便是他的倒影。

图97（上图）《奴隶市场和正在消失的伏尔泰半身像》，1940年

图98（左图）达利的伏尔泰头部速写，选自《萨尔瓦多·达利的秘密生活》，纽约，1942年

图99（对页图）《忧郁的怪诞》，1938年

然而，这首诗的结尾却十分特别：一株水仙从那死气沉沉的手上拖着的“头颅”中蹦出，而这水仙是“加拉–/我的水仙”。加拉的名字出现在了达利许多画作的签名中：“加拉·萨尔瓦多·达利”。正如大卫·洛马斯（David Lomas）所说，最为弗洛伊德的狂热追随者，达利“毫无疑问意识到了自恋和同性恋之间的联系”，但此处他却断言

他在加拉身上发现的是异性恋之爱，这令他的朋友兼赞助人爱德华·詹姆斯感到失望。后者评价道，达利对他妻子优雅的致敬和这幅画的情境并不相符。

达利于1937年春在奥地利的阿尔卑斯山完成了这幅《纳喀索斯的变形》。当时他和詹姆斯签订了合同，规定后者将购入达利在这一年创作的所有画作。他定期给爱德华·詹姆斯写信，其中就提到了这幅画的创作进展：

> 我马上就把这幅画的照片寄给你，它一定会在诊所里逗你开心，你可以从各个角度欣赏这幅画，并迷失在它那错综复杂的角落里，不必太累，小心不要像纳喀索斯那样跌入水中。

在奥地利时，达利多次尝试到维也纳拜访弗洛伊德，但都没有实现。在返回酒店房间后，达利在想象中同弗洛伊德进行了长时间的交

谈。第二年，因维也纳被纳粹占领，弗洛伊德逃往伦敦避难，在那里达利终于如愿见到了他。

这次会面由斯蒂芬·茨威格牵线，他向弗洛伊德引荐了达利，称后者是一位真正的天才，也是艺术家群体中弗洛伊德的最忠实拥趸。1938年7月19日，茨威格、爱德华·詹姆斯和达利带着《纳喀索斯的变形》在伦敦拜访了弗洛伊德。可这次会面并不成功，因为当时的弗洛伊德年老体衰，而且备受失聪的折磨。当达利越来越积极地试图让弗洛伊德对他的思想及其发表在《米诺陶》上的文章《对米勒〈晚祷〉中形象的偏执批判解读》(*Interprétation paranoïaque-critique de l'image obsédante "L'Angélus" de Millet*）感兴趣时，后者只是盯着达利，然后对茨威格评价道，他从未见过“如此纯粹的西班牙人，真是个疯子！”不过，弗洛伊德对《纳喀索斯的变形》中的娴熟技巧十分着迷，他第二天写信给茨威格，认为分析这幅画是如何被创作出来的会很有趣。

在达利的诗中，他还描述了两个利加特港渔夫的对话：

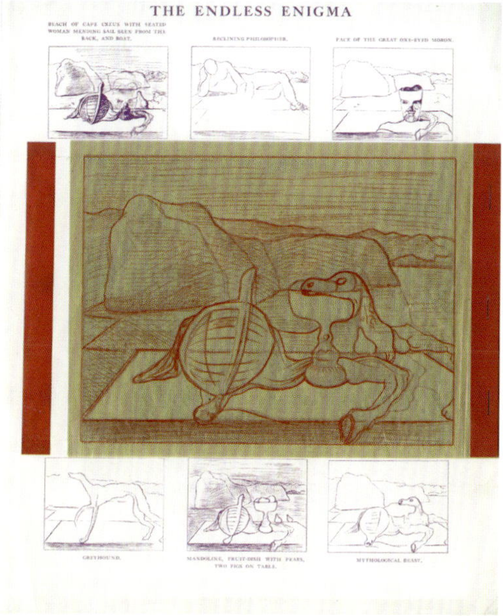

图100（对页图）《海滩上的脸和果盘的幽灵》，1938年

图101（上图）《无尽之谜》，1938年

图102（右图）《无尽之谜》中不同图案的示意图，选自朱利安·莱维画廊达利个展的展览目录，纽约，1939年

第一个渔夫:“那个男孩从早到晚盯着镜中的自己
他究竟想要什么?”
第二个渔夫:“如果你真想让我告诉你:
他的头里有一颗洋葱。”

正如达利评论的那样,加泰罗尼亚渔夫口中的“头中的洋葱”与心理分析中的“情结”概念完全相同。

达利和马克斯·恩斯特一样,对达·芬奇描绘幻想场景的方法十分了解。在《萨尔瓦多·达利的秘密生活》中,他也描述了小时候的类似习惯:

教室四堵肮脏墙壁上是巨大的拱形天花板,被大片褐色的潮湿污迹玷污得退了色,有段时间,这些不规则的轮廓成了我

图103(上图)《非洲印象》,约1938年

图104(对页图)《非洲印象》,约1938年(局部)

> 的全部慰藉。在我无休无止、精疲力竭的遐想中，我的眼睛不知疲倦地注视着这些发臭的轮廓、模糊的不规则形状，而这些混沌如云朵一般的无形图案中逐渐浮现了具体的意象，这些意象变得越来越精确、细致，逐渐被赋予了具有现实感的个性。

达利声称，这些意象一旦被观察到，便可以按照观者的意愿呈现不同的样貌——他强调这正是偏执狂批判法的一个特点。

除此之外，达利还在《以战争形式出现的女人的头》（*Woman's*
96 *Head in the Form of a Battle*）、《伟大的偏执狂》（*The Great Paranoiac*）、
《西班牙》（*Spain*）以及《秘密生活》中的一幅速写《九月》
（*September*）中借鉴了达·芬奇的作品。在《以战争形式出现的女人的
95 头》和《西班牙》中，女人的头由正在混战中的士兵和战马组成。这
一技巧（从静止图像的角度来看）很明显比《隐形的睡着的女人、马
87 和狮子》更为成功，观者在不需要额外解释的情况下就可以对画面进行
多层次的解读。在《西班牙》中，我们可以看到女子脸上的红唇与一双
忧伤的大眼睛，它们又可以被看作是一个身披红披风的站立人物和一个
骑在马背上的人物。跳跃的骏马和战斗场面模仿了达·芬奇的风格，这
些意象再加上单色的沙石背景，令人想到达·芬奇未完成的画作《三博
94 士朝圣》（*Adoration of the Magi*）。这《三博士朝圣》画中，圣母和孩
子身后也是棕色的类似风景的素描背景，我们隐约可以看到士兵那怪异
而模糊的身影。我们也可以推测，达·芬奇在创作这幅作品时参考了长
满苔藓的墙壁或多云的天空，而达利又借鉴了前者的做法。

97 在这些画作中，对双重意象运用最成功的就是《奴隶市场和正
在消失的伏尔泰半身像》。画面中，坐在左侧的加拉注视着一群人物，
其中包括两个身穿17世纪西班牙风格黑白套裙的女子。

她们和身后坍塌建筑中张开的拱门一同组成了伏尔泰的半身像
98 （此处达利以乌东[6]创作的伏尔泰半身像为参考提前绘制了它的黑白速
写图）。她们的脸变成了伏尔泰的眼睛，戴着浆过的褶皱手套的手和胳膊构成了他的下巴，而拱门中映出的明亮天空则是他的头顶。达利在这组任务的右后方安排了第三个女人，她虽然穿着同样的衣服，但我们却无法对她进行其他的解读。

6：让-安托万·乌东（Jean-Antoine Houdon，1741—1828年），法国著名雕塑家，《伏尔泰半身像》为其代表作之一。

图105《致幻斗牛士》，1970年

图106《性感的幽灵》，约1934年

1938年，达利创作了一系列同时出现多个意象的作品，包括《忧
99 郁的怪诞》《隐形的阿富汗和海滩上由一个果盘和三个人物组成的加
西亚·洛尔卡的脸的幽灵》(*Invisible Afghan with the Apparition on
the Beach of the Face of García Lorca in the Form of a Fruit Dish*
100 *with Three Figures*)，以及类似的《海滩上的脸和果盘的幽灵》
(*Apparition of Face and Fruit-dish on a Beach*)。在《海滩上的脸
和果盘的幽灵》中，盛着梨的盘子变成了人脸中的前额和猎犬的身
体，猎犬的项圈还是一座高架桥。就在签名“加拉·萨尔瓦多·达利”
的上方，达利添加了一个在心理学和哲学研讨会上十分流行的双重意
象——鸭子和兔子。这一意象出自幽默周刊《飞叶》(*Die Fliegenden
Blätter*)，它可以被看作是鸭头，也可以被看作兔头，但不能同时呈
现鸭头和兔头。这恰好是达利在其最成功的偏执狂批判法画作中为观
者提供的解读方式。在这些作品中，意象最复杂的一幅是《无尽之
101 谜》(*Endless Enigma*)。1939年，这幅画在纽约朱利安·莱维（Julien
Levy）的画廊展出（莱维是达利的固定画商，也是达利作品的热情
102 满满的推广者）。在画展目录中，它被拆分成了6张示意图，从而对
画面中的不同意象进行解读：在十字架海角海滩上，一个坐姿女人正
在修补帆船，帆船的背面朝向观者；一个斜躺的哲学家；独眼巨人的
脸；一条灰狗；一张桌子，上面放着曼陀林琴和盛着梨和两个无花果
的果盘；一头神话中的怪兽。布勒东在《超现实主义绘画的最新趋
势》(*The Most Recent Tendencies in Surrealist Painting*，1939年）一
文中写道，偏执狂批判法已经让达利的画作精练到了“在纵横字谜
(crossword puzzles）的水平上炮制娱乐”，此时他心中所想的可能就
是《无尽之谜》中的这组意象。

103, 104 《非洲印象》(*Impressions of Africa*，约1938年）仍然保留了一些
达利早期绘画的强烈色彩。他用拥挤的双重意象填满了画布的每个角
落，因此如果想要将最小的细节也尽收眼底，则必须在非常靠近的位
置欣赏这幅画。就像《忧伤的游戏》一样，他运用了媒介画的结构，
但这一次却更为明确而有逻辑：他将自己画到了画布上，“我的眼睛专
注地盯着，试图‘看到’，就像一个媒介一样”，这是达利在《萨尔
瓦多·达利的秘密生活》中的描述。他首先“看到”的意象是加拉的
头，这是达利想象力的凝结，而加拉的眼睛又变成了身后建筑的拱廊。
紧接着，充满不同解读的一组意向向左延伸，并最终汇聚在一位牧师
的身上，这个牧师呈现布纽埃尔式的反牧师姿态，同时也构成了一个

驴头。这幅画的标题来自雷蒙·鲁塞尔[7]的一出戏剧，他非常善于运用另类或非理性的语言及双关含义，这让杜尚和超现实主义者十分着迷。达利和鲁塞尔一样都未曾去过非洲，这幅画实际上完成于不久之前完成的一次罗马之旅以后。画中达利膝盖上的红布及手和手臂的戏剧化透视缩短不仅让人想起巴洛克绘画中的透视和明暗对比效果。

尽管达利从未放弃偏执狂批判法，但后来他一直没有再像20世纪30年代时那样大量创作双重意象的作品。直到1969年，他才重
105 拾双重意象，创作了大型画作《致幻斗牛士》(*The Hallucinogenic Toreador*)，其灵感来自一包维纳斯牌铅笔包装印制的《米罗的维纳斯》的图片，达利在图片中看到一个斗牛士的头，其眼睛是由维纳斯的头组成的。我曾看过达利创作这幅画的过程。他用一把小得令人吃惊的笔刷，系统性地从画布的一侧到另一侧完成上色，打造出一种非常平滑的肌理效果。他声称自己的绘画过程是自动的。达利解释道，画面右前方那个穿着水手服、阴茎又大又僵硬的小男孩就是他自
106 己。这一意象在一定程度上准确复制了《性感的幽灵》(*The Spectre of Sex-Appeal*，约1934年）中的小孩。后者是一幅隐含双重意象的小画，在麻袋乳房之外是一个男人的头，它由后面的岩石裂缝组成。如果不用放大镜看，很难发现这幅画中的风景，拐杖下面摊在地上的黑
170 斗篷其实是一座山，其中还有橄榄园。与之类似，在微型画《两片表达爱情的面包》(*Two Pieces of Bread Expressing the Sentiment of Love*，1940年）中，我们可以发现隐藏其中的一个头像和一行铭文，这些意象形成了一个奇异的个人维度，它们有些类似荷尔拜因[8]的《大使们》(*Ambassadors*）中的变形物体，只有从一个特定角度观察，它才会显露出头骨的真容。达利为这幅画深深着迷，并在20世纪30年代的几幅作品中都对其进行了参考，比如《空气、头骨、鸡奸、三角钢琴》(*Atmospheric Skull Sodomizing a Grand Piano*，1934年）便是一例。

《致幻斗牛士》本身是一幅非常壮观的画作，其中包含了达利早期画作中的诸多视觉意象。有趣的是，达利同期正在为未来的西班牙国王创作一幅天顶画，这幅圆形油画的内容是玫瑰色云朵中的美惠三女神，从下面望上去，画作呈戏剧化的透视缩短：达利在同一时间创作不同风格的作品，这一做法可以追溯到他的学生时代。

7：雷蒙·鲁塞尔（Raymond Roussel，1877—1933年），法国诗人、小说家和剧作家。
8：小汉斯·荷尔拜因（Hans Holbein the Younger，约1497—1543年），文艺复兴时期德国著名画家，下文提到的《大使们》即为其代表作之一。

第七章
达利的神话

已经完成的“纳喀索斯”那幅画现在变得更加重要，因为其中出现了吃肉片的狗（狄俄尼索斯是马、狗、野兽，他变形成红色的海葵）——这条狗……是与下一个狄俄尼索斯神话的连结点……并没有各种各样的画作可言，实际上只有“一幅画”，它框住了由想象组成的神话电影，在不同的画布上讲述着延续一生的故事。

93 达利在写这封信给爱德华·詹姆斯时刚刚完成《纳喀索斯的变形》。他看到这幅画中出现了一个崭新的神话：狗吃着生肉片，这一意象出现得很晚，但十分令人惊讶，它宣告了“下一个神话”。对达利来说，这种神话延续的连贯性十分明显，尽管这种延续往往十分个人化且晦涩深奥。古代和现代的神话为绘画提供了取之不尽的创作灵感，让达利可以不断将自己的想法和偏执进行戏剧化表达，这些元素在他的想象中汇聚成形，最终变成可见的意象：达利的个人神话诞生了。

《纳喀索斯的变形》将偏执狂批判法和纳喀索斯的神话结合在了一起。通过运用偏执狂批判法，认知的转变和意象的叠加在神话的变形中合二为一。在奥维德的《变形记》(*Metamorphoses*）这个最著名的希腊神话选集中，纳喀索斯只是众多变形的例子之一。在这本书中，除了神自己的变形，我们还可以看到人、动物、蔬菜、矿物之间的转换和组合。

可以说，从圣塞巴斯蒂安开始，达利不断通过一系列人物形象来引到他的思想和幻想。与此同时，他的创作还借鉴了文学、历史、政治、宗教、当代科学和精神分析，而在这其中达利最为迷恋的就是古典神话和《圣经》故事。他以无与伦比的现代艺术自由地在作品中运用了弗洛伊德提及的希腊和罗马神话意象——纳喀索斯、丽达与天鹅，以及俄狄浦斯。弗洛伊德为它们赋予了全新的意义，将其作为心理学事实的承载者；而达利则将它们和不同类型的国家或政治历史——如威廉·特尔和列宁交织在一起，形成了根植于家庭和性关系的个人神话结构。

在俄狄浦斯的传说中，他的父亲莱尔提斯因为弑父的预言而决心杀死儿子，这个预言最终被俄狄浦斯实现了，然而他并不知道迎娶了自己的母亲。弗洛伊德将俄狄浦斯的神话解读为孩子在性冲动被第一次激发时所产生的无意识欲望的神话模型，与此同时还伴随着与父亲的竞争感。正如弗洛伊德所说，这是一个深深植根于“原始梦境材料”的故事。它因此成为超现实主义者的灵感沃土。马克斯·恩斯特将他1922年创作的一幅画命名为《俄狄浦斯王》(*Oedipus Rex*)，这幅画描绘了受伤的手指握着被箭射穿的胡桃，它以神秘化的手法暗示了俄狄浦斯故事的最后一幕，即他发现真相后惊恐万分，最终弄瞎了自己的眼睛。

1930年，威廉·特尔的传奇故事戏剧性地进入了达利的作品，扭转了超现实主义者所熟知的恋母情结神话。俄狄浦斯的神话至少暂时以儿子的成功翻盘及其与母亲的联系为中心，而达利却选择表现这一“巨大而残暴”的神话中战胜自己儿子的父亲形象：他是上帝、萨杜恩（Saturn）、亚伯拉罕，也是威廉·特尔和列宁。为了达到自己的目的，他对传统故事进行了改编。举例来说，威廉·特尔是14世纪瑞士的一位传奇爱国者和著名弓箭手，他对占领奥地利的军队进行反抗，最终被判用箭射穿他儿子头上的苹果。

不过当达利1931年6月在皮埃尔·科勒画廊的个展上首次展出
107 《威廉·特尔》(*William Tell*) 时——当时它已经被安德烈·布勒东买下了——并没有直接表示对这一传奇故事进行了引用。此处，“威廉·特尔”被收入了从广义上表现怀揣复仇心理的父亲的神话中——此时的主角是上帝，他牺牲了自己的儿子。这幅画与米开朗琪罗创作的西斯廷礼拜堂壁画中的著名情景进行了直接的视觉类比。在上帝和他创造的亚当的手指深情相对的场景中，父亲和儿子的手势象征了侵
68 犯、指责与歉疚。而达利的画作则较之前的《忧伤的游戏》(巴塔耶已经对其进行了有力的分析）更加聚焦于戏剧化的阉割主题：父亲（他的小腿上贴着“威廉·特尔”的标签）在喷涌的喷泉上方挥舞着一把打开的剪刀，而儿子的生殖器则隐藏在一组树叶的图案中。儿子身旁的鸟巢和父亲身下石头的一面上描绘了性感仙女的“浅浮雕”生动体现了悲伤和嫉妒，而父亲则露出阴茎，面露可怖的笑容，像亚伯拉罕一样准备用剪刀刺向他的儿子。《威廉·特尔》比达利前年夏天创作

图107《威廉·特尔》，1930年

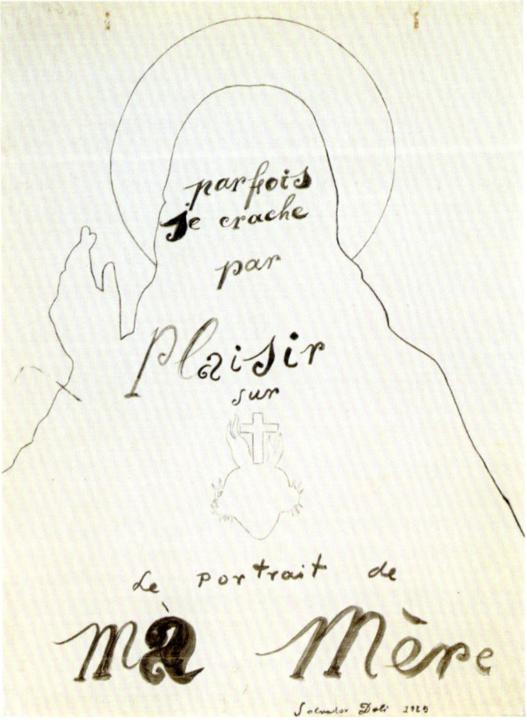

图108《有时我愉快地在我母亲的肖像上吐痰》(又名《神圣之心》)，1929年

的大多数画作尺寸都大，人物的变形比例也更大、更怪诞。除此之外，这幅画整体以绿色调为主，而非早先作品中的黄色和蓝色，这就给观者一种迷失在水下的感觉。

达利在1952年的文章《威廉·特尔的神话》(*The Myth of William Tell*)开头引用了弗洛伊德的话：“他是一个反抗父权并将之征服的英雄。”常规的父子关系与达利有着直接且个人化的关联。他在一次与父亲的创伤性争吵后被逐出家门；只有在《萨尔瓦多·达利的秘密生活》中，达利才隐晦地提到这起荷马式的事件对他产生了深刻的影响。他的父亲被达利的几个明显的冒犯举动激怒了。其一便是他被告知达利在1929年戈曼斯画廊展中展出的一幅油画上潦草地签上了“有
108 时我愉快地在我母亲的肖像上吐痰”(Parfois je crache par Plaisir sur le Portrait de Ma Mère)。这幅画由布勒东购得，它最初在展出时的名字是《神圣之心》(*Le Sacré-coeur*)，具有强烈的反教权和反传统色彩。上文的那句话写在正在举起手祝福的耶稣的轮廓中，显然表明这句话

出自耶稣之口，其中提到的母亲是玛利亚。然而，达利的父亲认为这句话是达利对自己的母亲不可原谅的亵渎。他实际上并没有看过这幅画，对这句话进行了断章取义地理解，然而这并未改变他的态度。达利还做了其他几件冒犯父亲的事，而这其中最严重的就是和加拉的私情。1929年12月，布纽埃尔到菲格拉斯与达利一同创作《黄金时代》的剧本，他目睹了达利的父亲暴力地将达利赶出家门，说他再也不想见到自己那猪一样的儿子。达利拒绝道歉，转而和布纽埃尔前往卡达克斯的避暑别墅工作。在那里他收到父亲的一封信，被告知他已不可
109 挽回地被逐出家门，其继承权也被剥夺。事后，达利剃了光头，并把他的头发埋进沙滩里。之后，他以威廉·特尔的造型拍了一幅照片，只不过在头顶顶了一枚海胆，而非原作中的苹果。这张照片后来被达利加工成了蒙太奇，其中还加入了加拉的一张照片。

达利当然不会离开加拉。在得到诺埃尔子爵的经济支持后，他于1930年3月从朋友莉迪亚·诺格尔手中买下了一座渔夫小屋："那是我唯一可以居住的地方，"他在《秘密生活》中这样说道，而"加拉只
110 想要我所想要的。"作为回报，子爵最终得到了《晚年的威廉·特尔》（*The Old Age of William Tell*）这幅画。达利于1930年3月22日在巴塞罗那的雅典娜酒店发表了"超现实主义的道德立场"主题演讲，在此之前，他和加拉刚刚前往卡达克斯检查了附近利加特港小屋的修缮工作。然而此时达利的父亲仍然怒火未消，他下达命令：禁止他们二人入住米拉玛酒店（Hotel Miramar），否则将会被民兵追捕。在给库西的"好朋友"布纽埃尔的一封声色俱厉的信中，他让后者警告已经返回巴黎的达利再不要返回卡达克斯；他那邪恶的儿子没有权力再让他感到痛苦，如果有必要，他甚至会诉诸暴力，"就让我们好好打一架，看看谁会赢……"1930年4月，当布纽埃尔带着一个摄制组前往卡达克斯为电影《黄金时代》取景时，他拍摄到了达利的父亲吃下一大堆海胆的场面，捕捉到了他那可怕而令人生畏的性格特点。这次达利没有随布纽埃尔一同前往卡达克斯，这主要是因为他怕加拉担心，而非对父亲心怀恐惧。他在1930年的油画《流血的玫瑰》（*Bleeding Roses*）中表达了对加拉不得不接受手术的焦虑。在接下来的几年里，达利和加拉辗转巴黎和利加特港，艰难地生活着，然而他就和父亲一样毫不妥协。在此期间，他不得不把自己的私人财产，包括许多油画和素描，留在菲格拉斯的家中，并且在5年中没有和父亲说过话。在这种情况下，达利开始创作他的威廉·特尔主题作品。

在《晚年的威廉·特尔》之后，他创作了《威廉·特尔》，并
113 在1933年创作了戏剧性而极具争议的《威廉·特尔之谜》(*Enigma of William Tell*)。在《晚年的威廉·特尔》中，拿破仑的头被拼贴在了基座上，巧妙地应和了身为儿子的悲惨状态。对达利来说，作为英雄的拿破仑是一个意义丰富的形象，并与许多童年回忆交织在了一起：

> 我的母亲是达利家这座奥林匹斯山上的天使……她是全家人的蜜糖。我真想像我家楼上的阿根廷邻居马塔斯一家下午喝马黛茶那样把她喝掉，他们坐在宽敞的客厅里，口对口地传着带吸盘的茶杯。我也加入了这场有着巨大茶壶的下午茶聚会，当我凝视装着马黛茶的小木桶，上面还有拿破仑的照片时，我感觉茶水的甜蜜温暖流入了我的身体。这位法国皇帝面颊绯红，肚子是白色的，穿着黑靴，戴着黑帽。
>
> 只用10秒，他的力量便流入我体内。我变成了拿破仑，成为这个世界的主宰……

在《威廉·特尔》中隐约出现的逐出伊甸园的意象在《晚年的威廉·特尔》中表现得更为明显：这对悲伤的年轻夫妻离开了伊甸园，

图109（左图）加拉和达利的蒙太奇照片，《爱与回忆》(*L'Amour et la mémoire*)卷首图，巴黎，1931年。在被父亲逐出家门后，达利剃光头发，此处他在头上放了一枚海胆。

图110（对页图）《晚年的威廉·特尔》，1931年

就像亚当和夏娃一样遭到放逐。身形巨大的狮子守卫着天堂，狮子和夫妇之间的那个老人便是一位父亲，两个女人服侍着他，这让人想到《圣经》中罗德和他的女儿们的故事[1]。他们那隐秘而暧昧的性行为发生在一张床单后，就像一段模糊的童年回忆。此处达利可能唤起了被压抑的童年经历和梦境，就像马克斯·恩斯特在《半梦半醒的幻觉》(*Visions of Half-sleep*)表现的那样，他的父亲以威胁者的形象出现，孩子则对他表现得既害怕又嫉妒。

在达利的版本中，威廉·特尔的行为既令人羡慕又令人厌恶，后来这一主题继续延续延续，又出现在了花哨且色情的《威廉·特尔和格拉迪瓦》(*William Tell and Gradiva*)及许多速写中。达利还经常模糊地赋予人物性别，并为人物添加乳房，比如《晚年的威廉·特尔》
112 和《儿童-妇女的回忆》(*Memory of the Child- Woman*，1932年)。

1：根据《圣经·创世纪》记载，上帝决定毁灭索多玛，在此之前派遣天使救出罗德一家，然而罗德的妻子因为在出逃时违背天使告诫扭头回望而变为盐柱。罗德的两个女儿未免绝后，遂将他灌醉并与之乱伦诞下摩押和便亚米，他们后来成为摩押人和亚扪人的始祖。

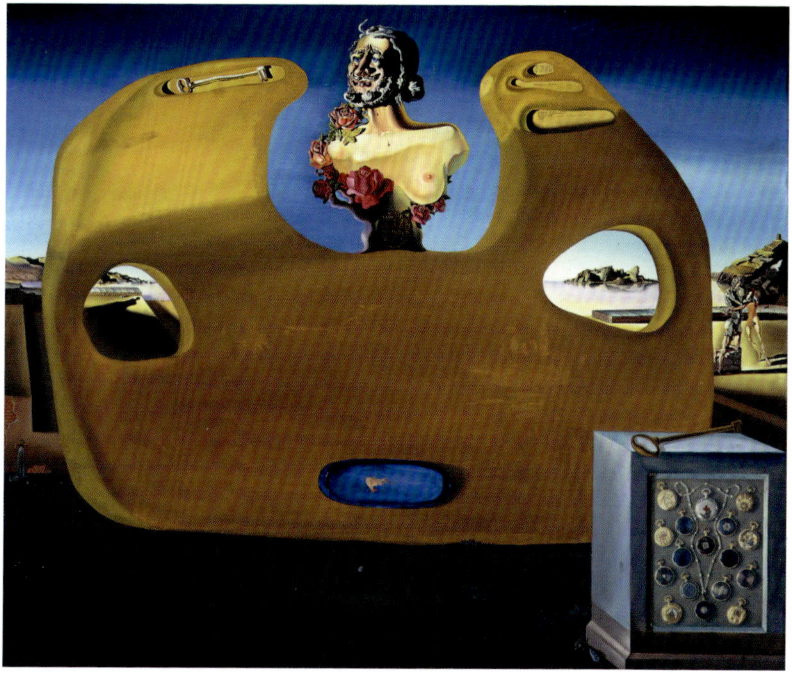

图111 （对页图）《妇女-儿童的回忆》，1931年

图112 （上图）《儿童-妇女的回忆》，1932年

在1923年的文章《一起17世纪恶魔神经症案例》（*A Seventeenth Century Demonological Neurosis*）中，弗洛伊德分析了画家克里斯托弗·海兹曼（Christoph Haizmann）的一份手稿，其中有一幅魔鬼的插图，描绘的是画家与魔鬼签订了一份契约，而魔鬼就拥有硕大的胸部。弗洛伊德认为，魔鬼是父亲的替代品，海兹曼的神经症是对他父亲“女性化态度”的回应。弗洛伊德的文学作品、病例研究和《梦的解析》为达利提供了丰富的创作材料，用来解释他的情结及令人反感的意象。而这一时期他便利用这些材料探索父亲的形象及父子关系中不同寻常的变化。

达利1930年的诗《伟大的自慰者》（*The Great Masturbator*）陶醉于两个身份重叠，颇具威胁性又不乏可笑的威廉·特尔形象，他们出现在达利的风景画中，且与他作品中常见的那些物体和人物相伴：

在远方
那超出伟大的自慰者的脸的地方
升起
两尊巨型威廉·特尔雕像
一尊
由真正的巧克力制成
另一尊则由假粪便塑成……

达利之所以选择这位瑞士民族英雄作为创作对象，可能是受欧亨尼奥·多斯于1926年发表的史诗剧《吉列尔莫·特尔》(*Guillermo Tell*)的影响。对多斯来说，这位英勇爱国者的传说与遭受卡斯提尔人奴役的加泰罗尼亚具有鲜明的关联性，而且有可能因为达利的父亲支持加泰罗尼亚的部分自治，这使达利对他及特尔的态度发生了变化。除此之外，达利也完全清楚超现实主义反对父权、赞助人和祖国(*père, patron, patrie*)。

达利十分多产，他的创作涵盖理论文章、诗歌、自传、展览目录介绍、宣言、电影剧本、小说，一部歌剧脚本，一本从“技术”和历史角度绘制的名为《50个神奇工艺的秘密》的画集，以及一部被他称为“精神分析论文”的《米勒〈晚祷〉的悲剧神话》。这本书于20世纪30年代早期完成，但直到1963年才发表。达利解释道，这本
116 书的灵感来自他对于米勒19世纪创作的描绘农民虔诚祈祷的作品《晚祷》的迷恋。1932年6月，这幅画突然出现在了他的想象中，色彩鲜艳，充满了无意识的含义：“这是我见过的最令人不安、最神秘、最密集、最丰富的无意识思想。”当时他的创作深受《晚祷》的影响，而这部著作因为指导了他20世纪30年代的创作而受到了大众认可，与此同时，它也常被视为达利对以往创作的回顾。事实上，这本书本身就是一件实验性超现实主义作品，与同时期创作的绘画和出版物主题相一致，比如布勒东和艾吕雅的《圣灵感孕》及布勒东的《花瓶通讯》(*Les vases communicants*，1932年)。

1963年，达利为这本书创作了一篇新序，声称1940年“在德国入侵前几个小时”，他和加拉匆忙离开阿卡雄时，手稿被放错了地方。他继续道，当22年后再次找到这批手稿时，他阅读后决定按原样发表，“甚至连逗号都没有修改”。如今，本书包括安德烈·布勒东更正和修订的最终稿在内的一批手稿，以及达利在去世时留世的其他手稿

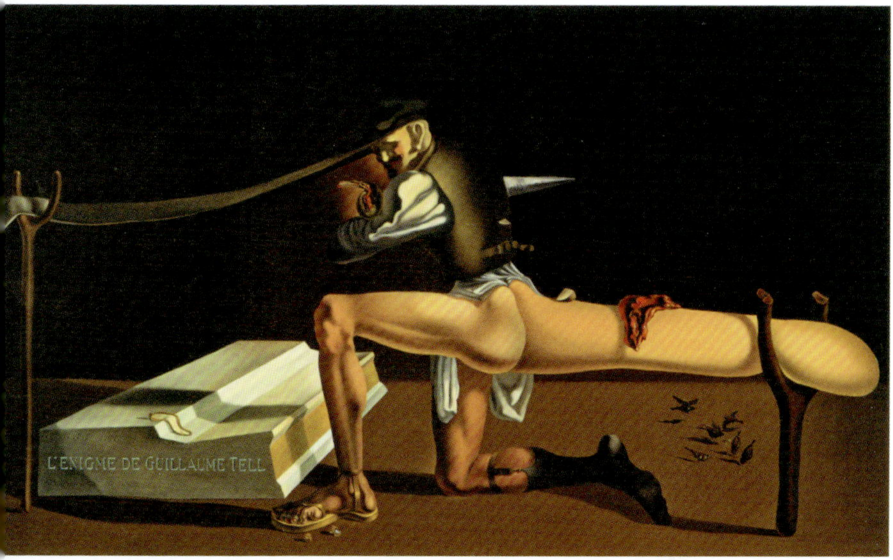

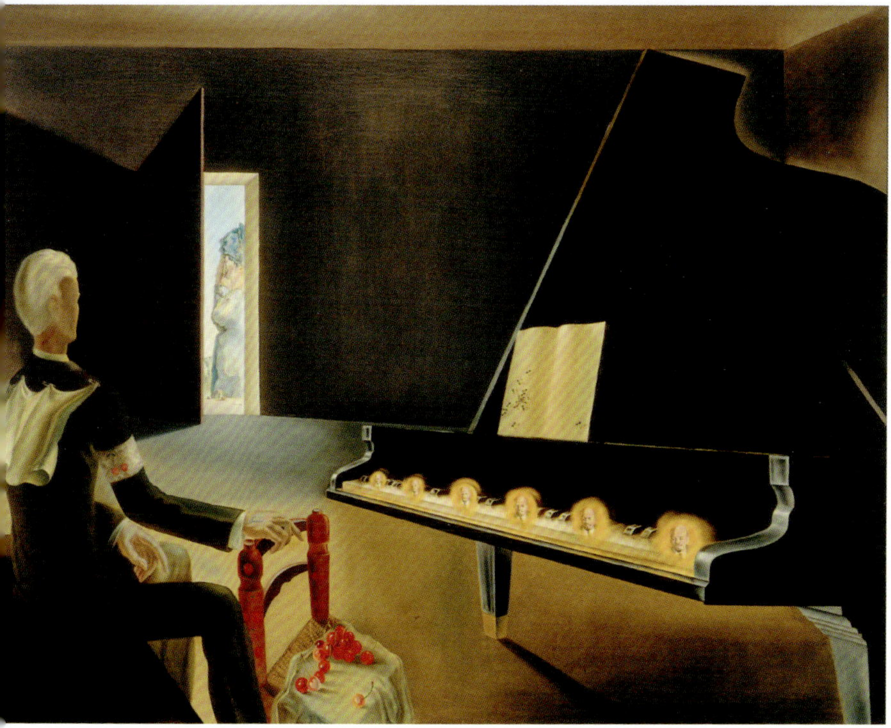

图113 （顶图）《威廉·特尔之谜》，约1933年

图114 （上图）《幻觉：三角钢琴上的六个列宁意象》（*Hallucination: Six Images of Lenin on a Grand Piano*），1931年

图115 （上图）《暮光十分的返祖现象》（强迫现象），约1933年

图116 （左图） 让-弗朗索瓦·米勒《晚祷》，1857—1859年

一起被收藏在菲格拉斯的加拉-萨尔瓦多·达利基金会。这些证据无可争议地表明达利确实像他所宣称的那样，在20世纪30年代就完成了这本书，在最终出版时也确实连一个逗号都没有更改，只是加入了一篇新序言以及更多的插图和注释。

很快，“晚祷”代替威廉·特尔成为达利最喜欢的主题，或者更确
切地说，为他的个人心理剧提供了对应的主题。达利直接对米勒的画
作进行解读的作品包括《加拉和米勒的〈晚祷〉在即将到来的圆锥
117 形变形之前》(*Gala et l'Angelus de Millet précédent immédiatement la
venue des 'anamorphes coniques'*)、《对米勒〈晚祷〉的考古记忆，
120 米勒的建筑作品〈晚祷〉》(*Archaeological Reminiscence of Millet's
'Angelus', Millet's Architectonic 'Angelus'*)、《雨后的返祖遗迹》
(*Atavistic Vestiges after the Rain*)、《晚祷的幽灵》(*The Spectre of the
115 Angelus*)、《暮光十分的返祖现象》(*Atavism at Twilight*)及美丽而
118 忧伤的《竖琴上的冥想》(*Meditation on the Harp*)。《加拉和米勒的
〈晚祷〉在即将到来的圆锥形变形之前》是少数几幅直接展现米勒原
作的画作之一。画面中，《晚祷》被挂在一扇门的上方，马克西姆·高
尔基（Maxim Gorky）正在门廊旁凝视着列宁，后者则正望向房间另
一头满脸笑容的加拉。

然而在达利的大多数“晚祷”主题作品中，原本听到晚祷钟声而
驻足祷告的纯真夫妇不仅外形发生了扭曲，其身份也发生了变化。丈
夫和妻子转化为母亲和儿子，经过达利的多重关联，他们变为可怕的
侵略者。除此之外，这两个人物还变形为地质遗迹、钟乳石和石笋、
废墟和骨骼。在《米勒〈晚祷〉的悲剧神话》的最后一章中，达利
120 阐述了这一神话的三个变化阶段。第一阶段，《晚祷》中的夫妻二人
由驻足变为一种险恶的静止状态，即达利之前提及的古地质时期的暮
光象征着返祖现象，而妻子——此处变为母亲——则暗含一种“期
待”，宣告了即将到来的性侵犯。在第二阶段，达利“目睹”“儿子
从后面与他的母亲交合”。农村中的劳动工具，特别是独轮车，基于
弗洛伊德的象征性解读及农村的传说和谚语，被赋予了性意味。在第
121 三阶段，即变化的最后阶段，母亲——其意象被解读为螳螂——会在
交配过程中吃掉雄性螳螂（后来达利添加了一则注释，称其只会发生
在螳螂被囚禁的非自然状态下）。女性吞噬男性的意象贯穿于达利早期
那些与牛奶、茶杯和樱桃同类相食相关的“神志不清”的色情幻想
中，而达利认为《晚祷》中女人的母性则体现在盛满东西的麻袋、犁

图117《加拉和米勒的〈晚祷〉在即将到来的圆锥形变形之前》，约1933年

图118（右图）《竖琴上的冥想》，约1933年

图119（下图）《加拉的晚祷》，1935年

过的土地和篮子中。这本书包含大量插图，其中不乏流行及宗教明信片类型的图片，也有委托布拉塞[2]创作的摄影作品，以及《在农场的艰难时光》(*Hard Times on the Farm*）一类选自美国民间故事的插图。这些图片都是达利在战争时期于美国收集而来的，以证明他的“农民色情”的论点。它们的收集时间在20世纪30年代，其中几幅插图还出现在了他1933年发表在《米诺陶》上的文章《对米勒〈晚祷〉中强迫性形象的偏执狂批判解读》中。其中最有名的一幅便是达·芬奇的《圣母子与圣安娜》(*Virgin, Child and St Anne*)，弗洛伊德曾在分析达·芬奇作品的文章中用一张图表展示了这幅画中圣母的裙子上如何融入了秃鹫的“双重意象”。最后达利总结了他的印象。在他看来，男人那僵硬的姿态显示他“已经死亡”，而这一主题本身是“萨图恩、亚伯拉罕、耶稣基督和威廉·特尔吞噬其子的恐怖残暴的神话母性变体”。

《米勒〈晚祷〉的悲剧神话》一书是以精神分析史为原型的。这本书按顺序可以被分为三部分，它们对照了弗洛伊德的《关于自传描述的偏执狂（痴呆偏执狂）病例的精神分析评论》[*Psychoanalytische Bemerkungen über Einen Autobiographisch Beschreibenen Fall Von Paranoia (Dementia Paranoides)*]中的三个部分，即“病例历史”“病例试解”和“偏执机制”。弗洛伊德那本书更广为人知的名字是《施雷伯病例》(*Schreber Case*)，最初于1911年出版。这本书的主题一定非常吸引达利，虽然他的研究“结果”转到了另一个方向。它并非针对一个病人的临床研究，而是对一本已出版的自传进行了分析。这本自传的作者是一个有着杰出职业生涯的男人，他患有非同寻常的幻想症，病症的最终结果是他相信只有自己的身体变为女性才能与上帝发生性关系。弗洛伊德在其最后一部分的分析中提出，力比多以一种夸张的形式与外部对象进行分离，并“被用来强化自我。因此个人又回到了自恋的阶段。一个人唯一的性对象就是他本人的自我。根据这些临床数据可以假设，偏执狂在自恋阶段会伴随一种固定状态，我们还可以断言，从升华的同性恋到自恋的时间跨度是衡量偏执狂特征退化程度的标准”。同样地，对拉康来说，“自恋固定”“同性恋冲动”和性欲之间的关系是对“爱情”进行案例分析的核心。达利声称他对偏

2：布拉塞（Brassaï，原名久洛·豪拉斯，1899—1984年），法国著名摄影师和雕塑家。

图120《米勒的建筑作品〈晚祷〉》，1933年

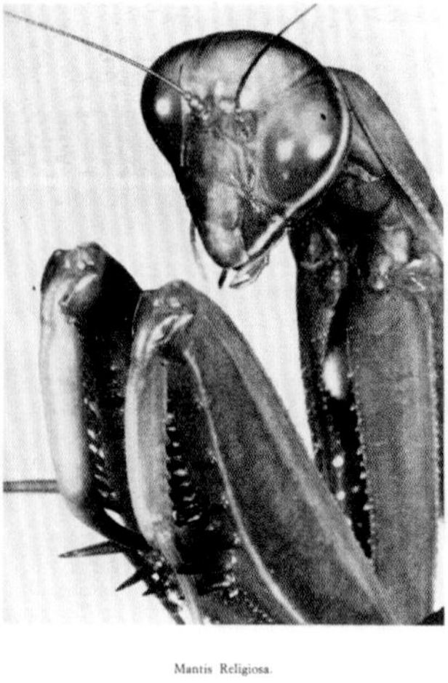

图121 （左顶图）雅克·西克斯，螳螂摄影图，选自达利的《米勒〈晚祷〉的悲剧神话》，1963年

图122 （右顶图和上图）达利在《米勒〈晚祷〉的悲剧神话》中为诠释偏执狂批判法而用到的两张流行明信片，1963年

执机制的兴趣仅仅在于它可以作为一种解释错觉的潜在方法，但他对这一理论的痴迷究竟在多大程度上来自对“升华的同性恋”概念的压制，这仍然是一个问题。

然而《米勒〈晚祷〉的悲剧神话》和《施雷伯病例》(以及弗洛伊德对达·芬奇和米开朗琪罗的研究，这无疑也是《米勒〈晚祷〉的悲剧神话》的参考范本）又有着本质的区别。与弗洛伊德不同的是，达利的目的并非通过他的画作来诠释艺术家（米勒），而是诠释自身萌发的无意识意义。《米勒〈晚祷〉的悲剧神话》是对偏执狂的证明：以《牛津英语辞典》的定义来看，“证明”(demonstration）一词的含义就是“证明；证实；论证；说明”。达利的画作通过双重诠释的形式巧妙地应和了精神分析。正如弗洛伊德在《施雷伯病例》的结尾写道：“未来将决定我理论中的幻觉比我本人愿意承认的还多，还是施雷伯病例所包含的真相比人们准备好相信的还多。”

1933至1934年，达利为洛特雷阿蒙[3]的《马尔多罗之歌》(*Les*
123 *Chants de Maldoror*）创作了插图。这本书是超现实主义者最为推崇的著作之一，其内容充满暴力和幻觉，达利认为这本书在绘画领域的最佳映射就是《晚祷》。他创作的许多插图都以《晚祷》为基础，对其主题进行变形，加入了同类相食、死亡和情色的内容。比如在插图14中，“农神”吞噬了一个困在缝纫机中的孩子，这幅画的内容引自洛特雷阿蒙的一句备受超现实主义者推崇的诗：“就像缝纫机和解剖台上的雨伞，偶然相遇一样美丽。”毫无疑问，这句诗具有性象征意味。

118 与此同时，《竖琴上的冥想》则从另一个方面发展了“迷失的孩子”的主题。20世纪60年代初，当达利重新发现《米勒〈晚祷〉的悲剧神话》的手稿时，他又重新拾起了这一主题。在1963年《米勒〈晚祷〉的悲剧神话》的序言中，他描述了自己的观点，即《晚祷》中的夫妇正在为墓中的孩子祈祷。达利说服收藏这幅画的卢浮宫对其进行了X光扫描。通过扫描，画面底部的确显示出一个深色的棺材形状，据此达利更加确定这幅画本来的主题是孩子的死亡。“孩子的死亡这一宏大主题是我的《米勒〈晚祷〉的悲剧神话》的核心，然而在手稿完成后的很长一段时间内我都无法证明它的存在，直到不久前，我的观点终于得到了证明。”

3：洛特雷阿蒙（Lautréamont)，原名伊齐多尔·吕西安·迪卡斯（Isidore Lucien Ducasse，1846—1870年)，法国诗人，被视为超现实主义先驱。

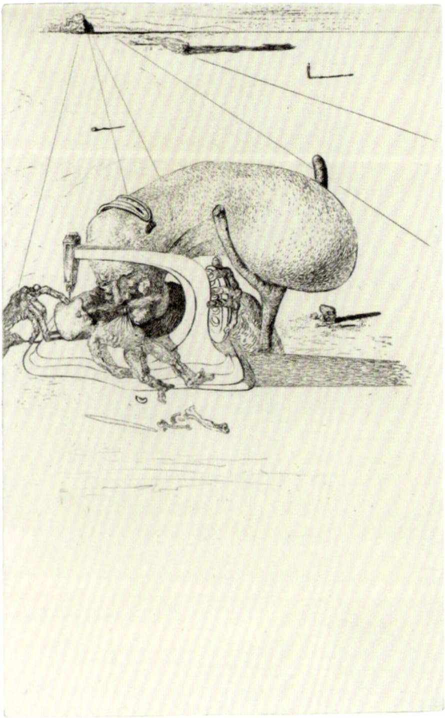

图123（左图）插图14，选自洛特雷阿蒙《马尔多罗之歌》，巴黎，1934年

图124（对页图）《我死去兄弟的肖像》，约1963年

《米勒〈晚祷〉的悲剧神话》手稿的失而复得也促使达利重新拾
124 起了《晚祷》的意象，其代表作即为《我死去兄弟的肖像》（*Portrait*
125 *of my Dead Brother*，约1963年）和《佩皮尼昂车站》（*The Railway Station at Perpignan*，约1965年）。这些作品更为注意孩子的形象，而非原作中的父亲和母亲。达利也可能是因为对过世哥哥的迷恋死灰复燃，才再次寻找这份书稿，这源于他与精神分析专家皮埃尔·鲁默盖尔（Pierre Rouméguère）医生的一场谈话。鲁默盖尔对达利很感兴趣，于是在1958年向后者朗读了他的论文《达利的狄俄斯库里神话》（*the dioscoric myth of Dalí*）。在这篇文章中，达利和他去世的哥哥化身为卡斯托耳（Castor）和波吕丢刻斯（Pollux），二人合称狄俄斯库里兄弟（Dioscuri）。变成天鹅的宙斯引诱丽达王后（这是另一个达利钟爱的神话）诞下了这对双胞胎，然而波吕丢刻斯拥有不死之身，而卡斯托耳却是凡人。达利认为这则神话为他带来了强烈冲击：它揭示

了“我悲剧结构的根源。这是一个深埋在我心底、无法回避的问题，我的父母非常喜欢我那死去的哥哥，所以他们为我取了他的名字萨尔瓦多”。在《萨尔瓦多·达利的秘密生活》中，达利错误地记录了哥哥去世的细节，说后者在7岁时去世，而非实际的22个月。他还说哥哥去世3年后他才出生，而实际在哥哥去世9个月后达利就出生了。但有一点无可置疑，那就是离世的哥哥一直困扰着他：达利认为他只是同名哥哥的替代者，他的哥哥更聪明，也更受宠爱。鲁默盖尔就此提出的解决方案——把加拉当作完善达利式狄俄斯库里形象的助推

图125《加拉望向在〈波普-欧普-真棒-真棒-浮夸〉上失重的达利，在旁边还可以看到米勒〈晚祷〉中两个痛苦的人物呈原始冬眠状态，身后的天空突然爆炸并在佩皮尼昂车站中心呈现马耳他十字，宇宙从此处开始汇聚》（又名《佩皮尼昂车站》），约1965年

剂——得到了达利的认可。（死亡的问题一直困扰着达利，也可能是他对“王权”的言论的核心，因为他认为国王是“由上帝而生的”。）

《我死去兄弟的肖像》可能是达利最后一次希望他那死去哥哥的灵魂得到安息。他告诉布斯凯（Bousquet），父母的房间中挂着一幅死去哥哥的照片，哥哥非常漂亮，还穿着蕾丝外衣，这让幼年的达利感到非常害怕。他会想象自己处于一种完全腐烂的状态，只有想到自己的死亡时，他才得以入睡。这幅画中人物的脸同达利哥哥的脸毫无相似之处，达利可能是根据一张不知名的报刊照片创作的。深浅不一的樱桃色圆点系统地排列成类似于本戴点（Benday dots）的形状，这是达利从几年前就开始试验的构图形式，与波普艺术家罗伊·利希滕斯坦（Roy Lichtenstein）的创作类似。达利解释说：“樱桃象征着分子，深色的樱桃代表我死去哥哥的面容，而沐浴在阳光中的樱桃则代表了活着的达利。”画面上方是一只黑色的鸟，它的翅膀也构成了男孩的头发，达利认为这是一只秃鹫：“根据古埃及人和弗洛伊德的说法，这只秃鹫代表了我母亲的肖像”。这里他引用了弗洛伊德对达·芬奇童年梦境的（错误的）解读。背景中一对体型微小的情侣源自《晚祷》及达利脑海中性与死亡的场景。

125 另一幅作品《佩皮尼昂车站》有着和其内容一样宏达且浮夸的全名——《加拉望向在〈波普-欧普-真棒-真棒-浮夸〉上失重的达利，在旁边还可以看到米勒〈晚祷〉中两个痛苦的人物呈原始冬眠状态，身后的天空突然爆炸并在佩皮尼昂车站中心呈现马耳他十字，宇宙从此处开始汇聚》《晚祷》中的夫妇在十字架形的构图中占据了突出位置。在画面的横轴上，祈祷的男人和女人被分置在巨幅画布的两侧，他们旁边还有选自《我死去兄弟的肖像》中的两个场景：一对夫妇将一个麻袋装进手推车，一个男人在和一个女人交合。在《佩皮尼昂车站》的纵轴上，裸体的加拉蹲在画面下方的独轮车上，而与此相对的正上方则是悬浮着的达利和一列火车，他们似乎正在下降。达利费了一番功夫才摆出这个姿势。他的工作室里有一块玻璃地板，他经常用它来获得戏剧化的人体透视图，菲利普·哈尔斯曼（Philip Halsman）的一些照片就记录了他在玻璃地板上摆姿势，不过达利也将自己吊在升降机上拍摄同样姿势的照片。悬浮的达利这一形象在画面中央再次出现，就位于光柱——达利版本的马耳他十字架——的中心，但这次他的身形更小，似乎处于无限遥远的位置。他身后是难以立刻察觉的被钉在十字架上的耶稣。到目前为止，耶稣作为画面中最大的人物，其唯一清晰的特征就是肋骨处流血的伤口。通过这一做法，达利融入了被献祭的孩子和关于个人身份的终极神话。在某种程度上，这幅作品呈现了巨大的反传统效果，独一无二地融合了关于想象、幽默感、卓越的技巧和毫不掩饰的无耻。

第八章

超现实主义物品、装置和舞台艺术

尽管达利的偏执狂批判法受到布勒东的欢迎，认为它是真正的超现实主义，并具有广泛应用的潜质，但它并没有被其他超现实主义者采用。考虑到该方法在技术层面的复杂性，这一结果并不令人惊讶。另外，超现实主义的对象向所有人开放，因此只要符合超现实主义理念的试验方法都可以被接受，而不会受限于任何特定的技巧或审
126 美偏好。虽然超现实主义物品从严格意义上来讲不像《精巧的尸体》（*cadavre exquis*）那样由众人协作完成，但也不是独家创造的。在1929年超现实主义团体内部发生危机之后，人们迫切需要某种东西来使该团体重归团结。达利和年轻的马克思主义者、超现实主义艺术家安德烈·蒂里翁（André Thirion）受指派创建一个组委会，为超现实主义的集体行动提出明确建议。在阿拉贡的建议下，蒂里翁提议发起一场行动一致的反教权运动，与此同时，达利提出了超现实主义的目标。该提议为团体所接受，从而开启了超现实主义活动的一个富有成果的新阶段，这一阶段贯穿20世纪30年代。

在《为革命服务的超现实主义》（1931年12月第3期）上，达利首次公布了名为“超现实主义物品”（objets surréalistes）的具体倡议，描述了6组超现实主义物品：

1. 具有象征功能的物品	悬浮球
（源于自动）	自行车踏板、球体、树叶鞋
	和一杯牛奶海绵和一碗面粉
	戴手套的手和红色的手
2. 变质的物品	柔软的手表
（源于情感）	装在稻草中的手表
3. 用于研究的物品	从物理意义上
（源于梦境）	从比喻意义上
4. 包裹的物品	残疾

（日间幻想）	塞壬
5.机械物品	勇于思考的摇椅
（实验幻想）	董事会协会
6.铸模物品	绘有汽车和桌椅的百叶窗
（源于催眠）	森林

接下来，达利解释了上述分类中的第一组，具有象征功能的物品。128 他在评论中举了一些例子，包括贾科梅蒂[1]的《悬浮球》（*Suspended Ball*），以及由布勒东、达利、加拉和瓦伦丁·雨果（Valentine Hugo）创作的四件新物品。这些物品“最大化降低本身的机械功能，是基于幻觉和表现，经无意识行为的激发”而制作出来的，它们起源于无意识的欲望和性幻想。达利充分承认贾科梅蒂的《悬浮球》作为象征功能事物所提供的灵感，但他也对贾科梅蒂的作品和真正的超现实主义物品进行了区分。前者仍被定义为雕塑，而后者由现成或收集来的物品制成，并将自身的所有特征都通过外在形式表现出来：

> 具有象征功能的物品按照贾科梅蒂《悬浮球》中那愚蠢而可移动的物体而设计，这件作品已经展览，并且集中展示了我们对超现实主义物体提出的核心理念，但它仍然保有恰当

1：阿尔贝托·贾科梅蒂（Alberto Giacometti，1901—1966年），瑞士著名雕塑家、画家。

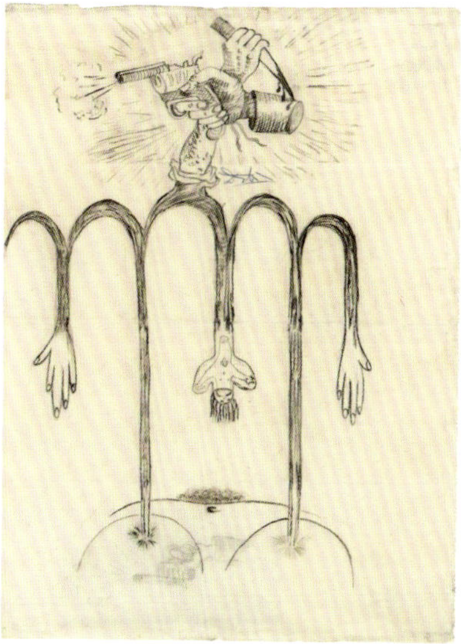

图126《精巧的尸体》，约1932年。这是超现实主义艺术家根据儿童游戏发明的一种协作绘图方法，以创造奇异而直观的并置图像。这幅速写的创作人由上到下为达利、加拉、安德烈·布勒东和瓦伦丁·雨果。

的雕塑特征。具有象征功能的物品不给正式的关注留下任何空间。它们只依赖于每个人的多情想象，是造型以外的。

所有物品都精心制作而成，并附有完整的介绍。一些物品可以移
129 动，但这并非它们的核心要素。达利创作的物品具有最明显的性暗示：

> 一只女性鞋子中放着一杯牛奶，鞋中还塞了一团质地柔软、呈粪便颜色的糊状物。鞋的上方吊着一块绘有鞋子图案的方糖，观者将看到糖块及上面的图案如何在牛奶中分解。这一作品还有另外几个部分（一块粘着阴毛的方糖和一小张色情图片），此外还有一盒备用糖块及用来搅拌鞋内铅珠的特殊勺子。

130 在瓦伦丁·雨果的作品中，一只戴红手套的手放在戴白手套的手的手腕上，将一根手指从白手套下划过并轻轻抬起，这其中暗含了淡淡的情色意味。与之相比，达利的作品似乎更像一份展示从恋物癖到色情的性偏差的概述。提到恋物癖，我们应该注意，在《性心理病态》（*Psychopathia sexualis*）一书中，克拉夫特-埃宾也曾将鞋子与受虐联系在一起。

以这种方式进行创作在超现实主义者当中流行了一段时间，但尽管超现实主义物品本身在20世纪30年代仍占据超现实主义活动的中心，但它却发生了变化：高度复杂化的“象征功能物品”开始简化，同

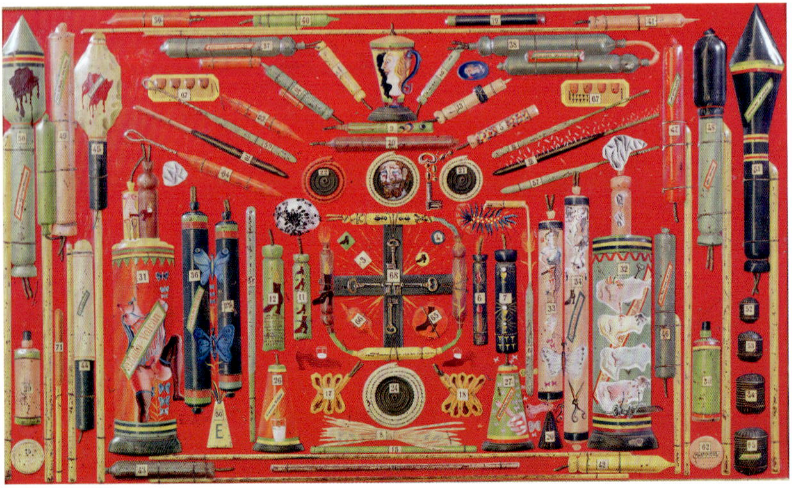

图127 （对页图）《由烟火制造厂引起的疯狂联想》，1930—1931年

图128 （右图）阿尔贝托·贾科梅蒂《悬浮球》，1930—1931年，选自《为革命服务的超现实主义》，第3期，巴黎，1931年12月

时物品类型的多样性开始增加。早在1932年，布勒东就已经对达利在《花瓶通讯》中提到的象征性物品的有效性提出了怀疑。他说，虽然他对这些物品的爆炸性价值和“美”没有任何疑惑，但发现它们不如那些没有被系统界定的物品更有效，可供诠释的余地也更窄。“像这样将潜在内容主动合并到显性内容中的做法，弱化了精神控制力在相反情况下对诠释进行戏剧化放大的倾向。”此处，布勒东就达利将个人诠释纳入其作品的潜在内容中这一做法了怀疑，弗洛伊德也曾对此产生过相同的疑问。在布勒东看来，达利创作的物品在构思上过于特殊和个人化，失去了科学仪器本来拥有的令人惊叹的力量。比如，金箔验电器就是一例，它那两片完美连接的叶片在触碰到经摩擦的棍子时便会自动分开。

当然，超现实主义物品和将现成材料组合制作成艺术品的概念早在达利提议之前就存在已久了。马塞尔·杜尚（Marcel Duchamp）在达达主义和超现实主义边缘所进行的干预就对相关的每一次艺术运动都产生了至关重要的影响。早在第一次世界大战前夕，杜尚就开始发展自己的现成品（Readymades）和挪用现成品（Assisted Readymades）艺术。1932年，达利将他曾发表在《为革命服务的超现实主义》上的关于象征功能物品的文章《超现实主义实验所揭示的

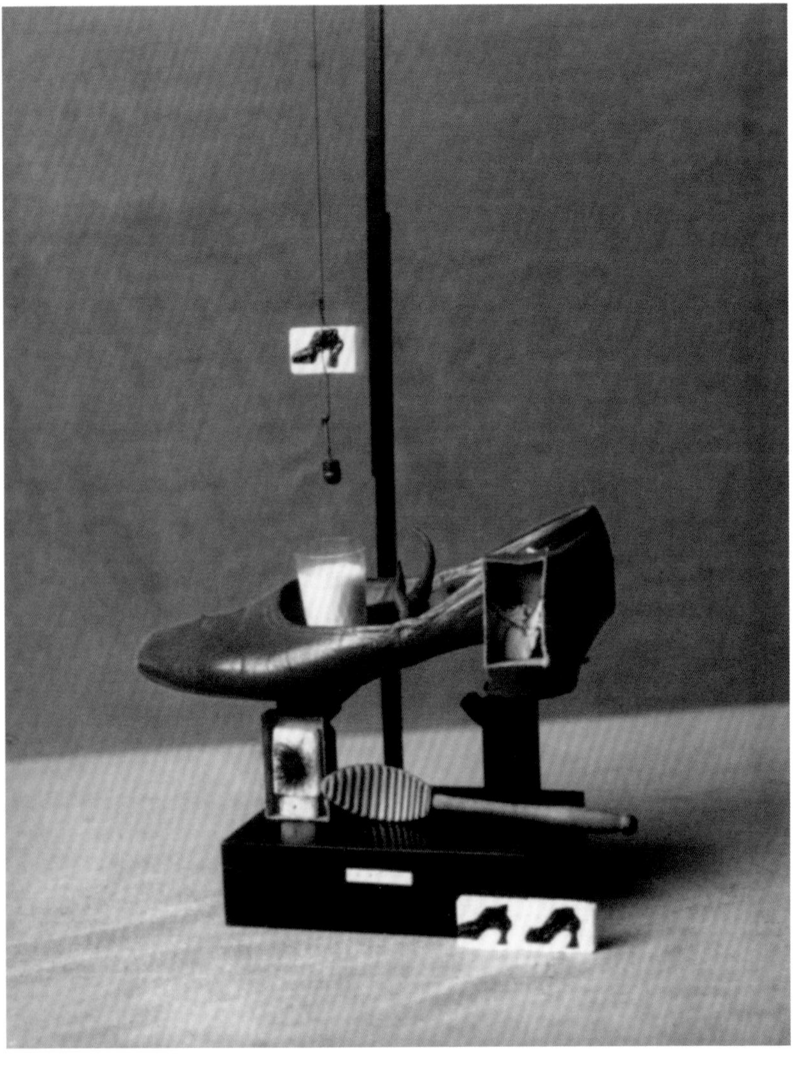

物品》(*The Object as Surrealist Experiment Reveals It*) 进行了扩展，并发表在了《本季》(*This Quarter*) 杂志上。在文章中，他援引了布勒东对杜尚的挪用现成品作品《为什么不打喷嚏，罗斯·塞拉维？》(*Why Not Sneeze, Rrose Sélavy?*) 的描述：

> 我想起马塞尔·杜尚去找来几个朋友给他们看一个笼子。在他们看来，笼子里似乎没有鸟，只是装了半笼子糖块。他让他

们把笼子抬起来，他们惊讶地发现笼子竟然十分沉重，原来，他们以为的糖块，其实是杜尚花大价钱裁切的小块大理石。

同样地，从达达时期开始，曼·雷也一直在制造令人不安而诙谐的物件。1924年，《超现实主义革命》第1期刊登了一张神秘的照片，其中是一个用黑布包裹并用绳子系住的不明物体（缝纫机）。1928年，这件作品被布勒东和阿拉贡改造成了另一件作品《乔治·德·基里科就在这里》（*Ci-gît Giorgio de Chirico*）。这件作品由微型物品组成，包括一台缝纫机和一个放在舞台状小盒子里的比萨斜塔模型。缝纫机是超现实主义意象中经常出现的元素，它指的是洛特雷阿蒙的诗句“就像缝纫机和解剖台上的雨伞，偶然相遇一样美丽”。这句诗所勾勒的意象本身就构成了一件想象的超现实主义物品。

从理论上讲，超现实主义物品的概念可以追溯到超现实主义运动的最初阶段，当时超现实主义绘画的概念还仅限于第一份《超现实主义宣言》的一个脚注。随着这份宣言的发表，1924年布勒东又撰写了《就现实贫乏性的论述》（*Introduction to the Discourse on the Paucity of Reality*）一文（于1925年发表）。在文章中，布勒东探讨了制作物品的可能性，这类物品应该像书籍和牙刷一样进入现实世界，但它们

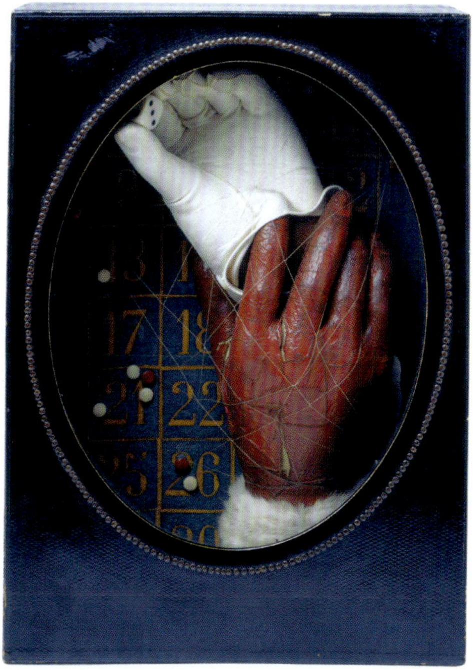

图129（对页图）《象征功能物品》，选自《为革命服务的超现实主义》，第3—4期，巴黎，1931年12月

图130（右图）瓦伦丁·雨果，《物品》，1931年

却没有明显可辨识的实际功能。他认为，恋物癖是一种为诗歌赋予可感知证明的欲望，其目的并非探究实用性事实。布勒东这样写道：

> 最近，我提议尽可能地制造一些只会出现在梦境中的物品，这些物品除了令人愉快以外似乎并无他用。不久前在我睡着的时候，梦中的我在圣马洛附近的一个露天市场里偶然发现了一本相当奇怪的书。书的背面雕着一个木质的侏儒，他的白胡子剪得像亚述人的样子，一直拖到脚上。雕像并不太厚，不妨碍我翻动厚重的黑布书页，我急切地想买下这本书。而醒来之后发现它并不在手边，令我感到十分遗憾。我很容易地回想起它来。我的目的就是把这种看起来疑点重重而耐人寻味的物品传播开来。

这篇文章对达利产生了深远的影响。1929年3月，他在《艺术之友》上发表了一篇文章《反艺术倾向，超现实主义物品和梦境内容评论》(*Review of Anti-artistic Tendencies, Surrealist Objects, Oneiric Objects*)，谨慎地表达了对布勒东观点的赞同。

毫无疑问，梦境世界和理性世界之间隐含的冲突比第一份《超现实主义宣言》中设想二者的理想结合更吸引达利。布勒东就梦境内容的创造继续说："谁知道呢，通过这样做，我可能会帮助拆毁那些混凝土的奖杯，它们是如此可憎，给'理性'的存在和事物带来了巨大的耻辱。"正是这一核心思想促成了达利投靠超现实主义。在《超现实主义物品》一文（发表于《为革命服务的超现实主义》）中，达利从布勒东的"介绍"中汲取并拓展了另一个想法。布勒东继续说道：

> 会有一些构造非常科学的闲置机器。我们将为巨大的城市制定详细计划，尽管我们永远无法实现这些计划，但它们至少可以将现在和未来的首都进行分类。那完美到极点的荒谬的机器人——它们的功能与地球上任何其他事物都不相同——可能会为我们提供准确的行动方案……

在《诗歌创作很快会被要求具有有形的特性，从而取代所谓真实的界限吗？》(*Will poetic creations soon be called to take on this tangible character, to displace so singularly the limits of the so-called real?*）一文中，达利提出如下方案：

> 博物馆很快会塞满无用的物品，考虑到它们硕大的体积和庞大的数量，人们将不得不在沙漠中建造特殊的塔楼来存放它们。这些塔楼的门将被巧妙地抹去，取而代之的是在门的位置源源不断地流出真正的牛奶，牛奶将被温暖的沙子贪婪地吸收。

然而，布勒东和达利的想法之间的差异不仅仅停留在表面。布勒东在用社会学和哲学的术语思考。很明显，他所攻击的是一种弱化的现实概念，这一概念认为一些人类需求（比如恋物癖）或潜在的行动领域被对实用主义的狭隘排除在外。而达利的思考则立足于文化和性的角度。如果说达利所追求的物品除无实用性之外还有什么存在的理由，那便是作为象征个人欲望的拟像。

达利似乎从一开始就尝试了不同类型的物品。1931年6月，他在皮埃尔·科勒画廊展出了3件“现代风格”物品，它们很可能是“被发现的”物品，这预示了达利对现代风格、新艺术风格物品和建筑的迷恋。他在展览笔记中这样描述它们：“现代风格的装饰物以最物质化的方式向我们展示了梦通过现实的坚持，因为这些提交给我们仔细检查的物品提供了最具幻觉的幻想元素。”他还说，对于现代风格建筑来说尤其如此：

> 在恐怖的街道上，令人厌恶的现代艺术以其绝望的外表支持并维护着腐朽的现实，它四面受尽了永恒的腐蚀折磨；在恐怖的街道上，那些现代风格的地铁入口有着疯狂而美丽绝伦的装饰，在我们看来，这是精神尊严的完美象征。

1933年5月，达利在《为革命服务的超现实主义》第5期上发表文章《心理-大气-变形物体》(*Objets psycho-atmosphériques-anamorphiques*)，介绍了仅通过触摸的方式描述存在却奇异且不可见的物品，从而完成对其的构建的想法。1932年，达利在皮埃尔·科勒
65 画廊展出了从画作《记忆的永恒》(1931年）衍生出的两件物品《催眠钟》(*Hypnagogic Clock*）和《基于身体分解的钟》(*Clock Based on the Decomposition of Bodies*)。《催眠钟》“由一块摆在豪华底座上的巨大法式面包组成。在底座后面，我把一打墨水瓶固定成一排，装

图131《女性半身像》，1933年

满了‘鹈鹕’牌墨水，每个墨水瓶里都插着一支不同颜色的钢笔”。
1933年，皮埃尔·科勒画廊举办了“超现实主义联合展”，在这次展
览上，多位艺术家创作的超现实主义物品首次亮相。达利展出了《女
131 性半身像》(*Retrospective Bust of a Woman*)。为完成这一作品，他
从威廉·特尔相关画作和米勒的《晚祷》中提取了创作主题。这件作
品是一尊女性半身像，达利为人物加了一顶卡通图案项圈。人物的肩
上扛着两根玉米，头上平衡地放着一块法棍面包。其上有一对墨水瓶
及米勒《晚祷》中的两个人物，它们被嵌在青铜底座上，底座上刻
着“富饶”(*L'Abondance*)。这件作品1933年首次于巴黎独立艺术沙
龙（Salon des Surindépendants）展出，但当时毕加索的狗吃掉了雕像
上的面包。达利后来评论道，之所以用到面包，是因为达利要“把这
一实用性十足、象征着营养和生存的神圣性的物品变成毫无用处且只
为审美目的存在的东西。还有什么比在面包后面挖两个洞，再在里面
放一对墨水瓶更容易呢？还有什么比看到面包被‘鹈鹕’牌墨水弄脏
更可耻、更美丽的呢？”

女子头顶面包是威廉·特尔之子头顶苹果这一意象的变形，而这一形象也延伸到了达利一系列正在创作的作品中：食物或其他物件被放置在了他画作中人物的头上、物品上、他拍摄的模特头上、他电影中的人物头上，甚至是他自己的头上。1930年，在应邀到巴塞罗那为无政府主义革命团体发表演讲时，达利指示把一条面包绑在了他的头上。这一意象的源头一顶来自达利对威廉·特尔传说的痴迷解读。

除此之外，面包也是达利在20世纪30年代早期精心策划的一场运动的主题，它与超现实主义物品息息相关。他打算烤出一条15米长的面包，为此必须建造一个特殊的烤箱。制作完成后，这条面包将被放在一个相对冷清的地方——比如皇宫的后花园——而不提供谁制作及为何制作一类的线索。面包将以“无法解释的事实”在巴黎市中心被发现。接下来，几天后一条新的45米长的法棍面包将出现在纽约的人行道上，它将是克莱斯·奥登伯格[2]后来创作的巨型软体城市纪念碑的可食用版本的先例，还将对达利起到绝佳的宣传作用。达利后来解释道，这些面包作品颠覆了超现实主义物品最初所倡导的明显无目的性的概念，他将最实用的物品（一条面包）引入一个与之相异的环境中，且这一环境经过了极度夸张：

> 没有人能质疑这一行为的诗意功效，这种行为本身便可以创造一种混乱、恐慌和集体歇斯底里的状态。从实验观点来看，这是极具启发意义的，并且能够成为一个出发点。从此出发，按照我想象中的君主等级制度的原则，人们随后将可以试图系统地破坏理性实践世界中所有机制的逻辑意义。

面包也让达利有机会讽刺20世纪30年代政治和精神的两极化：他认为，这些面包的意义和功能可以归因于共产党，他们将证明“要养活每个人需要很多面包”，或者可以表明“面包是神圣的”。烤制面包的过程虽具象征性，但不象征任何实质内容，那只是幻影般的象征。

在1933年12月的《米诺陶》第3、4期上，达利展示了他的“非
132 自愿雕塑”（sculptures involontaires）作品，包括布拉塞拍摄的撕毁和卷起来的公交车票、一个装饰性的面包卷、一块用过的肥皂以及一

2：克莱斯·奥登伯格（Claes Oldenburg，1929—2022年），瑞典裔美国波普艺术家、公共艺术家。

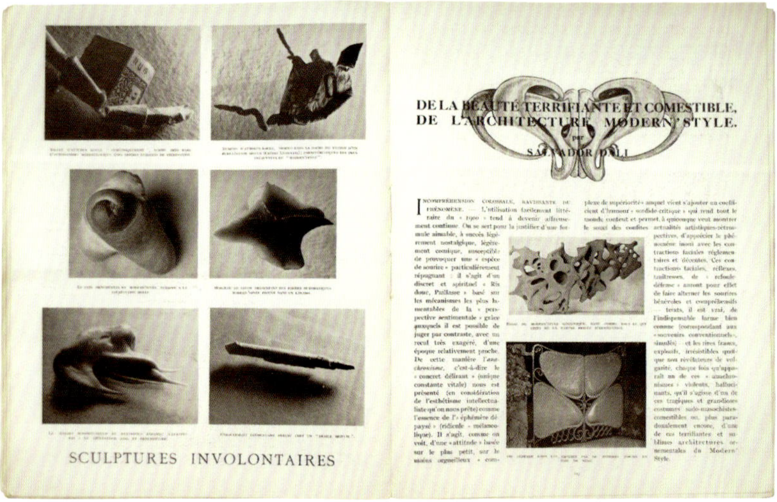
DE LA BEAUTÉ TERRIFIANTE ET COMESTIBLE, DE L'ARCHITECTURE MODERN' STYLE.
par
SALVADOR DALI

INCOMPRÉHENSION COLOSSALE, RAVISSANTE DU PHÉNOMÈNE. — L'utilisation facilement littéraire du « 1900 » tend à devenir affreusement continue. On se sert pour la justifier d'une formule aimable, à succès légèrement nostalgique, légèrement comique, susceptible de provoquer une « espèce de sourire » particulièrement répugnant : il s'agit d'un discret et spirituel « Ris donc, Paillasse » basé sur les mécanismes les plus lamentables de la « perspective sentimentale » grâce auxquels il est possible de juger par contraste, avec un recul très exagéré, d'une époque relativement proche. De cette manière l'*anachronisme*, c'est-à-dire le « concret délirant » (unique constante vitale) nous est présenté (en considération de l'esthétisme intellectualiste qu'on nous prête) comme l'essence de l'« éphémère dépaysé » (ridicule - mélancolique). Il s'agit, comme on voit, d'une « attitude » basée sur le plus petit, sur le moins orgueilleux « complexe de supériorité » auquel vient s'ajouter un coefficient d'humour « sordide-critique » qui rend tout le monde content et permet, à quiconque veut montrer le souci des confites actualités artistiques-rétrospectives, d'apprécier le phénomène inouï avec les contractions faciales réglementaires et décentes. Ces contractions faciales, réflexes, traîtresses, de « refoulé défense » auront pour effet de faire alterner les sourires bénévoles et compréhensifs — teints, il est vrai, de l'indispensable larme bien connue (correspondant aux « souvenirs conventionnels », simulés) — et les rires francs, explosifs, irrésistibles quoique non révélateurs de vulgarité, chaque fois qu'apparaît un de ces « anachronismes » violents, hallucinants, qu'il s'agisse d'un de ces tragiques et grandioses costumes sado-masochistes comestibles ou, plus paradoxalement encore, d'une de ces terrifiantes et sublimes architectures ornementales du Modern' Style.

SCULPTURES INVOLONTAIRES

图132 布拉塞和萨尔瓦多·达利，“非自愿雕塑”，选自《米诺陶》3—4期，巴黎，1933年12月

团牙膏。被拍摄的物品在某种程度上是用手塑成的雕塑，但从另一方面来说它们又类似于偶然“被发现的”的物品，因为它们并没有经
133 过预先设计。这些照片紧跟达利的文章《论现代风格建筑的恐怖与可食用之美》（*On the Terrifying and Edible Beauty of Modern Style Architecture*）展出。让达利着迷的点在于，照片中这些物品经模铸、挤压、按压和卷曲的弯曲起伏的形状与新艺术建筑及宏伟的铸铁材质有机形态极具相似性，他在自己的作品中对后者进行了大量借鉴（巴黎的摄影作品由布拉塞完成，巴塞罗那的则由曼·雷完成）。

超现实主义物品在家具设计和室内装饰领域的运用尤为成功，虽然从严格意义上来讲，这并非实用功能上的成功。达利对现代风格的物品和装饰品的热情与日俱增，很快他就亲自进入了这一领域，其第一项实验似乎就是对他的室内装潢师朋友让·米歇尔·弗兰克（Jean Michel Frank）送给他的两把椅子进行改造。这两把椅子原为纯正的1900年风格，达利将一把椅子的皮质坐垫换成了巧克力，又在另一把椅子的一条椅腿上加装了一个路易十五风格的金色球形门把手，让它变得极不稳定。1960年，达利以椅子为主题创作了另一件幻想作品，他用勺子装饰了一
134 把木质藤椅；1970年，他又只做了一把青铜椅。他在家具设计方面最完整的实践是基于偏执狂批判法设计了一整个房间，而这一项目的最初灵

135, 137 感来自梅·韦斯特[3]的脸。达利在1937年的画作《偏执家具的诞生》(*The Birth of Paranoiac Furniture*)中详细展示了嘴巴变成沙发、鼻子变成壁炉的过程。芝加哥艺术学院收藏的一幅达利的水粉画展示了梅·韦斯特的完整面孔，她的双眼变成了挂在壁炉后墙上的两幅画。让·米歇尔·弗兰
136 克根据达利的画作为他只做了一张沙发，沙发由缎面包裹，颜色尽可能接近夏帕雷利[4]的口红那“令人震惊的粉红色”。这张沙发还有两个红色毛毡版本，它们是由格林和伦敦修道院院长为达利的赞助人爱德华·詹姆斯所做。据达利所说，这一唇形沙发的灵感来自卡达克斯远处锯齿状岩石中的一个特定地点，那里坐着特别不舒服。除此之外，他还将这件作品同高迪建筑正面那波动起伏的阳台联系了起来。后来达利在他家乡菲格拉斯的达利戏剧博物馆对整个房间进行了实体重建。

139 1936年，巴黎查尔斯·拉顿画廊（Charles Ratton's gallery）完全以物品为主题举办了一次展览，《艺术手册》杂志还专门为这次展览出版了特刊。达利在这次展览上展出了《康德纪念碑》(*Monument to*

3：梅·韦斯特（Mae West，1893—1980年），美国演员、编剧、歌手和剧作家。
4：艾尔莎·夏帕雷利（*Elsa Schiaparelli*，1890—1973年），意大利著名服装设计师和作家。

图133 布拉塞，选自达利于1933年12月在《米诺陶》上发表的文章《论现代风格建筑的恐怖与可食用之美》。本页的标题为“你见过巴黎地铁站的入口吗？”其中各幅图的小标题如下：（左上）“与功能主义的理想相反的是象征-心灵-物质主义的功能”；（右上）“这是米勒的《晚祷》在金属上的另一种返祖现象”；（左下）“吃了我！”；（右下）“我也是”

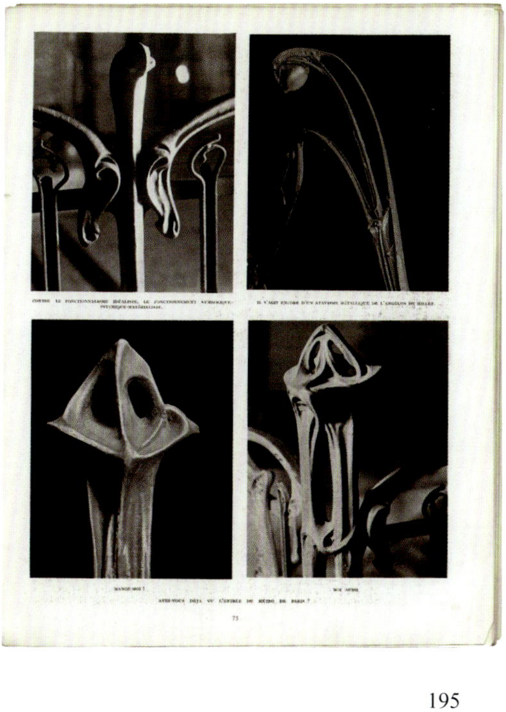

140 *Kant*）和《药物外套》（*The Aphrodisiac Jacket*）两件作品。此外，
141 他还在《艺术手册》上发表了一篇题为《向物品致敬！》（*Honneur à*
l'objet!）的文章，其中包括对纳粹标志的评论和一段关于《药物外套》的简短描述。达利将盛满利口酒酒杯的晚礼服外套比作圣塞巴斯蒂安的传说，这些酒杯中盛着黏糊糊的薄荷甜酒，里面还有正在孵化的蠕虫。在他看来，这件作品属于思想机器（*machine à penser*）的范畴。除此之外，展览上还展出了加拉·达利为一座超现实公寓设计的模型，其中有一部楼梯——它象征了异教徒的雅各布天梯——通向一幅巨大的丘比特和赛普克雕塑的照片。

1938年，达利与巴黎艺术画廊（Galerie des Beaux-Arts）合作举
142 办了国际超现实主义展，其中展出了最杰出的超现实主义物品，尽管此时达利和超现实主义者的关系已经疏远。在展览目录中，他和马克斯·恩斯特一同被列为“特别顾问”。这次展览并不局限于物品，而是囊括了所有品类的超现实主义艺术品，而且它是第一次在一个特别准备且完全陌生的完整环境中举办的展览，这样，这些作品不再彼此孤立，而是融入了多变而奇妙的环境之中。作为本次展览的推动者之一，马塞尔·杜尚主要负责了展厅的设计工作，他在主展厅中搭建了一

图134《有勺子的椅子》（*Chair with spoons*），1970年

135（右图）《偏执家具的诞生》，1937年

136（下图）《梅·韦斯特的唇形沙发》，1938年

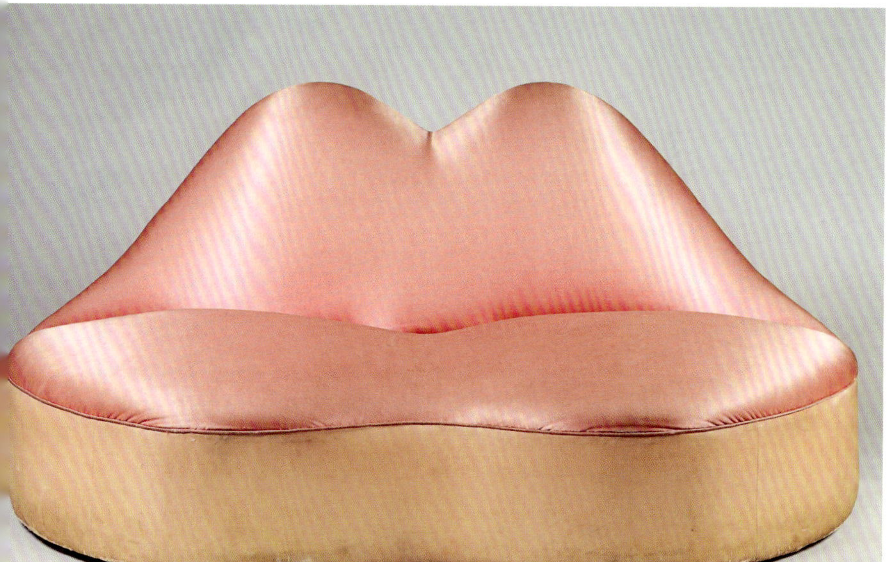

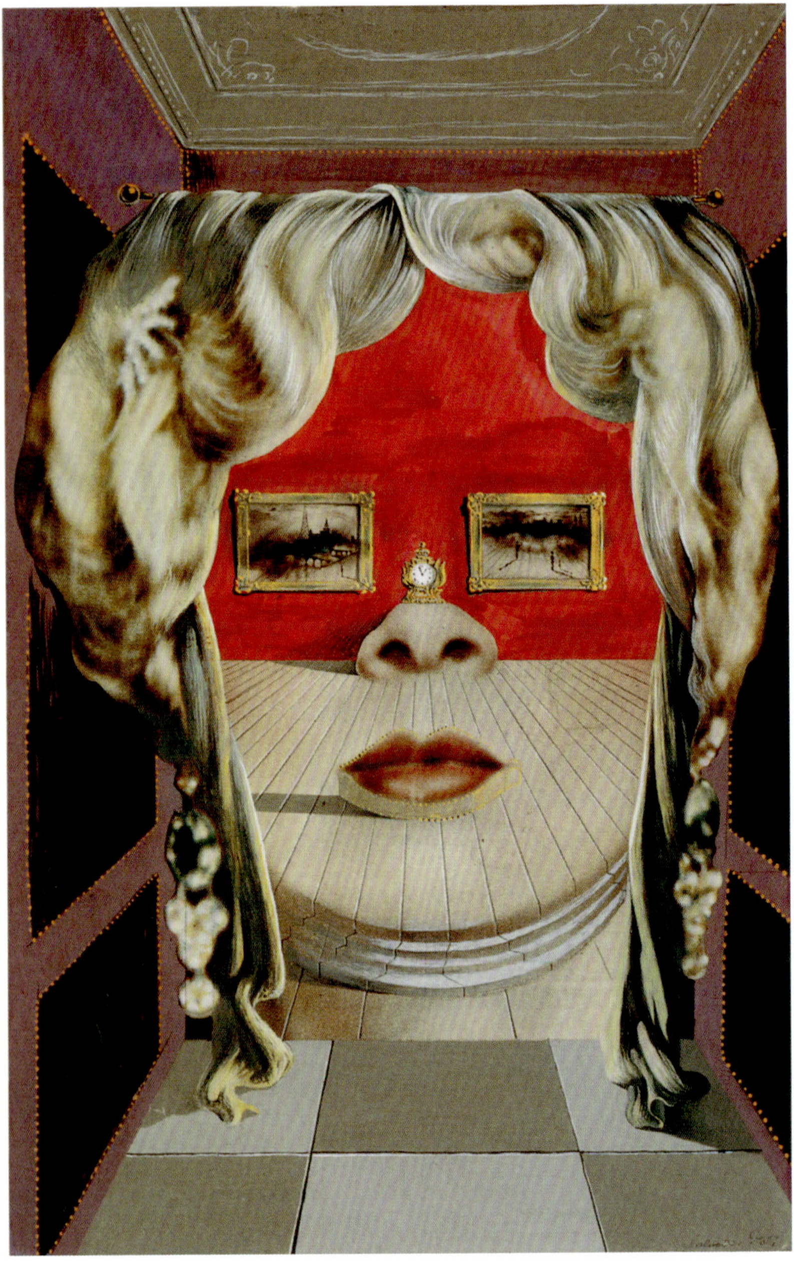

图137（上图）《可以当作超现实主义公寓的梅·韦斯特的脸》（*Mae West's Face which May be Used as a Surrealist Apartment*），1934—1935年

图138（对页图）《一盘物品》（*A Tray of Objects*），1936年

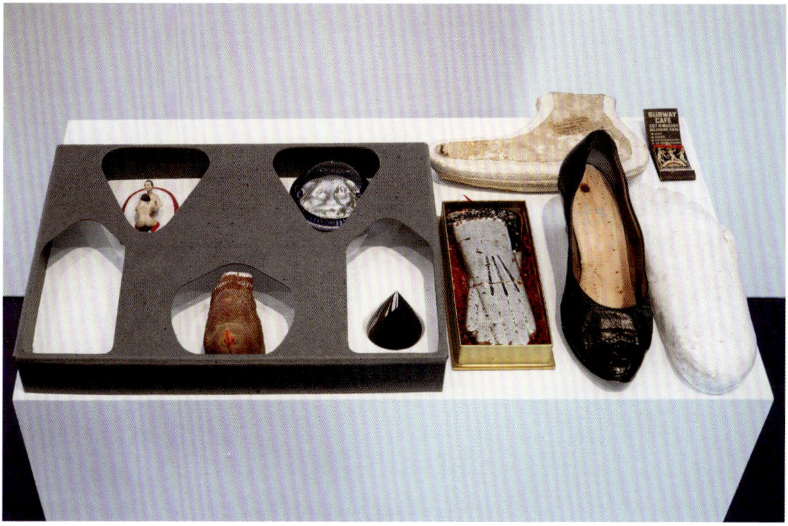

个地下洞穴，角落里有点缀着芦苇的水池，天花板上还吊着一袋袋煤炭。展厅里一片漆黑，观众们需要借助手电筒来欣赏其中的作品。通往展厅的过道——“街道”——两旁陈列着人体模型，每位参展艺术家都负责对一具人体模型进行设计。据达利所说，说服布勒东接受一些艺术家给他们的人体模型设计的“服装”有些困难。达利负责的人体模型上装着一个巨嘴鸟的头，双乳之间有一个蛋，上面装饰着小勺子。展览开幕之前，他要求在画廊入口处拜访一座纪念碑：“一辆车顶满是洞的出租车，雨水不断落入洞中，渗透到裹在地衣中的维纳斯身上。出租车由一个怪物驾驶。”出租车里还要放200只勃艮第蜗牛（即食用蜗牛）和12只青蛙，维纳斯要穿着“肮脏的印花衣服展示米勒的《晚祷》”。达利提他的建议时，布勒东显然是反对的，然而其他在场的人都表示赞同，所以这一计划就安排好了。他们一直没有找到青蛙，
143 但其他方面都按照计划进行了设置。达利最著名的物品《龙虾电话》
（*Lobster Telephone*）的第一版也在本次展览中展出。后续的《龙虾
144 电话》作品计划与爱德华·詹姆斯合作，用于超现实主义室内装饰；
白色版本的《龙虾电话》则致敬了叙利·莫姆[5]著名的全白装饰（包括食物）。

5：叙利·莫姆（Syrie Maugham，1879—1955年），英国设计师，以全白的装饰风格著称。

Publié dans Les Cahiers d'art, 1936

图139 （上图）曼·雷，巴黎查尔斯·拉顿画廊“超现实主义物品展”现场，1936年5月22—29日

图140 （左图）《药物外套》，1936年

图141 （对页图）加拉·达利的超现实主义公寓的设计图，选自《艺术手册》，巴黎，1936年

在1938年的国际超现实主义展上，达利负责以不同寻常的方式介绍一位舞蹈家：“当晚的大事件是海伦·瓦内尔（Hélène Vanel）幽灵般的现身，她将打扮成一个洋娃娃或《麦克白》中的女巫跳舞。我亲自安排了她的出场及超现实主义风格的编舞工作。由于布勒东对音乐和舞蹈一窍不通，我们费了一番功夫才让他同意在展览中安排芭蕾舞表演……她将巧妙地将酒神般的热情带入生活中。”

从20世纪30年代末开始，达利倾向于创造规模巨大的物品和环境作品，它们通常具有高度戏剧化的风格。例如，1939年，达利在纽约画商朱利安·莱维和爱德华·詹姆斯的协助下为纽约世界博览会建造了
145 一个场馆。这一名为“维纳斯之梦”（*Dream of Venus*）的建筑将被放置在博览会娱乐区的一个摊位上。该作品包括一个其中装满真人扮演及模型美人鱼的巨大水箱，以及各种其他物品（比如一个用橡胶乒乓球拍制成的人像）。除此之外，这件作品还有一块带有柔软手表的超现实主义景观背景布以及《蒙娜·丽莎》（*Mona Lisa*）和波提切利的《维纳斯的诞生》（*Birth of Venus*）的巨幅复制品。根据莱维的说法，这件作品最终并不是特别成功，因为很难说服“中间商”——在这里指的是为作品提供资金的人——同意达利夸张地提议，这里的“夸张”指的是达利的想象力，而非耗费的资金。一位身为橡胶销售商的

赞助人希望在水池中塞满橡胶美人鱼，这遭到了达利愤怒（而且似乎也可以理解）的抵制。接下来，达利又要求在建筑正面挂上波提切利画作中维纳斯的巨幅复制像，并且把维纳斯的头换成鱼头，这一提议再次吓到了这位“中间商”。他就此向博览会组委会投诉，而博览会组委会随后便禁止了这一提议。这一事件激起达利的愤慨，他生动模仿法国《人权宣言》（*Declaration of the Rights of Man*）撰写了一篇文章《想象独立及公民疯狂权宣言》（*Declaration of the Independence of the Imagination and of the Rights of Man to his Own Madness*）：

> 负责世界博览会游乐区域的委员会禁止我在“维纳斯之梦”的外部竖立鱼头女人的肖像。这是他们的原话：“长着鱼尾的女人形象是可能的，而长着鱼头的女人形象是不可能

图142（对页图）丹尼斯·贝隆，国际超现实主义展上的作品《下雨的出租车》(*Rainy Taxi*）照片，巴黎艺术画廊，1938年

图143（右图）拉乌尔·乌巴克，国际超现实主义展上达利的作品《龙虾电话》照片，巴黎艺术画廊，1938年

图144（下图）《龙虾电话》，1938年

图145 埃里克·史卡尔（Eric Schaal），“维纳斯之梦”展厅正面照片，1939年

的。”在我看来，委员会的这一决定极其令人发指……因为此处我们关心的是对一种权力的否定，这种权力是一种纯粹诗意的、富有想象力的秩序，不攻击任何道德或政治因素。我一直相信，第一个想到将女性的身体同鱼尾结合在一起的人必是一位潇洒的诗人；但我同样确定，第二个重复这一观点的人必是一个官僚。无论如何，第一个美人鱼的发明者一定会和我一样与博览会的委员会发生冲突。如果不朽的希腊也有类似的委员会，幻想就会被禁止。更糟糕的是，希腊人永远不会创造……那耸人听闻而野蛮粗暴的超现实主义神话，在这个神话中，如果鱼头女子（据我所知）确实不存在，那毫无疑问也存在着米诺陶，这种牛头怪物长着可怖而真实的公牛头。

任何真正原创的想法，在没有“已知前提”的情况下出现都会被系统地拒绝、淡化、破坏、咀嚼、反刍、呕吐、摧毁，是的，甚至更糟——沦为最可怕的平庸之辈。当权者提出的种种借口，无疑代表了绝大多数公众的庸俗。我坚持认为这一做法是错误的。公众远比每天喂食给他们的垃圾要优越得多。大众总是明了何处可以寻得真正的诗歌。对大众的

> 误解完全来自那些“文化中间商”，他们以高傲的姿态站在创造者和公众之间，痴迷于高人一等的夸夸其谈。

就在同一年，莱维启动了另一个项目，这一项目最终以达利的一出博人眼球的闹剧收场。莱维安排达利为第五大道的邦维特·特勒百货公司（Bonwit Teller）做橱窗装饰，正如他所说：“达利为有充足的空间实现他的发明而对这一项目十分着迷。”达利在橱窗中放置了一个浴缸，里面躺着人体模特。不幸的是，一夜之间，一个过分热心的员工把模特从浴缸中移了出来，以便让人看到它身上的礼服。看到自己创意被毁的达利勃然大怒，并最终导致了一场混乱：他砸碎橱窗，把浴缸推到了大街上。达利因涉嫌故意破坏而被逮捕，但当天晚些时候便被释放。他当然并未打算将其作为一种宣传噱头，然而结果是他在公众眼中被证实是当时最令人发指的艺术家。

接下来，达利将注意力转向戏剧表演领域，他尤为偏爱那些难以实现的构想。正如《纽约时报》（*New York Times critic*）的一位评论员在1944年所说的那样，“达利需要一个舞台，这甚至比他需要一
153 所美术馆更加迫切”。达利1932年的电影剧本《巴巴奥》（*Babaouo*）以“威廉·特尔，一出西班牙芭蕾”结尾，当然我们并不清楚他心中所追求的场面具体是什么样。他在给诺埃尔子爵的信中这样写道：

> 我和莱奥尼德·马西尼（Leonide Massine）有过一段小小的冒险，他想让我为他编排一出芭蕾舞，我自然地告诉他，那种壮观的场面只存在于我脑海的最深处，我所构想的只是超越芭蕾极限的戏剧表演……这种表演的非理性倾向更接近于马克斯兄弟的观点。我给他读了《巴巴奥》（一出葡萄牙芭蕾舞剧）剧本，尽管我认为这会彻底打击他的自信心，但他却兴奋不已，原则上想要重现剧本中的场景（！）……

此处达利的话呼应了超现实主义者对芭蕾舞的厌恶之情，他当时避免同马西尼产生任何纠缠。然而后来在战争期间，前往纽约的达利还是将注意力转向了舞台，并与马西尼合作了几出芭蕾舞剧，包括《酒神》（*Bacchanale*，1940年）、《迷宫》（*Labyrinth*，1941年）和《疯狂的特里斯坦》（*Mad Tristan*）——“第一部以死亡之爱的永恒神话为主题的偏执芭蕾舞剧”。这些剧目都由马西尼编舞，达利编剧，后

者还负责设计服装和舞台背景。他还为《希尼塔咖啡馆》(*El Cafe de Chinitas*，1944年）和《伤感的对白》(*Sentimental Colloquy*，1944年）——根据魏尔伦[6]的诗歌改编，由保罗·鲍尔斯[7]作曲——以及由彼得·布鲁克[8]制作，在伦敦考文特花园（Covent Garden）上演的施特劳斯的《莎乐美》(*Salome*）设计了服装和舞台背景。《莎乐美》的女演员抱怨舞台设计得太过倾斜，后来其设计又进行了调整。达利有着强烈的冲动，渴望把自己的才华强加于已存在的作品上。1961年，达利在威尼斯的凤凰剧院（Fenice theatre）上演了斯卡拉蒂[9]的喜歌剧《西皮奥在西班牙》(*Scipio in Spain*)，并将其改名为《西班牙淑女与罗马骑士》(*The Spanish Lady and the Roman cavalier*)，接下来他又上演了一部名为《加拉》(*Gala*）的芭蕾舞剧，这出剧选用了斯卡拉蒂的乐曲，由莫里斯·贝雅（Maurice Béjart）编舞。观众欣赏到的是“经过萨尔瓦多·达利精心修饰的斯卡拉蒂、戏剧化的效果、情色的舞蹈演员及暗送秋波的双眸……”

早在与洛尔卡为友的时候，达利就萌生了创作歌剧的念头，就像他在1944年的小说《隐藏的面孔》(*Hidden Faces*）的前言中写到的那样：

> 1927年，我与令人倍感惋惜的诗人费德里戈·加西亚·洛尔卡坐在马德里雷吉纳咖啡馆（café-bar Regina）的露台上，沐浴着春日的阳光，一起策划了一出极具创意的歌剧。歌剧确实是我们的共同爱好之一，因为只有这种媒介才可以将现存的抒情手法完美且成功地融合在一起，达到最辉煌的境界、创造振聋发聩的回响，使我们能够表达所处时代中所有的意识形态的、巨大的、黏稠的、浓厚的和崇高的混乱。当我在伦敦收到洛尔卡去世的消息时，我对自己说，我将不得不独自完成我们的歌剧……洛尔卡是盲目的历史的牺牲者。

1944年的达利并没有实现他的雄心壮志，即包揽格局创作的所有工作——剧本、音乐、布景、服装和导演。直到30年后的1974年，他的歌剧诗歌《成为上帝》(*Être Dieu*）才完成录制。这部歌剧的音

6：保尔·魏尔伦（Paul Verlaine，1844—1896年），法国象征主义诗人。
7：保罗·鲍尔斯（Paul Bowles，1910—1999年），美国小说家、作曲家、编剧、演员。
8：彼得·布鲁克（Peter Brook，1925—2022年），英国著名戏剧和电影导演。
9：多梅尼科·斯卡拉蒂（Domenico Scarlatti，1685—1757年），意大利作曲家、演奏家。

乐部分由梅西安[10]的学生伊戈尔·瓦赫维奇（Igor Wakhévitch）负责，剧本则由马努艾尔·巴斯克斯·蒙塔尔万（Manuel Vázquez Montalbán）根据达利的陈述创作。然而，在录制过程中，达利却偏离了既定剧本并加入了即兴发挥。他说这是因为“萨尔瓦多·达利从不重复自己”。这出歌剧的人物包括达利扮演的神仙达利、雌雄同体的达利（男性）、戴尔芬·塞里格（Delphine Seyrig）扮演的雌雄同体的达利（女性）、一名天使和布列塔尼的安妮[11]。混乱、创造、幻想和愤怒滑稽地交织在一起，只因达利拒绝接受上帝造人的观点，35亿个生物不得不讨论与现实妥协的新方案；一名天使将500万幅宗教画从画框中拖出并将它们撕碎；达利为宇航员绘制护照；碧姬·芭铎（Brigitte Bardot）装扮成一棵朝鲜蓟；尼亚加拉瀑布涌入梵蒂冈，而红雀变成了深海鱼。副歌部分是“如果我是达利，我就不是上帝”。

1974年在菲格拉斯老城剧院落成的达利戏剧博物馆也非常壮观。这座建筑重现了达利原来的很多意象，比如其中收藏的一辆悬空的黑色雪铁龙汽车，它于1980年在巴黎蓬皮杜中心举办的达利回顾展上中央前厅中展出，这一意象大约第一次出现于艺术家1930年的画作《妇
111 女-儿童的回忆》中。博物馆中的一些房间设有19世纪末风格的舞台，装饰着红色天鹅绒幕布和新艺术风格装饰品。达利还在博物馆中摆放了许多动态及可移动物品，它们巧妙地应和了他在20世纪60年代的绘画中所做的光学实验。其中一个房间中摆满了测试立体效果的建筑模型。另外，博物馆中还有一系列带有铰链移动结构的装置，它们会随着操作改变形状，比如从十字形变为圆形。这些装置令人回想起文艺复兴时期用来展示数学或几何原理的教具。观众如果想看它们工作，需要把硬币投入插槽中，就像在游乐场或投币游戏厅所做的一样，虽然这种收费方式在博物馆并没有存在很久。

达利创作的物品和装置与20世纪50年代流行的波普艺术流线风格存在着本质的不同：它们趋向于烦琐而非简化的叙事风格，但其中蕴含的真实情感仍然是19世纪末的颓废与机智。也许这正是达利设计的那些华丽庸俗的珠宝位居其最优秀作品之列的原因。这些珠宝的外观

10：奥利维尔·梅西安（Olivier Messiaen，1908—1992年），法国作曲家、风琴家及鸟类学家。

11：布列塔尼的安妮（Anne of Brittany，1477—1514年），法国布列塔尼公爵法兰西斯二世（Francis II）独女，1490年继承公爵之位，成为布列塔尼公国的所有者。因其婚姻决定着布列塔尼公国的未来，她成为各国争夺的对象，是法国历史上的著名悲剧人物。

图146（上图）《饰有耳鼻的维纳斯的头》，1964年，此处是1970年的复制版

图147（对页图）《活的花》，1959年，其叶子可以自动摆动

矫揉造作，却恰到好处——这正是《米其林奴隶》（*Michelin Slave*）
146 和《饰有耳鼻的维纳斯的头》（*Otorhinological Head of Venus*）所缺乏的品质。一些珠宝作品使原本已不再新鲜的主题重新换发了诗意的生机，比如《红宝石嘴唇》（*Ruby Lips*）就在已有的嘴唇形状中镶入了一排珍珠牙齿。这其中尤为引人注目的是那些可以移动的珠宝，比

如红宝石可以跳动的《皇家心脏》(*Royal Heart*)、叶子可以晃动的
147 《活的花》(*The Living Flower*)以及带眼睛的手表。颇为令人感到惊奇的是，达利的大部分珠宝作品都是宗教主题，其中用到的宝石和矿物都具有象征意义，虽然这些作品都是达利自己的创作，并未受到教会的启发。举例来说，天使十字架象征着“存在的超价值论概念……生存论……从矿物学到天使的转变过程”，这其中的每个阶段都由一种特殊的石头或材料代表：“青金石是矿物。珊瑚十字架——生命之树——来自植物世界。充满韵律的枝干则代表了动物世界……黄玉是帐幕的门……”

第九章
达利和电影

1929年，达利很可能在电影和摄影上投入了和绘画一样多的精力。他不仅在1927至1929年以摄影为主题发表了多篇文章，还在这期间同布纽埃尔合作拍摄了电影史上最杰出的电影《一条安达鲁狗》(1929年，见第四章)。从达利的文章及这部电影可以看出，与绘画相比，此时电影这一媒介从许多方面来说更符合达利的视觉传达诉求。其他评论家也同意了电影之于达利的特殊适应性。皮埃尔·纳维尔（Pierre Naville）是前超现实主义者及《超现实主义革命》第一批编辑之一，他在回忆录《超现实时间》(*Le Temps du Surréel*) 中这样写道：

> 他（达利）执着于创造现代神话，这不仅源于其自身的创作欲望，也来自科学对宇宙中一切不可能和不协调事物的终极揭示。与平和而静止的绘画相比，浸透于神话中的情感暴力在电影中可以得到更好的表现。在《一条安达鲁狗》和《黄金时代》中，布纽埃尔允许达利自由展现其肆意的想象力，这也使这两部电影成为最鼓舞人心、难以替代、无与伦比的超现实主义佳作。它们永远不会受懦夫、傻瓜和虚荣者的影响，完全可以媲美雅里[1]和鲁塞尔的杰出创作……

在《一条安达鲁狗》之后，达利又于1930年与布纽埃尔合作拍摄了《黄金时代》(*L'Age d'or*)。这部电影尽管与前作一样风格不同，
148 但却同样震撼，甚至引起了比《一条安达鲁狗》更大的争议。《黄金时代》讲述的是激情、被传统和社会压抑挫败的欲望和反抗。电影中的叙事频频被粗暴打断，而充满隐喻而生动的视觉场景则一步步增强了电影的情感力量。举例来说，在一个舞会场景中，侯爵礼貌地同一

1：阿尔弗雷德·雅里（Alfred Jarry，1873—1907年），法国著名小说家、剧作家、记者。

位客人交谈，然而他的脸上却落满苍蝇，颓废的贵族——象征了旧秩序——完全没有注意到喝醉的劳工正驾着乡村马车强行穿过舞厅。

超现实主义者为《黄金时代》撰写了一份宣言，署名达利，强调了爱情的重要性：

> 然而正是爱情将悲观情绪转换成了行动。在资产阶级的恶魔论中，爱情被斥为万恶之源。因为爱情建立在对其他价值——地位、家庭和荣誉——的牺牲之上。正是爱情在社会框架内的挫败才导致了反抗。这一过程在生活在君主专制的黄金时代的萨德侯爵的生活和作品中便可以见到……因此，如果布纽埃尔这部渎神的电影中包含了神圣的侯爵从监狱围栏中抛出的亵渎神灵的回声，这绝非巧合。

电影的最后一幕改编自萨德侯爵的《索多玛的120天》(*120 Days of Sodom*)。当四个幸存者在塞里尼城堡的狂欢中缓缓现身时，其中领导人的形象无疑正是耶稣基督。令法国观众感到不安的并非电影中色情或淫秽元素，而是它表现出的渎神倾向。不过，英国观众的反应则恰恰相反。奥威尔在《神职人员的好处》(*Benefit of Clergy*）一文中援引亨利·米勒[2]的话对这部电影进行了抨击，称其展示了“一个女人排便的详细过程”。在电影剧本中，这一幕实际上描述的是如下内容：“一个年轻女子坐在洁白无瑕的厕所中。(作者仅仅暗示了厕所这一场所，而未明说，所以我们也只能勉强猜测这便是女子身处的地方。这位女子衣着整洁，她周遭的一切都给人一种非常纯洁的印象。)”

《黄金时代》最初于诺瓦耶公爵——该片的赞助人——的宅邸内进行了私人放映，之后又公开放映了一两次。经过巴黎电影审核委员会的同意，这部电影于1930年11月28日在28号影棚（Studio 28）上映。然而12月3日，右翼爱国者联盟和反犹太联盟的代表发生了骚乱，他们在电影播放至客人来参加舞会、从一辆汽车中抬出圣骨匣这一幕时向屏幕泼溅了墨水，并在观众席中投掷了烟雾弹，还撕毁了在影院大厅中展出的书籍、杂志及画作（其中就包括达利的《隐形的睡着的女人、马和狮子》)。除此之外，抗议者还切断了电话线，共造成了价

2：亨利·米勒（Henry Miller，1891—1980年)，美国作家，代表作为《北回归线》。

图148《黄金时代》剧照，1930年

值8万法郎的损失。接下来，右翼媒体发起了一场反对这部电影的运动，《费加罗报》(*Le Figaro*）甚至呼吁对超现实主义进行抵制。12月10日，审核委员会撤销了之前的决定，《黄金时代》遭到禁播。随后南希·库纳德（Nancy Cunard）拿到版权在英国上映了这部电影。

达利对《黄金时代》的贡献一直存在争议。奥尔多·基鲁（Aldo Kyrou）称他对电影的贡献仅限于一个场景，即头上顶着石头走在街上的人。在合作完成剧本后，达利后期似乎只在电影的工作会议上出现了一次。达利和布纽埃尔二人渐行渐远，很大程度上是因为达利对加拉的迷恋，而布纽埃尔却并不喜欢加拉。正因此，布纽埃尔独自开始了电影的拍摄。尽管如此，我们还是可以看出电影中的部分场景和主题源自达利的艺术意象，如卡达克斯的嶙峋岩石支撑着骨瘦如柴的
150 大主教、苍蝇、沉醉地吮吸着大理石雕像的大脚趾的女孩、被扔出窗户的着火的长颈鹿等，这些都是当时达利所痴迷的主题。电影中的一幕是当猎场看守人的儿子天真地试图逗他玩游戏时，前者反应十分激烈，直接开枪打死了儿子，这无疑应和了达利作品中具有虐待狂和压抑倾向的威廉·特尔/父亲形象。达利在卡里勒鲁埃（Carry-le-Rouet，法国一公社名）给布纽埃尔写了很多封信，当时他和加拉待在一起。他在信件中对电影提出很多想法，包括恋人间的一组对话：

> 她："谋杀我们的孩子究竟有何乐趣!"
>
> 他："这便是爱的真谛，爱的真谛啊"(以诗人保尔·艾吕雅的声音朗读)

他对电影的配乐也提出了许多建议。例如，他建议情侣二人在泥地里翻滚时，女孩要发出撕心裂肺的尖叫，仿佛她的喉咙被割开了。

达利还向布纽埃尔提出了前所未有的“触觉电影”概念。观众触摸一个平面装置，这一装置可以安装在椅背上。装置表面通过不同方式的振动表现电影中的触感，比如让观众体会屏幕上有人抚摸皮肤时的感觉。这种效果会让你不寒而栗：屏幕上的人可能正在触摸一具尸体，或者你的手指陷入到了黄油一类的东西里。达利承认，这会让观众发疯。这是一个有趣的例子，它表明达利的构想正在靠近总体艺术(*gesamtkunstwerk*)，即在欣赏艺术作品时调动所有感官。

达利在《萨尔瓦多·达利的秘密生活》中声称，他看到《黄金时代》的最终版本时非常失望。“这不过是对我的灵感的讽刺。”他这

样写道："电影的'基督教'一面极具粗暴的反教权主义倾向，而缺乏了我所渴望的生物诗意……"目前我们无法确定这番言论中有多少马后炮的成分。达利在《萨尔瓦多·达利的秘密生活》中暗示，他更希望这部电影"通过过度的天主教狂热而非天真的反宗教主义以达到颠覆的目的"。这番言论似乎使他在1942年的《萨尔瓦多·达利的秘密生活》中宣称对天主教的支持也具有了讽刺意味。不过，布纽埃尔在电影的制作过程中显然占据主导地位。《黄金时代》的叙事方法与《一条安达鲁狗》那梦幻般的结构和相互独立的诗意意象十分不同，整部电影在基调上更贴近严肃的超现实主义宗旨，即对家庭、国家和宗教制度的破坏（媒体经常将其称为"布尔什维克主义电影"），而达利在开始创作《萨尔瓦多·达利的秘密生活》时便已经脱离了这一宗旨。然而我们应该记住，1930年《黄金时代》上映时，达利在巴塞罗那的雅典娜酒店发表了一场演讲，他宣称电影是为了彻底摧毁"家庭、宗教和祖国等概念"。布纽埃尔用这部影片致敬了超现实主义，因为后者向他展示了一种纪律性，而正是这种纪律性促使达利在20世纪30年代脱离了这场运动。他在1954年说："超现实主义告诉我，生活中有一种道德准则，使人无法从中解脱。它使我第一次意识到人并不自由，虽然我相信人是绝对自由的，然而在超现实主义中我却看到了一种需要遵循的纪律。"

达利在其职业生涯中偶尔会参与到电影创作中，却再没有进行过像1929年这般深入过。后来他与其他导演也有过合作，或是有过灵感、自己创作过电影剧本，但绝大多数剧体都并没有付诸实践。

当时达利还创作了另一部为发表的电影剧本《超现实主义的5分
86, 152 钟》(*Cinq minutes à propos du surréalis me*)，它可以追溯到他最初与超现实主义者走到一起的日子。这部电影本打算被制成一部介绍超现实主义的纪录片，这对达利来说是一种不同寻常的尝试，也是一次与超现实主义者卓有成效的合作。达利在该剧本中借用他之前完成的
87 《隐形的睡着的女人、马和狮子》创作了一系列精细的速写，以探讨双重意象的技巧。他还用"偏执狂"来描述这一过程，而非"偏执狂批判法"，后者是他从1933年才开始使用的术语。

总体来说，这部剧本采用了正统的超现实主义观点，解释了其关于自动主义和梦与潜意识的关系的理论，探讨了超现实主义技法，比如拼贴和"精致的尸体"，还提出了偏执狂方法，并将其作为额外的而非替代性的超现实主义技法。如果这部电影制作完成，一定会在其

图149《黄金时代》剧照。钉着女人头皮的十字架是电影的最后一幕

图150 （上图和对页图）《黄金时代》剧照，1930年

中加入一些动画“场景”。不过，该剧本最具达利特色的部分莫过于他为电影对白及画面设计的电影配乐。随着电影的开场，“轻微的哈瓦那伦巴、布鲁斯等音乐不绝于耳……这种慵懒、缓慢且十分柔和的音乐将成为背景，随着电影的推进，它将与接下来出现的大量的噪音形成鲜明对比。这一做法注定将营造一种‘超现实主义迷失’的氛围”。达利对爵士乐的兴趣可以追溯到他在马德里的青少年时期。在这些配乐中，观众还可以听到不断加强的风声、地铁的汽笛声和轰鸣声、闹钟声以及“同时发出的非常响亮的笑声，还有一只鸡的叫声，它被割了喉咙，这一场景更加剧了笑声”。

用配乐强化剧情并表现戏剧化的情感，这一做法让人回想起了《一条安达鲁狗》中瓦格纳的《特里斯坦与伊索尔德》和探戈乐交替的背景音乐。在《黄金时代》(一部有声电影）中，管弦乐队向表情漠然、无动于衷的观众演奏《特里斯坦与伊索尔德》中“澎湃的音乐”，背景里，一个女孩痴迷地吮吸着一座雕像的大理石脚趾。除此之外，电影配乐还选用了门德尔松、贝多芬、莫扎特和德彪西的作品，从中似乎可以看出，达利和布纽埃尔在音乐的选择上充分达成了一致。

1932年，达利发表了《电影批判短史》(*Short Critical History of*
153 *the Cinema*）一文，它就出现在“超现实主义电影”《巴巴奥》的剧本

诞生之前。在这篇批判性文章的开头，他反驳了自己于1927至1929年在加泰罗尼亚发表的几篇关于文章中的观点，即电影和摄影先天就比绘画更有力量。“与目前的观点相反”，达利在1932年写道：“在表达思想的真正功能时，电影远逊于文字、绘画、雕塑和建筑，它受到的限制也更多。”他继续说道：“电影中连续快速闪现的图像中暗含的新意与高度概括的视觉文化成正比，这一特性阻止了将概括转为具体的尝试，尤其影响了意图、情感和诗意的传达……”早在5年前，达利就在《艺术电影，反艺术之线索》（*Film-arte, fil antiartístico*）一文中提到，电影独一无二的特性在于其拥有从平庸事实中揭示奇趣的力量，他还将自己心中的理想化电影同依靠艺术家—导演的浮夸主观情感的“艺术电影”进行了比较。与之相反，反艺术电影“远离任何所谓庄严的崇高感，它向我们展示的并非经过粉饰、充满艺术臆想的情感，而是对一切最卑微、最转瞬即逝的事实所表现出的全新的诗意情感。在此之前，这些情感是不可能想象或预见的，它们诞生于捕鸟电影的奇幻力量”。摄影术的出现使原来肉眼难以察觉的出乎意料或诗意的事实不断浮现，从而开启了一个全新的世界，所以对20世纪初的艺术家来说这一技术是最令人兴奋的视觉发现之一。这一观点不仅被20世纪20年代时的超现实主义者所拥护，它同样受到了构成主义摄

图151 《三角形的一小时》(*The Triangular Hour*)，1933年

影家的喜爱，比如莫霍利·纳吉和罗德钦科[3]，以及德国新客观主义(*Neue Sachlichkeit*)摄影家，比如布洛斯费尔德[4]以自然形态为主题的特写作品，就深受达利喜爱。达利在《艺术电影，反艺术之线索》中宣称，从整体来看，电影导演并没有成功地利用照相机的功能为肉眼打开一个全新的自然世界。正如沃尔特·本杰明（Walter Benjamin）在1936年的《机械制造时代的艺术品》(*The Work of Art in the Age of Mechanical Reproduction*)一文中指出的那样："我们的酒馆和大都市的街道、我们的办公室和装修精致的房间、我们的火车站和工厂似乎都已将我们无望地禁锢起来。然后电影出现了，它用十分之一秒就炸毁了这个监狱般的世界。所以现在，我们以平静而不乏冒险精神穿

3：亚历山大·罗德钦科（Alexander Rodchenko，1891—1956年），俄罗斯摄影家、画家。
4：卡尔·布洛斯费尔德（Karl Blossfeldt，1865—1932年），德国摄影家。

越那场大爆炸之后的废墟和碎片继续前行。”

然而在1932年，达利仍然坚持认为从抽象或发明出的艺术电影——如莱热和曼·雷的作品所呈现的那样——具有根本性的错误，尽管他对此观点的表达更为暧昧模糊。他认为，电影中的诗意只存在于其“具体的非理性”功能中，具有这一功能才能创造出真正的“诗意事实”。在他看来，只有“非理性倾向的喜剧电影才可以通往诗意”，比如马克·森内特（Mack Sennett）、哈里·兰登（Harry Langdon）及马克斯兄弟［他们拍摄的《动物饼干》（*Animal Crackers*）引起了达利“在观看雷蒙·鲁塞尔某些电影段落时感到的‘抒情恐慌’”］的电影便是典型代表。达利对美国喜剧电影的喜爱可以追溯到他加入超现实主义运动之前的时期，布纽埃尔也分享了这一爱好。他在1929年与达利一起接受采访时说，波拉德、阿道夫·门吉欧（Adolphe Menjou）和本·特平（Ben Turpin）与他们类似，与曼·雷相比更接近超现实主义。《黄金时代》那激情四射的氛围中还加入了意想不到的闹剧元素，比如嫉妒的情人跳起来向老列车长报仇，头重重地撞在了挂着的花篮上。“就商业电影而言，”达利认为，“B级”冒险电影有时会在无意中产生一种戏剧和非理性的效果。

《巴巴奥》的剧本从未被拍成电影，它缺乏《一条安达鲁狗》那种形象上的恐怖和欲望，而是诉诸一种更为哥特式的诗意，将恐怖隐藏或投射在屏幕之外。电影开头，一名男侍匆忙地往一间旅馆房间送信，锁着的房门后传来“一阵歇斯底里的刺耳笑声，夹杂着猛烈的撞击声，似乎是由非常沉重的物体抛掷在墙上或家具上而造成的”。然而，我们所看到的可能发生的一切，只是一只无头鸡的尸体被扔进了走廊。接下来，在葡萄牙城堡里，巴巴奥在玛蒂尔达的房间里看到床上“用白色床单覆盖着某种东西，而那东西肯定比一具尸体要大”。故事最终也没有告诉我们床单下的究竟是什么，但模糊的暗示似乎将它指向玛蒂尔达的父亲，因为有一次这团被包裹着的东西被扔向了她的母亲。这一幕让人联想到达利在这一时期创作的多幅画作，比如《蒙着面纱的心》（*Le Cœur voilé*，1932年）——其中一个巨大的物
110 体被一块布所遮盖，以及1931年的《晚年的威廉·特尔》。《巴巴奥》以一段“葡萄牙芭蕾”结尾，威廉·特尔的形象交织在众多骑着自行车缓慢前行的人的画面中。他们的眼睛缠着绷带，每人的头上都顶着一条面包。达利后来在1932年将这一场景重新绘制在了一个木质发光
153 盒子的玻璃板上，这件作品也叫作《巴巴奥》。

L'exploration du sub-conscient est entreprise par l'activité collective de "l'expérimentation surréaliste". Elle illumine le monde symbolique des rêves.

Le sommeil occupe la moitié de la vie de l'homme. Le rêve se continue encore, même en dehors du sommeil, à travers la vie éveillée, par les rêveries, fantaisies, délires, désirs irrationnels. On rêve sans interruption. Les images de rêve fourmillent dans la vie humaine mais l'homme ferme devant elles les yeux de sa conscience. Son sens pratique et rationnel refoule tout ce qui est langage symbolique du subconscient. Le rêve est le langage du subconscient. Les images et les récits de rêves sont scrupuleusement transcrits par les surréalistes. Ils ne sont qu'une vengeance contre la réalité pratique,

Une moitié de ce qui était entièrement noir devient blanc et réapparait alors le dessin de l'arbre du début. Dans une forme apparaissent ces mots:expérimentation surréaliste. Cette forme,(à déterminer) par un mouvement qui "excave" la partie noire du subconscient illumine soudainement une forme déterminée où s'inscrit le mot "rêve". Ce mot avance et occupe tout l'écran.

On passe à une silhouette humaine dont une moitié est remplie de formes mouvantes correspondant aux rêves et aux centres desquelles se trouvent des images concrètes les plus hétéroclites et irrationnelles. Ces formes envahissent irrégulièrement l'autre moitié de l'homme qui est divisée en casiers rectangulaires portant des inscriptions correspondant aux diverses activités de la vie quotidienne: rendez-vous d'affaires, être aimable avec madame X., surveiller l'heure du dernier autobus, avoir le temps de se raser, être un honnête homme, aller au bureau de poste, téléphoner à la banque, etc... Quelques-unes de ces images de rêves correspondant à des tableaux ou dessins surréalistes de rêves, s'approcheront en prenant toute la grandeur de l'écran. Entre ces images se trouvent des phrases de rêves, qui elles aussi envahiront tout l'écran. Une d'entre elles sera un instantané du "Chien Andalou" lequel s'animera pendant un instant suffisant à faire voir la scène du meurtre.

5

图152（左图）《超现实主义的五分钟》内页，约1931—1933年

达利为《巴巴奥》搭配了戏剧化的音效，并用一系列声音创造了一种相当于听觉偏执狂批判的意象。巴巴奥不断接近葡萄牙城堡，他的情妇玛蒂尔达就在那里等他，期间他听到一阵节奏感越来越强的声音，就像恐怖而疲惫的呼吸声。那声音越来越近，逐渐变得震耳欲聋而极具威胁性，吓坏了巴巴奥，他在半黑暗中从一堵绵延的高墙后逃了过去。接下来镜头一转，揭露了噪声的来源：巨大的海浪不断涌向岸头，那声音就像嘶嘶的呼吸声。达利将一份《巴巴奥》剧本的复印稿寄给了雷蒙·鲁塞尔。后者这样回复道："我亲爱的同事，非常感谢您的友好礼物和奉献精神，在我看来，它证明您已经知道了我的拙著《非洲新印象》（*New Impressions of Africa*），这让我非常自豪……"达利当然知道鲁塞尔的作品，这本书对他影响颇深：他1974年的电影就取名为《洪荒遐想——向雷蒙·鲁塞尔致敬》（*Impressions de la Haute Mongolie – Hommage à Raymond Roussel*）。人们可能会说，《巴巴奥》是鲁塞尔和马克斯兄弟电影相结合的奇妙产物，属于那种如果不用动画的形式拍摄就无法实现的故事。

图153（右图）《巴巴奥》，1932年。镶有玻璃板的发光盒。

在马克斯兄弟所创造的形象中，达利最欣赏的就是那个“卷头发的人，他的脸上流露出胜利而令人信服的疯狂，在电影结尾的短暂瞬
154 间，他不停地地弹奏着竖琴……”1937年，达利前往好莱坞为哈珀[5]创作肖像。在那里，达利和哈珀在《赌马风波》(*A Day at the Races*)的拍摄间隙合作构思了一部电影，达利认为这部电影至少能与“《动物饼干》中那歇斯底里、同类相食的疯狂”相媲美。达利写到，这部电影剧本的总体想法是“将塞西尔·B. 德米尔（Cecil B. DeMille）的古典题材的电影中所有极具想象力的浮华与史诗般的辉煌都转移到现代”，并配以科尔·波特（Cole Porter）的音乐。这部电影的主角是一个非常富有的女人，周身散发着“历史上最耀眼却颓废”的气质。在电影的一幕中，哈珀现身在塔楼上，装扮成了尼禄皇帝的样子。达利在之后返回巴黎。1937年春天前往欧洲的途中，达利都一直全情投入

5：哈珀·马克斯（Harpo Marx，1888—1964年），美国电影演员，代表作有《真实好莱坞》等。

剧本的创作中，他一共创作了两版剧本，并都用画作对其进行了装饰。剧本以独特的法语音标拼写而成，不全是达利本人的字迹。如今其中一份手稿保存在康定斯基图书馆（Bibliothèque Kandinsky），人们将其称为“马背上的长颈鹿沙拉”（*Giraffes on Horseback Salad*），这一名称源自手稿中一页的标题“马背上的长颈鹿”（The giraffe on horseback）。另一份手稿则收藏在加拉-萨尔瓦多·达利基金会，名为“超现实主义女人”（*La femme surréaliste*）。令达利感到极度沮丧的是，这一超现实主义者同电影喜剧演员合作的独特项目最终被否决了，做出这一决定的可能就是格鲁乔·马克斯（Groucho Marx）。

此时的达利已经意识到了好莱坞的无意识“幻觉”电影的“超现实主义”潜力，但直到被邀请同阿尔弗雷德·希区柯克[6]合作创作《爱
156 德华大夫》（*Spellbound*）中的梦境场景，达利的新电影项目才终于开花结果。这是好莱坞第一部严肃对待精神分析的电影，它非常强调梦的解释价值。出于这一原因，希区柯克希望在电影中以最大化的现实主义和即时性来呈现这些场景：“当我们进入梦境场景中，我绝对希望打破电影表达梦境的传统——那通常是模糊而混乱的画面，还伴随着晃动的镜头之类。我让塞尔兹尼克[7]确保可以和达利成功合作，因为这样有利于电影的宣传。然而，真正原因是我渴望获得非常清晰而锐利的梦境视觉场景……我想与达利合作，因为他的艺术意象中有着边角锋利的建筑——这与基里科的风格十分相似——以及长长的阴影，无限的距离，透视线的汇聚……无形的脸……”这部电影由本·赫克特（Ben Hecht）根据弗朗西斯·比丁（Francis Beeding）的小说《爱德华大夫的房子》（*The House of Dr Edwards*）改编而成，以典型角度展示了精神分析的治疗特性。剧本的序言这样写道：“一旦令患者倍感困扰的情结被揭示和解读，一切病症和困惑将烟消云散……非理性的恶魔将被驱逐出生者的灵魂……”尽管达利热情地与希区柯克展开合作，对电影中阐释的观点却不甚关心。

达利为电影中的梦境场景共绘制了100幅速写和5幅黑白插图，不过他的一些非常奢华的设计并没有出现在电影的最终版里。举例来说，

6：阿尔弗雷德·希区柯克（Alfred Hitchcock，1899—1980年），英美双籍导演、编剧、制片人和演员。代表作有《鸟》《后窗》等。

7：大卫·O. 塞尔兹尼克（David. O. Selznick，1902—1965年），美国好莱坞黄金时期著名制片人。

图154《哈珀·马克斯》（*Harpo Marx*），1937年

在电影的噩梦场景中，达利想要15架上面压着雕像的沉重三角钢琴悬在跳舞的情侣头顶，他们“保持着高昂的姿势，其形象随着视线的加速后退而不断缩小，最终消失在无垠的黑暗之中”。当他到达摄影棚拍摄时，发现好莱坞的道具师所做的准备与他的预期恰恰相反：影棚里摆着几个简化的钢琴模型，而非真正的钢琴；40多个真正的侏儒代替了计划中的剪影。道具师解释称，这恰好可以达到达利所要求的透视效果。虽然他对道具师给出的怪异解释颇为欣赏，但这场戏最终还是被取消了。最终，达利的主要贡献是手绘了电影场景。在梦境中，一只真实的眼睛转化为画在窗帘上的眼睛；除了巨型的镊子等少数例，精神分析学家对电影中的每一个意象都进行了详细的分析。因此，最终的剧本内容并非由达利决定。

1945年11月，达利与好莱坞的沃尔特·迪士尼（Walt Disney）签订了一份合同，这似乎自然而然地将达利的想象力同动画技术结合了起来。经过几个月的工作，这部名为《命运》(*Destino*）的幻想题材电影已经制作完成6分钟的内容，并计划被延伸制作成一部动画长篇，然而就在此时，拍摄工作突然中断。这可能是因为拍摄内容并未达到预期效果，毕竟这一激动人心的合作早已经历了媒体的大肆宣传，它是两位著名人物——张扬的艺术家和知名电影制作人——的重量级合作，也是超现实主义和好莱坞之间的强强联合。《洛杉矶时报》(*LA Times*)援引达利的声明说道：“这是对时间迷宫中的生命之谜所进行的奇妙阐述。”[8]相比之下，迪士尼则认为“这只是一个简单的爱情故事——一个男孩和女孩的相遇。”压垮迪士尼的最后一根稻草可能是电影的最后一幕：“男孩”变成了一个棒球运动员，而跳舞女孩的蒲公英般蓬松的头则变成了一颗球，从她的肩膀滚落并砸到了看台上——看台后来变成了一座宏伟寺庙中间的心形佛龛。《命运》这一片名则源自墨西哥作曲家阿曼多·多米奎兹（Armando Dominguez）的作品。

达利在工作室同华特·迪士尼最具才华的艺术家兼动画师约翰·亨奇（John Hench）合作，为电影梳理了故事梗概。然而最终这部电影到达利和迪士尼去世多年后的2003年才得以上映。20世纪90年代末，在重新整理迪士尼的资料库时，人们发现了《命运》的150幅画稿，其中包括逾70幅速写稿，主要以钢笔和墨水绘成，此外还有达利的5幅画。亨奇的工作就是将这些画稿串联成完整的叙事。达利所钟爱的许多意象都
89 出现在了画稿中，包括融化的钟和来自《一个“偏执批判小镇”的郊

8：原文为“Ees a mageecaal exposeetion of zee problema of life in zee labaranth of Time”，模仿了达利浓重的加泰罗尼亚口音。

图155《秀兰·邓波儿，她所处时代最年轻、最圣洁的电影怪物》(*Shirley Temple, the Youngest, Most Sacred Monster of the Cinema in her Time*)，1939年

图156 达利站在他为希区柯克的电影《爱德华大夫》中的梦境场景绘制的眼睛布景前，1944年

外》的钟/女孩形象。达利在其偏执狂批判法中用到的双重意象一直是推动动画片中图案转化的关键。在电影中，观众看到的并非静态的双重意象，而是诸如女孩变成钟或者一颗头变成蒲公英的动态过程。在一个场景中，蚂蚁从时间雕像的缝隙中爬出，首先变成眼镜，之后又变成了自行车车轮，骑在自行车上的人头上架着石头（或面包），就像《巴巴奥》中的形象一样。《命运》于1946年拍摄完成的只有一个17秒的片段，其中展示了两个怪诞的头部侧面，达利将它们画在两块木板上，在风景画（也是达利的一幅作品）构成的背景前不断靠近彼此；当两个形象最终结合时，二者的轮廓拼合成了一个舞者的形象。

最终在约翰·亨奇及加拉的笔记的帮助下——达利每晚都会把他的工作进度向加拉描述，并由加拉记录——这部电影的故事脚本得以复原，并由法国导演多米尼克·蒙法尼（Dominique Monfery）负责完成了拍摄工作。他仔细研究了达利的画作，并在一组画师的帮助下重新绘制了整个故事，并将其与1945年便制作完成的背景音乐《命运》（Destino）进行了结合。在影片开头，观众会听到留声机唱针发出的轻微咔嗒声，之后是唱针在旧唱片上划过时的嘶嘶声，这为整部电影的爱情故事添加了怀旧的情感氛围。另外一些配乐，比如在杂技演员努力试图接近彼此，以及巨大的遗迹半埋在沙丘中的场景，则让人想到20世纪90年代的电子游戏音乐。

1949年，达利为另一部名为《手推车的历史》（*History of a Wheelbarrow*）的电影编写了剧本，后来电影更名为《肉体手推车》

（*The Flesh Wheelbarrow*）。它是“第一部偏执狂电影”，讲述了一个女人对她的手推车的迷恋，这一主题显然与《米勒〈晚祷〉的悲剧神话》中被赋予了性色彩的手推车意象有关。而他创作的另一剧本《加泰罗尼亚之血》（*Le Sang Catalan*），则可能源自其结束8年的美国流放生活、于1948年重返西班牙的经历。

1954年，达利开始与罗伯特·德尚内（Robert Descharnes）和摄影师热拉尔·托马斯·D’Hoste（Gérard Thomas D’Hoste）合作拍摄
31 了《花边女工和犀牛的奇妙冒险》，这一构思将维米尔的《花边女工》（*Lacemaker*）和犀牛建立了形态学联系。电影中的一些镜头展现了十分古怪的场景，对达利来说它们直接脱胎于他最初的构想，然而这些情节看起来又常常像是宣传噱头：镜头中的达利坐在一辆独轮手推车上面对着画架，四周建起了花岗岩屏障，以保护其免受犀牛的攻击，犀牛由饲养员用绳子牵着，将《花边女工》的巨大复制品缓缓放入这圈岩石屏障中。达利断断续续地投入到这部电影的制作中，上述场景只是电影的名场面之一。在另一个场景中，达利试图在狂风（*tramuntana*）中绘画。他用马鞭鞭笞着画布，并在画布上画下抽象版的《花边女工》。此外，他还近距离研究了被泼过冰水的乳房上的鸡皮疙瘩。这是少数几个真正被拍摄的场景之一，尽管并没有出现在电影的最终版中。

1960年，达利制作了时长17分钟的短片《混沌与创造》（*Chaos and Creation*），我们可以将其归为首批“艺术家录像”。他十分擅长运用新技术，而录像提供了一种即时且直接的交流形式。他与菲利普·哈尔斯曼共同制作了这一录像，后者是一名摄影师，也是达利的长期合作伙伴。这一录像是为在纽约华尔道夫酒店（Waldorf Hotel）举行的第五届视觉沟通大会的一场演讲准备的，但达利没能出席。他们二人充分利用了录像这一媒介的即时性：浑身沾满涂料的女模特、猪和一辆模特车组成了一幅画。一张嘴变形成眼睛的场景让人想起了偏执狂批判法，除此之外，达利还在整部电影中取笑了彼埃·蒙德里安[9]的抽象艺术。与大多数早期艺术家的录像作品不同，《混沌与创造》采用了纪实风格，这让人想起了达利在《一条安达鲁狗》时代对纪录片的兴趣，与此同时他似乎也在模仿当代行为艺术。当然，有了达利，一切都不会那么简单。

9：彼埃·蒙德里安（Piet Mondrian，1872—1944年），荷兰著名抽象派画家，以红、黄、蓝线条组成的画作而著名。

另一部罕见的制作完成的电影是《上蒙古印象——向雷蒙·鲁塞尔致敬》(*Impressions de la Haute Mongolie-Hommage à Raymond Roussel*)，这部电影由达利和西德电视台合作，于1974年完成。在50分钟的影片中，达利讲述了一段前往上蒙古寻找巨大的白色致幻蘑菇的奇妙旅程，电影中的地图借鉴了维米尔和他自己的画作背景。不同场景从诡异的地形中不断浮现，包括湖泊、海洋、沙漠和宇宙，人物和风景以一种双重曝光的方式叠加在一起——这让人先后联想到了鲁塞尔笔下的巴黎和中国。在一个场景中，观众突然被推向太空，电影的规模突然变得格外宏大。在影片的末尾，观众发现太空中的太空舱只是一只圆珠笔，而整个景观是通过拍摄圆珠笔上小金属环部分腐蚀的表面而创造出来的，为达到预期的腐蚀效果，达利之前定期在这个金属环上小便。这部电影以极端的手法致敬了鲁塞尔1904年的诗作《视》(*La Vue*)，这首诗详细描述了一张小小的海滩场景照片，它被嵌在一个装饰性笔架上的一块水晶中。从某种角度来说，达利通过这部电影重新回到了他最初的关注点，即普通的事物也具有神秘性和魔力，而一面透镜不仅可以揭示这些事物的真面目，也可以将它们扭曲和变形。

达利始终否认他的电影属于任何先锋艺术运动。"我的下一部电影"，达利在《肉体手推车》的筹备阶段这样评价道，"将与先锋主义实验电影完全相反……"颇为讽刺的是，他提出了一种电影制作方法，而这种方法与20世纪后期的实验电影并没有太大差别，迈克尔·斯诺（Michael Snow）的《波长》(*Wavelength*，1967年）便是可比较的一例。在1954年发表的《我的电影秘密》(*My Cinematographic Secrets*）一文中，达利基于其1953年的日记描述了他如何着手拍摄一部令观众叹为观止的电影。要想做到令人叹为观止，那电影中的奇幻场景就必须真实可信：

> 因此，我们首先必须摒弃当今令人厌恶的电影节奏，放弃传统而无聊的运镜修辞。即便是最平庸的情节剧，当镜头到处跟着凶手，甚至一路拍摄他到厕所洗掉手上的血迹时，人们怎么能有一秒钟相信这些情节？这就是为什么萨尔瓦多·达利在开始拍摄他的电影之前，要花如此多的功夫固定他的摄影机，他把摄像机钉在地上，就像耶稣被钉在十字架上一样。如果演员的动作超出视野，那就太糟糕了！公众将不得不等待——沮

丧、恼怒地等待，呼吸沉重、不停跺脚，心怀期待，或更好的是，无聊到死——只为了演员能重新回到视野中……

对达利来说，电影仍是一种十分诱人的媒介，他希望在不同维度上拓展对其的应用，然而这些努力最终通常是徒劳的，比如《黄金时代》中提到的“触觉电影”，以及《肉体手推车》中提到的固定摄像机的拍摄方法。他曾提议以《秘密生活》为蓝本拍摄一部电影［由撒缪尔·戈德温（Samuel Goldwyn）主演，而达利则扮演自己］，这实际上是达利和弗洛伊德的“双重平行传记”。“双重”概念使达利产生了拍摄这部电影的“最初想法，即大多数场景将以一种‘倾斜’的状态展现在屏幕上”。他可能想到了一种在绘画中被称为失真（anamorphosis）的技术，这种技术会将绘画对象进行夸张的拉伸变形，只有当从与画面成一定角度的位置观察时，绘画对象才能被辨识或进行额外的解读。运用失真最著名的例子便是小汉斯·荷尔拜因的《大使们》。在这幅画的近景中有一个扭曲拉长的形状，只有从画面右侧观察，才能看出是一颗头骨。达利常常借鉴这一意象。电影失真即在电影中嵌入隐藏事实或第二事实，这是对双重意象概念的延伸，然而这样做究竟能取得何种观众则不得而知。

达利的许多电影项目之所以没有完成，究竟在于它们的构想难以实现，还是因为电影制作在《一条安达鲁狗》之后的岁月里变得太过复杂？其真正原因可能是达利认为电影只不过是一种“次要”形式，在创作过程中受到太多人的干涉。毫无疑问，达利日后再也没有和布纽埃尔这样的电影天才合作过。不幸的是，为了配合1948年《50个神奇工艺的秘密》一书的出版，达利一直想拍一部关于他工作的纪录片，然而这一构想始终未能实现。“这部关于我绘画技巧的电影，”他满怀希望地给杰克·华纳[10]写道，“将在电影史和绘画史上留下浓墨重彩的一笔……只有电影才能有效地分析画家的每一个动作，并向观众展示画作一步步创作的过程，就像观察一个有机生命体不断生长一样。”令人遗憾的是，这一计划从未实现。

10：杰克·华纳（Jack Warner，1892—1978年），美国电影人，华纳兄弟电影公司创始人之一。

第十章
离开超现实主义

在加入超现实主义运动的五六年里，达利在不同艺术领域的活动都很活跃。他的发明和幻想精神为超现实主义注入了重要的支撑力量，正如布勒东于1934年在布鲁塞尔发表的演讲《什么是超现实主义？》中所说："正是由于新元素的影响，长期以来飘忽不定的超现实主义实验又毫无保留地重新展开。它的观点和目标如今已十分明晰。我要说，超现实主义从未止步，它一直饱含热情。这一实验在萨尔瓦多·达利的主导下重获动力，他在组织内部的独特'沸腾'是超现实主义的宝贵催化剂。"

然而，达利与超现实主义的关系从20世纪30年代中期开始恶化。1941年，布勒东写到，达利的作品"从1936年开始就对超现实主义毫无兴趣"。达利参加了1938年在巴黎举办的国际超现实主义展，然而到1939年，他已和大多数超现实主义者渐行渐远。其中的原因有两方面。首先，尽管二者在某些领域的兴趣具有很强的一致性——比如对弗洛伊德和精神分析理论某些方面的狂热追捧，以及对非理性想象的自由发挥及欲望的卓越性的信赖——但自合作之初，二者也在一些领域存在基本的分歧或误解。达利不仅对超现实主义者的政治和社会目标漠不关心，而且他逐渐开始采取在后者看来毫无道理的轻浮态度。当然，他的品位也与众不同。其次，达利自己也在20世纪30年代发生了变化，这非常直接地导致了超现实主义者的反感。正如卡拉斯（Calas）在1941年的纽约杂志《观点》(*View*）上发表的《反超现实主义者达利：在我看来他的苍蝇只是假货》(*Anti-Surrealist Dalí: I say his flies are ersatz*）一文对其他加入超现实主义阵营的艺术家表示了欢迎：达利"不再相信革命的价值！他重新发现了西班牙、忏悔、天主教和古典主义；他喜欢形式，像安格尔那样痴迷于绘画"。因此，在超现实主义者看来，他似乎是一个叛变者或反动分子，尽管他在青春期时便已染指过古典主义。然而，此时的达利正如卡拉斯指出的那样，正在故意将他的兴趣同反动的政治和哲学立场结合起来。

图157 （左图） 洛特雷阿蒙伯爵，《马尔多罗之歌》插图17，巴黎，1934年。达利所绘的拿破仑灵感来自让·路易·埃内斯特·梅索尼埃的《拿破仑和他的部下》（*Napoleon and his Staff*）

图158 （对页图） 让·路易·埃内斯特·梅索尼埃《拿破仑和他的部下》，1868年

布勒东和达利之间最根本的分歧在于对超现实主义基本相关性的认识——换句话说，在于超现实主义应该如何影响人类对世界的感知。他们都在讨论着对理性的怀疑，然而似乎对此有着截然不同的理解。当布勒东在其《关于现实匮乏的论述简介》（*Introduction to the Discourse on the Paucity of Reality*）中提出，将一个超现实主义对象引入现实世界可能引起对“理性事物”的怀疑，他的理解即基于第一版《超现实主义宣言》的阐述。他认为将一切都解释为“仍然流行的绝对理性主义”无疑是将它们贬低到了迷信的领域，这是令人难以接受的。因此，无论如何，我们应该追求对这种绝对理性主义的攻击和破坏。想象、梦境和无意识都属于被狭隘的实用主义所排斥的那个世界。然而，这种对精神生活和体验的其他领域的探索不应反过来排斥现实世界，因为超现实主义者的目的是为人类重建完整的生活和体验。“我相信”，布勒东在第一版《超现实宣言》中以类似教义的口吻写道，“将来对于梦境与现实这两种看起来如此矛盾的状态的调和结果，将是诞生一种绝对真实，也可以说是超真实（*surreality*）……”因此，问题的本质并非用惯常理解的“真实”来对抗超真实，而是用

超真实去拓展前者的边界，从而让人得以理解以往被认为超出真实范围的事物。超现实主义的最终目的是容纳真实，而非反对真实。布勒东在1929年的《第二次超现实主义宣言》中重申了这一观点：

> 一切都倾向于让我们相信，心灵中存在这样一个时刻，那时生与死、真实与想象、过去与未来、可交流的与不可交流的、高尚与低级，都将不再被视为矛盾。现在，一个人无论如何探索，也不会寻得超现实主义者所拥有的动力，他们正以蓬勃的希望寻找和确定那一时刻……

《第二次超现实主义宣言》的内容同达利加入超现实主义运动时的初衷相一致。乍看之下，达利早期的文章非常符合布勒东在《关于现实匮乏的论述简介》一文中对“怀疑理性事物”的呼吁。比如达利在《腐烂的驴》(发表于《为革命服务的超现实主义》第1期）中这样写

道："我相信那一刻已近在眼前，那一刻……我们很可能……将使混乱重回系统化，使现实世界名誉扫地。"然而，我们很快便发现，达利所追求的是保持现实与超现实、非理性与理性之间的对立，而非找到协调二者的解决方案。"理性的东西"应当永久地受到质疑，达利希望他的想象世界能够取代现实世界。布勒东指出，达利希望维持非理性，就像他故意让自己的神经质情结始终处于高度活跃状态一样。

1929年，达利的画展从意想不到的角度收获了颇具讽刺意味的赞赏，这从一个近乎滑稽的侧面反映了达利的态度。蒙德里安——抽象艺术最坚定的支持者之一——在阿尔普的推荐下与同辈抽象艺术家让·埃里翁（Jean Hélion）一同参观了达利的画展。埃里翁这样回忆道："我现在记不清当时是从蒙德里安那位于出发街（rue du Départ）的传奇画室把他接走的，还是二人约定在波拿巴街（rue Bonaparte）碰面的，但他一进入展厅就被征服了。我也大受震撼，只是方式不同。我们最欣赏的是西班牙广场的纪念碑和那个身上粘着粪便的男人。蒙德里安被深深地迷住了。'这就是你对待自然的必然方式'，他这样说道。我所欣赏的是达利画作中那条理清晰的过度激情，而我的同伴却为其作品中对自然世界的破坏而感到高兴。"

通过上文对布勒东和达利之间不同观点的概述，我们得以了解为什么在涉及超现实主义者的政治辩论时，达利挑衅地采取了漠不关心的态度。当然，这也表明如果仅从达利的视角来看待超现实主义，可能会对其观点造成严重的扭曲。在对艺术和知识的忠诚度，以及个人品位方面，达利自己最清楚他和其他人的区别。他曾为自己描绘了一个与超现实主义者的选择截然相反的偶像体系。超现实主义者总是痴迷于罗列出他们最喜爱的作家、诗人和艺术家的名单，这仅仅是对过去时代志趣相投之人的认可，而非强调所列之人有何影响力。达利虽然也加入了进来，但其做法却不乏例外——他的名单中加入了一些特
123 别的人选，比如萨德侯爵和洛特雷阿蒙，达利还为后者的《马尔多罗
157 之歌》（*Chants de Maldoror*）绘制了插图——他所崇拜的精神偶像与超现实主义者的不尽相同。达利说，超现实主义者的品位粗俗而浪漫。他们选择兰波[1]、波德莱尔[2]之类作为他们的精神偶像。而达利的精神

1：让·尼古拉·阿蒂尔·兰波（Jean Nicolas Arthur Rimbaud，1854—1891年），法国著名诗人，被视为超现实主义诗歌的鼻祖。

2：夏尔·皮埃尔·波德莱尔（Charles Pierre Baudelaire，1821—1867年），法国现代派诗人，象征派诗歌先驱，代表作有《恶之花》。

图159（顶图）《液体欲望的诞生》，1932年

图160（上图）阿诺德·勃克林（Arnold Böcklin）《亡灵岛》（*Island of the Dead*），1880年

图161《痛苦的信号》，1932—1936年

偶像则被他称为“古典”人物——比如勒杜[3]、高迪[4]、古斯塔夫·莫罗和拉蒙·鲁尔（Ramón Llull）。他还补充道，超现实主义者仅仅支持浪漫主义，而没有意识到像17世纪剧作家高乃依（Corneille）这样的古典主义作家所创造的戏剧场景其实极具超现实主义特色。让我们先把高迪和13世纪加泰罗尼亚神学家和神秘主义者鲁尔放在一旁，达利还在他的声明中加入了另外两位19世纪的艺术家：梅索尼埃[5]和布格罗[6]。面对侪辈对此二人一致的厌恶，达利经常当面表达对他们的崇拜之情。他转向古典主义，而非浪漫主义传统，但与此同时又选择了那些在某种程度上偏离新古典主义理想或以堕落的姿态表达这一艺术传统的人作为自己的偶像。举例来说，勒杜这位经历了法国大革命的设计师就设计了大量奇异而富有远见的建筑方案，这些方案虽然植根于古典形式，但在其中最大化融入自由发挥。达利正是被这样的特征所吸引，他认为背离既定规则可能比背离最为绝对的既定自由更具颠覆性。

达利和玛格利特都以“现实主义”风格来呈现他们的幻想场景，但他们选择了非常不同的传统。玛格利特那不动声色的实用主义风格似乎更为贴近流行插图或儿童教科书，而达利似乎旨在恢复北欧和南欧油画的完整古典学术传统。他对维米尔的精细油画技法的热爱当然可以追溯至20世纪20年代中期，正如他对委拉斯贵支的热爱一样。然而，正如人们可能预料到的那样，达利最感兴趣的还是学院派风格晚
160 期那些堕落的践行者，比如阿诺德·勃克林[7]。达利于1931年开始创
159 作另一组作品，包括《液体欲望的诞生》(*Birth of Liquid Desires*,
161 1932年）和《痛苦的信号》(*The Signal of Anguish*，1932—1936
年）。这些作品涉及达利长期关注并不断发展的主题，即关于自慰的白日梦。这一主题不仅出现在了他的画作中，也被他以文字形式详细记录了下来，比如1931年的文章《幻想曲》(*Rêverie*）便是一例。这些白日梦发生的场景通常是皮乔特家的乡间别墅，那里成排的柏树环绕

3：克劳德-尼古拉·勒杜（Claude-Nicolas Ledoux，1736—1806年），法国建筑师、城市规划师，新古典主义建筑风格早期杰出代表之一。

4：安东尼奥·高迪（Antonio Gaudi，1852—1926年），西班牙著名建筑师，代表作有圣家族大教堂等。

5：让·路易·欧内斯特·梅索尼埃（Jean Louis Ernest Meissonier，1815—1891年），法国风俗和军事画家。

6：威廉·阿道夫·布格罗（william Adolphe bouguereau，1825—1905年），法国学院派画家。

7：阿诺德·勃克林（1827—1901年），瑞士象征主义画家，代表作有《亡灵岛》等。

图162 曼·雷，安东尼奥·高迪于1906—1910年在巴塞罗那建造的米拉之家（*Casa Milà*）摄影图，选自《米诺陶》，第3—4期，巴黎，1933年12月

着一个汩汩涌水的小喷泉。这一风景让达利想到了勃克林的画，他当时正在撰写一篇关于后者的长篇研究文章。柏树和喷泉这两个意象以各种各样的变形出现在达利的画作中，它们与他的童年回忆及各种主题息息相关，据达利所说，这些意象都可以引发长期的性幻想。

达利正是通过德·基里科才接触到勃克林的新古典主义风格，而在
158 到达巴黎后，真正吸引他的是梅索尼埃的浮夸现实主义风格[8]，该风格被视为是对贯穿德拉克洛瓦到格罗[9]的伟大法国历史画传统的反讽。梅索尼埃的《拿破仑》(*Napoleon*) 是达利最喜爱的画作。1967年，他组织了一场画展，并为参展的五位"浮夸派"画家撰写了展览目录，题为《向梅索尼埃致敬！》(*Hommage à Meissonier!*)

达利始终坚持认为，与任何新古典主义画家相比，他都是一个微不足道的人。下面是他与阿兰·博斯凯[10]的谈话：

> 达利：与我散发的魔力相比，一幅画太过微不足道。
>
> 博斯凯：让我们理智一些吧。对我本人及所有人来说，你的画作都十分重要，甚至是那些你完成于40年前的作品。

8：原文中的pompier即"L'art pompier"，字面意为"消防员艺术"，该术语出现于19世纪末，用于讽刺一些学院派画作所传达的资产阶级价值观过于夸张和不真诚。

9：安东尼·让·格罗（Antoine-Jean Gros，1771—1835年），法国浪漫主义画家，以描写拿破仑军事生涯的历史画知名。

10：阿兰·博斯凯（Alain Bosquet，1919—1998年），法国诗人、小说家、评论家。

图163《狂喜现象》，选自《米诺陶》，第3—4期，巴黎，1933年12月

达利：从绘画的角度来说并非如此。它们都是些糟糕的画作。

博斯凯：我不同意您的说法。您所说的“糟糕的画作”究竟该怎样理解？

达利：我的意思是，被大众吹捧得天花乱坠的达利如今连布罗格或梅索尼埃笔下的平庸之作也画不出来，他们两人的画比我的好过一千倍。

当然，如果考虑到一个前提，即达利从未与他提到的那些画家进行竞争，我们便可能会以一种稍微不同的眼光来看待他的“失败”；实际上达利是被那些画家在技术层面采用的权宜之计及其作品中乖戾的特征所吸引。他始终认为，用绘画还是文字来表达自己的观点是一件无关紧要的事——这一点从他产出丰富的文字作品中便能看出来。

然而，达利对加泰罗尼亚建筑师高迪及其“现代风格”的喜爱则似乎属于另一个范畴；高迪显然与传统风格完全没有关系。达利在《萨尔瓦多·达利的秘密生活》中解释道，当初到达巴黎后，他有意对抗着当时巴黎的时尚——非洲艺术。这一时尚由毕加索等人于20世纪初开创，并得到了超现实主义者的支持，他们将这一时尚拓展到了前哥伦比亚时期及大洋洲艺术，布勒东和艾吕雅都收集了大量相关艺术品。为了对抗这些“野蛮物品”，达利“主张极端颓废的、文明的欧洲‘现代风格’艺术品。我一直认为1900年是希腊-罗马颓废的心理-病理的终极产物……”达利的主张在一定程度上是对当时流行风格的抵抗。不过从其发表在《米诺陶》上的文章来看，达利很明显也对这一审美潮流持有真诚的热情。达利的文章中穿插着布拉塞和曼·雷的摄影作品，它们强调着巴黎地铁入口处装饰的超现实主义特质，其他一
162 些插图则展示了巴塞罗那的高迪建筑，特别是这些建筑的正面，那些起伏的曲线仿佛冻结的海浪，抑或岩石或树木的自然形态。这些文章聚焦于超现实主义，而非他后来所强调的颓废特质。举例来说，《论现代风格建筑的恐怖与可食用之美》(《米诺陶》，1933年）一文讨论了新艺术风格建筑的非理性一面、它实现无意识欲望的能力，甚至它与19世纪蛋糕制作师卡雷姆[11]的杰作的相似之处。文章旁边，达利还

11：马利-安托万·卡雷姆（Marie Antoine Carême，1784—1833年），法国著名厨师。

163 配了一幅名为《狂喜现象》(*Le Phénomène de l'extase*) 的拼贴插图，这幅插图被认为是达利早期以超现实主义者身份向沙可（Charcot）表达的敬意。沙可是一位法国精神病学家，也是弗洛伊德的老师。这篇文章发表于沙可发现歇斯底里症的五十周年纪念日之际，插图选用的就是沙普提厄大学医院（Salpêtrière）档案中保存的一幅记录年轻女孩处于歇斯底里狂喜状态的照片。除此之外，拼贴图中还有高迪建筑中的女孩或天使的头部细节照片——她们都处于狂热的被放弃的状态，达利在文章中对插图内容进行了明确的阐述：

> 精神病理的平行——“歇斯底里雕像”的发明——持续的情色狂喜。在雕塑史上没有先例的痉挛和态度（这涉及被沙可和沙普提厄大学发现并扬名的女性）……与梦境、幻想、白日梦的直接联系……在现代风格的建筑中，哥特风格变成了希腊风格，又变成了远东风格——在你脑海里不自觉的幻想中，这一转变不断上演——又转化成了文艺复兴风格，最终又变回到纯粹、不对称而充满活力的现代主义风格。这一切都发生在咫尺须臾之间，也就是说，发生在鲜为人知的、真正令人眼花缭乱的时间和空间里，这便是梦境的风格。

因此，正是从此时开始，达利开始接触和了解现代风格绘画和雕塑，而他所强调的是所有“异域”文明，而非仅仅是希腊和罗马文明。可能正是在达利的推动下，20世纪末风格才流行开来，而20世纪30年代的其他超现实主义者也对其进行了借鉴。举例来说，奥斯卡·多明格斯（Oscar Dominguez）的作品《美好时代的来临》(*Arrivée de la belle époque*) 便是以一座现成的新艺术风格雕塑为基础制作而成的。

达利一直声称自己的创作无关政治，而这正促成了超现实主义运动在20世纪30年代的两极分化。在团体内部，一些成员积极要求参与革命行动并效忠于共产党，而另一些成员则主张回归其艺术家或作家的身份，踏踏实实地继续进行自己的创作。虽然难以准确概括20世纪20年代末到30年代超现实主义团体内部的意识形态斗争，但对这一矛盾的整体了解有助于我们分析达利在其中扮演了怎样的角色。相较而言，布勒东在这场冲突中就处于左右为难的境地。1930年，他在新发行的超现实主义刊物《为革命服务的超现实主义》的第一页刊登了一份电报，毫不含糊地表示支持莫斯科的革命运动、自己也仍然是一名共产党员，然而另一方面他又希望保持超现实主义的自主性，并就知识分子、作家和艺术家在革命前及革命后应扮演何种恰当角色同革命作家和艺术家协会（Association of Revolutionary Writers and Artists）[12]产生了相左的意见。在许多人看来，超现实主义者从事的似乎是深奥难懂的实验，而这对他们声称所致力于的革命事业没有任何贡献。面对这样的批评，布勒东始终坚持认为大众需要一种意识上的变化，以与物质条件的变化相匹配，甚至超越它。他相信，超现实主义运动比其他任何运动都更注重这种意识的变化，因为唯有如此，超现实主义者才能继续他们的探索，而作家和艺术家也才能享有自由表达的权力。在资本主义社会一味追求“无产阶级”艺术或文学过于刻意，是无法实现的。

20世纪30年代发生的两件事表明了达利的立场。首先，达利被动地卷入了布勒东和他最早的超现实主义盟友阿拉贡之间戏剧性的纷争。在此期间，布勒东发现达利在为两篇自己并不感冒的文章辩护，一篇是达利发表于1931年12月第4期《为革命服务的超现实主义》的《幻想曲》，描绘了一个十分色情的、与自慰有关的白日梦，另一篇则是阿拉贡的诗作《红色战线》(*Red Front*)，对资本主义社会进行了猛烈的抨击。这两篇文章恰好体现了超现实主义团体中两极分化的局面。1930—1931年，阿拉贡在超现实主义和法国共产党两种互相矛盾的诉求间摇摆不定。1931年底，他因《红色战线》中的诗句“同志们，杀掉警察……”而被起诉煽动军队反抗和谋杀。为了给阿拉贡辩护，布勒东出版了一本名为《诗歌的痛苦》(*Misère de la Poésie*）的小册子为诗歌辩护，他反对从狭隘的司法角度对个别诗句进行阐释。然而布勒东的批评不止于此。接下来，他抨击了共产党的狭隘思想，并列举了阿拉贡汇报给他的一件事。不久前，阿拉贡被召集到共产党的一个监察委员会，该委员会要求他在《为革命服务的超现实主义》上发表一篇文章谴责达利的《幻想曲》，因为他们认为这篇文章淫秽且具有反革命倾向。阿拉贡拒绝了这一要求，这倒并非因为他认为达利的文章有什么隐晦含义，而仅仅是为了捍卫自己的原则。他认为这件事属于共产党内部的意见不合，没有公之于众的必要。当布勒东公开谈

12：由法国革命艺术家和作家组成的组织，支持共产主义运动，活跃于1932—1939年。

图164《希特勒之谜》，1939年

论了这件事，并对共产党官员的小资产阶级思想及他们对艺术和文学的狭隘态度，阿拉贡终于决定公开对超现实主义进行谴责。

1937年，达利在《艺术前沿》(*Art Front*)杂志发表了一篇名为《我藐视阿拉贡》(*Je défie Aragon*)的文章。在文章中，他以异常严肃的口吻描述了一场与阿拉贡发生的象征性对抗。1932年，在一次以超现实主义实验为主题的会议上，达利制作了一件十分复杂的超现实主义物品“思想机器”(thinking machine)，这件作品由数百个装满热牛奶的高脚杯组成，它们被悬挂起来，组成一个大摇椅的形状。令超现实主义团体成员吃惊的是，阿拉贡对这一作品表示了不满，理由是“杯中的牛奶不应该被用来制作超现实主义物品，而是应该分发给失业者的孩子”。(后来达利创作《药物外套》时，在小酒杯里装了薄荷甜酒。)接下来，达利攻击的对象从阿拉贡上升到整个社会现实主义的概念，此时它已经取代了早期无产阶级艺术的概念。20世纪30年代中期，另一个加剧达利对政治不信任的因素就是他的密友勒内·克雷维尔(René Crevel)的自杀，后者曾试图在1934年召开的革命作家和艺术家协会大会上促成共产党和超现实主义者的和解，但并没有成功。

第二起事件则有助于解释达利为何有意脱离政治，并表现出对斯大林活动的支持。他在这起事件中的举动让人想起已经去世的达达主义者查拉[13]。在巴黎达达运动末期，他对以后的超现实主义者将注意力从达达主义转向严重的社会和政治问题的企图进行了阻挠。1934年2月5日，布勒东将达利叫到他位于喷泉街的公寓和超现实主义团体的高层见面。在《萨尔瓦多·达利不可言说的告白》中，达利引用《每日秩序》(*Order of the Day*)中的内容描述了当时的会议场景，很明显这篇文章在会议之前已广为流传："达利在涉及美化希特勒法西斯主义的反革命活动中多次犯下罪行，尽管他已就此于1934年1月25日发表声明，我们仍决定将他以法西斯分子的身份从超现实主义团体除名，并通过一切可能的手段对其进行打击。"当时达利进行"反革命活动"
113 的最新案例是在巴黎大皇宫独立沙龙展上展出的画作《威廉·特尔之谜》。达利回忆到，在会议前一晚，布勒东、佩雷和唐吉想在这幅画上戳几个洞，但无奈画挂得太高，他们够不着。至于达利"美化希特
164 勒法西斯主义"的例子便是《希特勒之谜》一画。

就达利而言，希特勒是当时的主要话题，他认为他们都是"谵妄的梦境主体"。在其小说《隐藏的面孔》(1944年)中，达利描绘了世界大战之前和战争期间的法国和美国，希特勒以一位疯狂受虐者的形象出现一边听着瓦格纳的音乐，一边等待世界末日的降临。达利这一举动是有意将希特勒的狂躁行为和超现实主义创作理念相结合。

达利紧张而不安地出现在了会议上，他裹着几层毛衣，嘴里含着温度计，因为当时他正在发烧。当布勒东阐述对达利的指控时，他不时查看温度计，并在觉得太热的时候脱掉一两件衣服。达利可能无意破坏这次会议，只是当时他对自己的健康状况极为关注。他说，如果把温度计从嘴里拿出来，他就会当场瘫痪，所以大家很难听清他喃喃自语般的辩词。接下来，达利开始为自己辩护，他声称"梦境仍然是超现实主义和谵妄以及诗歌表达的最华丽手段"。针对他的指控"基于政治或道德标准，这与我的偏执批判概念无关"。"所以，安德烈·布勒东，"达利总结道，"如果今晚我梦到与你纠缠，明天我将以最丰富的细节将它描绘出来。"最终他没有被驱逐出超现实主义团体，但从那时起他和超现实主义者的关系不断走向了恶化。

达利的此番举动可以部分解释为他对布勒东在第一份《超现实主义宣言》中的主张进行了字面上的理解，即超现实主义活动应该在

13：特里斯唐·查拉（Tristan Tzara，1896—1963年），罗马尼亚裔法国诗人、散文家，达达主义运动的创始人之一。

任何“道德或美学考虑”之外进行。即便在1924年到1934年超现实主义运动的氛围已经发生了变化，他仍恪守着这一原则不愿改变。达利对发生在超现实主义团体内部的转变与上文提到的意识形态之争有着特别的免疫，这是因为在如何构建超现实主义活动的问题上，他和布勒东有着微妙而本质的区别。对达利来说，超现实主义就应止步于字面的这层含义之上，因此它本应与现实世界相抗衡。希特勒、威廉·特尔或其画中的物象在本质上并没有什么不同，因为他们只是达利脑海中梦境般的存在。尽管他唤起的幻觉可能生动而完整，然而这些幻觉并没有现实中的对照物。我们可以说超现实主义者在谴责达利“美化希特勒法西斯主义”时并没有抓住他的重点，但从他们的角度来说，“反革命”这一指控也不无道理。

布勒东于1936年发表的文章《达利一事》(*The Dalí Case*) 仍然在袒护达利，然而到1939年，他的态度不再温和。在《超现实主义绘画的最新趋势》一文中，他对达利进行了严厉地批评，理由是后者的政治观点和绘画越来越单调和重复。“达利甚至在1939年2月向我宣称，”布勒东写道，“当今世界面临的基本问题是种族问题，而唯一的解决办法就是所有白人种族团结起来，把所有有色人种变为奴隶。我仔细听了他的话，确定他是完全认真的。我不知道这番话会让意大利和美国——他频繁来往的两个国家——为他打开哪扇门，但我知道哪扇大门将向他关闭……”

1942年，布勒东就超现实主义绘画的历史及现状发表了长文《超现实主义的起源和视角》(*Genesis and Perspective of Surrealism*)，在文章中，他拒绝承认偏执狂批判法是对其他艺术家技巧的发展：

> 当达利于1929年潜心投入超现实主义运动时，他之前作为画家绘制的作品并未严格体现出任何鲜明个人色彩。此后，他通过借用和并置拓展了自己的理论框架，这其中最显著的成果便是融合，这被他称为“偏执狂批判活动”，其中包含两个独立的元素：首先是皮耶罗·迪·科西莫[14]和莱昂纳多·达·芬奇教给我们的一课，即一个人应该将注意力集中于一摊干了的唾沫或一堵旧墙的墙面上，直到眼睛可以从中识

14：皮耶罗·迪·科西莫（*Piero di Cosimo*，1462—1522年），意大利文艺复兴时期画家。

> 别出另一个世界，这也正是绘画应该揭示的；第二，像擦印法（frottage）一类的技巧已经为马克斯·恩斯特所用，旨在“增强心理机能的兴奋性”。尽管达利在统筹表现戏剧效果方面有着不可否认的独创性技巧，但他的事业——被一种极端倒退（一直倒退到梅索尼埃）的技法所破坏，又被他宣传自己时那种冷漠的冷嘲热讽所诋毁——却显示出一种恐慌的迹象，而他也只能通过蓄意吹捧庸俗化的主题暂时挽回自己的形象。如今，达利的作品已经沦为了一种学院派，他声称这是古典主义，无论如何，从1936年起，他的所作所为就再也无法引起超现实主义的兴趣了。

布勒东为达利取了一个文字游戏般的绰号“阿维达美元”，这一绰号概括了超现实主义者对达利的印象。世界大战结束后，达利重返欧洲，二人的关系也彻底破裂。他没有参加巴黎举办的第一次战后画展“1947年的超现实主义”（Le Surréalisme en 1947）。然而，在1959至1960年举办的画展“国际超现实主义”（International
107 Exhibition of Surrealism）上，达利携1930年的作品《威廉·特尔》出现在了“昨天”主题单元中。

第十一章
历史，传统与战争

达利对20世纪30年代欧洲发生的战争灾难的态度体现了他对政治漠不关心的态度，而他在解读历史事件时一直秉持着这种态度。从结果来看，它不可避免地导致了达利与超现实主义者之间不可弥合的矛盾。

达利远离与西班牙内战相关的一切，只是间接了解了与战争相关的信息；他从不掩饰自身那极端怯懦的性格特点。一次，布勒东同情地评价道：“最轻微的物质层面的担忧都会击垮他。”1934年十月一晚，为了躲避在巴塞罗那爆发的加泰罗尼亚起义，达利在一名无政府主义出租车司机的保护下，带着即将在纽约展览的画作连夜穿越边境逃往法国。根据革命发展的实时动向，司机随时亮出加泰罗尼亚或西班牙国旗来掩盖身份.第二天早上达利和加拉得知，革命遭到镇压，加泰罗尼亚共和国仅仅维持了几个小时。然而不难看出，正如那位无政府主义者警告达利的那样，那个掩盖着西班牙各种矛盾的盖子马上要被炸开。

1935年，达利从美国返回法国时开始为下一年即将完成的大型油
165 画《煮豆子的软结构（内战的预感）》[*Soft Construction with Boiled Beans (Premonition of Civil War)*] 绘制习作。这比于1936年7月爆发的西班牙内战早了几个月。达利写道：

> 在这幅画中，我展示了一具硕大的人体，它的胳膊和腿被撕裂成了可怕的碎块，彼此之间还在一种自动绞杀的谵妄状态中互相拉扯。在这一被自恋和生化灾难吞噬的疯狂肉体建筑的背景中，我添加了一道地质景观，它经历了数千年无用的革命，如今已在“正常状态”中凝固。在那个深陷内战的由肉体组成的巨大软结构中，我点缀了几颗豆子，因为如果没有一些（无论多么令人沮丧的）黏糊糊而忧伤的蔬菜的存在，人们无法想象这一堆无意识的肉究竟如何才能下咽。

图165《煮豆子的软结构（内战的预感）》，1936年

画面中，一个可怕的形象在大地上沉思，就像戈雅笔下的巨像统治着一方废土；在构思这幅画时，达利显然想到了戈雅。画中的脸让
168 人联想到戈雅在版画“战争的灾难”（*Disasters of War*）中描绘的头颅。然而，这张脸又与《黄金时代》末尾出现的布兰吉公爵（Duc de Blangis）十分相像，后者的形象被布纽埃尔解读为耶稣。达利让他的主人公横亘在安普尔丹平原的风景之上，这一设计与他1936年的作品
166 《日间的忧郁（寻找空虚的安普尔丹化学家）》[*Diurnal Melancholy (The Chemist of the Empordà in Search of the Void)*]十分类似，化学家的形象就出现在了落在地上的大手之后。

达利将内战的冲突诠释为一具分崩离析且罹患麻风病的躯体，好斗的四肢、头颅和躯干互相撕扯。这一躯体既象征着西班牙，也象征着内战。在达利笔下，它既是受害者，又是施暴者，正因此，它可能也象征了达利口中那段夺走他很多朋友生命的“盲目的历史”。

167 1936年底，达利创作了《秋天的食人狂》(*Autumnal Cannibalism*)，将前作中骇人的躯体替换成了一对正在蚕食彼此的夫妻。这幅画虽然不及《煮豆子的软结构》疯狂，但其含义似乎更加恐怖，达利几乎将食人描绘成了一场兼具味觉和美学享受的兽性盛宴。他这样评价这幅画：“这些伊比利亚生物在秋天蚕食彼此，（我认为）这表达了内战的悲剧是一种自然历史现象。这种观点同毕加索相反，他认为这是一种政治现象。”这番话揭示了达利对历史，特别是当代历史事件的态度。他认为这些事件就像自然界中的进化一样不可避免，它们和生物或地质灾害如出一辙。虽然达利对变革怀有强烈的恐惧，然而他又矛盾地认为，为了揭示传统的真正历练，变革仍然是必要的。“革命的利爪很有必要剥出传统秩序那返祖的内里，包裹在传统外的、不断亵渎传统的层层桎梏正在与花岗岩般坚硬的传统斗争中被野蛮地磨碎和肢解，最终人们将再次沐浴在‘热烈的死亡’之宝藏与隐藏在西班牙大地深处那腐烂又复活的华丽所散发的辉光之中。”

在这个过程中，达利忽视了内战的政治事实——共和党人为维护合法政府和抵抗法西斯而进行的斗争——而是将它想象成了一场基于本能和基本要素的斗争。戈雅的“战争的灾难”系列核心在于反思人在战争中所遭受的苦难，而达利则将内战视为意识形态与非人为力量、死亡与信仰、革命与传统的两极分化的象征。他可能和第一次世界大战时期的雨果·鲍尔[1]一样，认为返祖本能的出现是病态的。在自传中，达利这样写道：“西班牙无政府主义者手持黑色横幅走上街头实施颠覆活动，横幅上写着‘死亡万岁！’另一些横幅则如传统旗帜一样为红色和金色，它们代表了古老的西班牙，上面的铭文只有两个字母，FE（信仰）。突然，在西班牙这具被外来的物质主义意识形态的害虫吞噬了一半的尸体中间，人们看到一座巨大的伊比利亚建筑赫然而立，它仿佛一座大教堂，里面塞满了仇恨的白色炸药。埋葬它吧！再将它从墓中掘出！”

西班牙内战拉开了第二次世界大战的序幕：“在另一场战争中幸免于难的西班牙，将第一个见证战后欧洲的所有意识形态领域那难以解

1：雨果·鲍尔（Hugo Ball，1886—1927年），德国作家、诗人，苏黎世达达运动的创始人。

图166《日间的忧郁（寻找空虚的安普尔丹化学家）》，1936年

图167（上图）《秋天的食人狂》，约1936年

图168（对页图）弗朗西斯科·何塞·德·戈雅，《为什么？》，“战争的灾难”系列第32幅，1810年

决的矛盾、所有在‘革命’和‘传统’这两个词中被道德和审美焦虑充斥的各种‘主义’，现在都将在暴力和血腥的残酷现实中被解决。”大约在1937年，达利又以战争的不祥预感为主题创作了一幅画
169 《怪物的发明》(*Inventions of the Monsters*)，后来他对这幅画做出了如下解释：“根据诺查丹玛斯[2]的说法，怪物的出现是战争的预兆。这

2：诺查丹玛斯（Nostradamus，1503—1566年），法国籍犹太裔预言家。

幅油画是在维也纳附近塞默林（Semmering）的山上完成的，就在德奥合并[3]前的几个月，它预言了这一事件的发生。”

达利在1937至1938年的很多画作都是在欧洲战争威胁的背景下创作的，他在这些作品中对一个早已为人所知的恋物符号进行了重新诠
164 释，即电话听筒。《希特勒之谜》是其中唯一一幅明确表达与当代事件和人物联系的作品。画面中，电话听筒下的盘子上放着一张破碎的希特勒照片。严格意义上来讲这不是真正的拼贴画，达利只是把报纸上的一幅照片复制下来转印到了画布上。画面顶部的树枝上挂着一把幽灵般的雨伞，上色异乎寻常的薄，它代表张伯伦[4]。整幅画隐晦地描绘了英国和德国之间的谈判，而电话在其中扮演了重要角色。

1940年在法国遭到德军入侵后，达利和加拉先是逃往阿卡雄（Arcachon），在那里他们同杜尚成了邻居，加拉经常找他下棋，达利
170 正是以此为灵感创作了《表达爱意的两片面包》（*Two Pieces of Bread Expressing the Sentiment of Love*）。很明显，达利帮杜尚挽救了他的《手提箱里的盒子》（*Boîte-en-valise*）的材料：“在战争中期，杜尚和

3：奥德合并（Anschluss）指1938年3月13日纳粹德国合并奥地利联邦国，组成大德意志这一历史事件。

4：亚瑟·内维尔·张伯伦（Arthur Neville Chamberlain，1869—1940年），英国保守党政治人物，于1937年5月至1940年5月担任英国首相，以其绥靖主义外交政策闻名。

我，冒着德国的轰炸往返于阿卡雄和波尔多，不断收集材料来装满他那著名的手提箱。”他后来又在1959年的一篇谈论杜尚的文章《行动敏捷的裸体穿行于国王和王后之间》（*The king and the queen traversed by swift nudes*）中写到了这件事。8月初，达利和加拉乘船前往美

图169《怪物的发明》，约1937年

国，在那里他可以投靠富有的赞助人，如卡拉西·克罗斯比（Caresse Crosby），达利和加拉就安顿在了后者位于弗吉尼亚的汉普顿庄园中，正是在那里达利撰写了自传《萨尔瓦多·达利的秘密生活》。

这一年年底，达利开始在加州创作《战争的面孔》（*The Face of*

图170（左图）《表达爱意的两片面包》，1940年

图171（对页图）《古里埃里公主（海伦娜·鲁宾斯坦）肖像》，1943年

War，1940年），画中那拟人化的“战争之头”中塞满了相同的头骨，象征着“无限的死亡”。在此期间，他也创作了一些肖像画，包括
171 《古里埃里公主（海伦娜·鲁宾斯坦）肖像》[*Portrait of Princess Gourielli (Helena Rubinstein)*]——达利戏谑地将海伦娜描绘成了被自己的翡翠项链绑在礁石上的安德洛美达[5]。旅居好莱坞时，达利还创
173 作了《伊莎贝尔·斯泰尔-塔斯夫人肖像》(*Portrait of Mrs Isabel Styler-Tas*，1945年)，这幅画大量参考了皮耶罗[6]的《乌尔比诺公爵
172 肖像》(*Portrait of the Duke of Urbino*）及阿尔钦博托[7]的肖像画。从某种意义上来讲，回归传统是达利对抗历史的工具。他将第二次世界大战期间欧洲的衰颓视为传统生活秩序的一部分。在1935年出版的《征服非理性》(*The Conquest of the Irrational*）一书中，尽管达利开始发展他关于传统的非政治观点，但从超现实主义的角度来看，这还是一本有趣的著作。他写道：

> 正是在这样的情况下，萨尔瓦多·达利，这台手工制作的偏执狂批判活动的精确装置，比以往任何时候都更不准备放弃

5：安德洛美达（Andromeda），希腊神话中埃塞俄比亚国王克甫斯（Cepheus）和王后卡西奥佩娅（Cassiopeia）之女。

6：皮耶罗·德拉·弗朗西斯卡（Piero della Francesca，1415—1492年），意大利文艺复兴早期画家和理论家，《乌尔比诺公爵肖像》即为其代表作。

7：朱塞佩·阿尔钦博托（Giuseppe Arcimboldo，1526—1593年），意大利文艺复兴时期著名肖像画家，擅长用水果、蔬菜、花卉、鱼等意象堆砌成人物肖像。

那毫不妥协的政治立场。我一直提议，也许超现实主义者可以被吃掉，因为我们这些超现实主义者似乎是一种优质、颓废、刺激、奢侈又模棱两可的食物，以世界上最机智聪明的姿态陷于矫揉造作、矛盾、好斗的状态之中，这种状态恰好适合目前思想和道德混乱的氛围，而我们正开心地生活在这种氛围中……有一件事是肯定的：我厌恶一切形式的简单……

达利对包括自己在内的超现实主义者的讽刺分析，即认为这是意识形态混乱的社会衰颓状态，与左翼政治家对超现实主义的内部和战后批评有许多共同点。在1942年出版的《萨尔瓦多·达利的秘密生活》一书中，达利的立场已完全表现出了反动性（但他仍然坚持与政治无关）：

当我第一次尝试用一千根拐杖支撑起贵族阶层时，我望着它的脸，诚实地说道："现在我要狠狠地踢你一脚。"

图172（左图）朱塞佩·阿尔钦博托，《冬》（*Winter*），1563年。他作品中的双重意象让他格外受到超现实主义者的喜爱

图173（对页图）《伊莎贝尔·斯泰尔-塔斯夫人肖像》，1945年

贵族阶层像鹳鸟一样，把一直举着的腿又收回去一点。“来吧”，它回答道，咬紧牙关忍受痛苦，一声不吭。

然后，我用尽全力狠狠地踢了它的小腿。它岿然不动。如此说来，我把它支撑得很是牢固。

“谢谢你。”它对我说。

“别害怕。”我离开时回答道，还亲了亲它的手。“我还会回来的。你那令人骄傲的独腿，辅之以我的智慧作为拐杖，让你比我的那些知识分子密友正在准备的革命更为强大。你虽然老态龙钟，疲乏无力，还从高位跌落了下来，然而你的脚还是被传统牢牢地焊接在大地上……”

在1944年出版的小说《隐藏的面孔》中，达利以挽歌的形式描绘了第二次世界大战前的欧洲，虚构了这种对贵族传统的态度。正如这本书的翻译哈康·舍瓦利耶（Haakon Chevalier）所说，这是一部延续了佩特罗尼乌斯[8]《萨蒂利孔》(*Satyricon*) 风格的颓废小说。书中

8：盖厄斯·佩特罗尼乌斯·阿尔比特（Gaius Petronius Arbiter，27—66年），古罗马尼禄时期抒情诗人和小说家。

图174《西班牙》，1938年

死亡之爱的主题十分颓废，因为达利用沮丧和变态代替了悲剧。不过，小说中还有第二个主题，即达利对乡土生活的向往和对变幻莫测的政治的厌恶，点明这一主旨的情节就是格兰赛勒斯伯爵（Count Grandsailles）在美国经历长期的战争流亡后，回到他的故土种植了一片栓皮栎树。达利热爱“坚硬的花岗岩石、典型的地中海土壤、橄榄树和葡萄园、贫瘠的耕地、衣衫褴褛的渔民和农民、沾满泥土的双手、俯拾皆是的能工巧匠，以及所有用智慧和双手创造财富的人……”传统深植于土壤、信仰和文化之中，抵抗着改变。正如达利在自传中所说：“战争的结束、帝国的崩塌以及持续百年的动荡，无非是让那秀美的叶片稍稍改变了弧度、轮廓和纹样，转瞬之间，它便又孕育出一朵崭新的、含苞待放的文明蓓蕾……”

对达利最有趣的评价，就是乔治·奥威尔于1944年发表评论《萨尔瓦多·达利的秘密生活》中的《神职人员的好处》一文。奥威尔为达利那匮乏的人类情感和反爱国立场——战时的英国人强烈感受到了爱国热情的缺失——而深感震惊。在他看来，达利是“反社会的跳蚤”。奥威尔对超现实主义以及达利在这本自传之外的20世纪30年代的工作和生活知之甚少，所以他认为书中那些愤世嫉俗、残忍而反动的叙述皆为事实。尽管如此，奥威尔仍然发表了一些非常有洞察力的评论，大意是达利虽然是一个暴露狂和野心家，然而这一切并不是一个骗局，而是一个需要关注并解释的现象。他认为除了艺术评论家和历史学家，心理学家和社会学评论家也应该对达利的言论进行分析。

作为一名艺术家，达利需要的是以一种令人信服的方式表达他对传统的信仰，而这一信仰早已与他先前所奉行的超现实主义原则背道
165, 167 而驰。《煮豆子的软结构（内战的预感）》和《秋天的食人狂》以强有力的视觉形象批判了一个颓废腐朽、注定要灭亡的社会，然而达利如何才能找到一种合适的方式宣扬他所提倡的传统和神秘主义信仰，而非倚赖对历史主题的拙劣模仿或成为一个被逐渐边缘化的反时代人物？对于曾经最具创造力、多产而剑走偏锋的达利而言，在这场从根本上来说与超现实主义一样反传统的运动中，这成了一个巨大的问题，它可能也造成了达利战后的作品中一直悬而未决的异质性问题。

第十二章

达利的战后绘画

1941年，在纽约朱利安·莱维画廊举办的画展上，达利以费利佩·哈辛托（Felipe Jacinto）的笔名在展览目录上宣布他的意图是“成为经典！”：“在这精神贫瘠的一年里，仍然存在着像达利这样的一个人，这是幸运、恩典和奇迹，只需成为经典，并追求自文艺复兴以来被打断的神学研究，他就有能力继续征服非理性。”

他的文章《萨尔瓦多·达利最后的丑闻》（*The Last Scandal of Salvador Dalí*）经常被视为其超现实主义时期与晚期作品之间的分水岭。实际上“晚期作品”一词并不足以概括达利职业生涯后40年的丰富作品，这其中不仅包括他一些最伟大的画作，还涉及他对全息摄影及视频等新技术的尝试。然而公众还是沿用了这一说法，因为无论出于政治原因还是审美原因，第二次世界大战后的达利一直都是一个极具争议的人物。毫无疑问，从20世纪40年代开始，达利的作品开始向更为戏剧化的方向发展，他开始创作壁画般的巨幅历史题材油画，其中还掺杂着时而明确、时而模糊的宗教意象——这对他原来的超现实主义盟友或当今的现代主义者来说都是不可接受的。即便是延续自己之前的风格，也被视为挑衅性的煽动做法。除了对20世纪30年代的主题和素材进行反复加工，达利也继续在作品中运用偏执狂批判法的双重意象，以及与超现实主义密切相关的、藐视现代绘画所推崇的平面化趋势的光效，比如《苏巴朗的头骨》（*Skull of Zurbaran*，1956年）
105 和《致幻角斗士》。1941年的画展上还展出了他运用双重意象创作最
87 为成功的作品《奴隶市场和正在消失的伏尔泰半身像》和之前遗失又
43 重画的名作《蜜比血甜》。实际上，达利的声明不仅表明他对过去的
延续，也体现了根本性的变化：他在“继续征服非理性”。

对达利来说，除了刺痛超现实主义者，成为“经典”还有另外几重意义。古典主义通常被视为浪漫主义的对立面，而达利就从不放弃任何攻击浪漫主义的机会：“浪漫主义就如陈腐的面条，供艺术和文学领域的所有卑鄙之人享用。”作为西方艺术的原点，希腊和罗马雕塑代表着古典艺

术传统，在文艺复兴时期，这一传统随着油画的诞生而复兴。达利口中的“经典”主要指的是早期绘画大师的艺术传统。他1941年的声明中提到的“神圣比例”（*Divina Proportione*）可能出自卢卡·帕西奥利（Luca Pacioli）于1509年出版的《神圣比例》（*De Divina Proportione*）一文。在这篇由达·芬奇绘制插图的论文中，帕西奥利讨论了“神圣比例”，即黄金分割，这是一种基于文艺复兴时期重新发现的数学比例的“理想”测量方法。1946年，达利的朋友、数学家马提拉·吉卡（Matila Ghyka）出版了《艺术与生活中的几何》（*The Geometry of Art and Life*）一书，达利受此启发分析了达·芬奇在他的《丽达与天鹅》（*Leda and the Swan*）中所用到的黄金分割，并以该几何原理为基础创作了《原子丽达》（*Leda Atomica*, 1947—1949年）一画。达利不断地就艺术发表文章和演讲，其内容不仅针对自己和他人的作品，还涉及绘画的历史和实践。他借此不断表明自己对西方艺术史的深入了解，以及对维米尔、拉斐尔及他最重视的委拉斯贵
176 支的热爱。1947年，达利以生动的文笔出版了个人美学论文集《50个神奇工艺的秘密》，书中包括颜料配方及一张表格，对早期绘画大师以及毕加索、蒙德里安和他自己作品的工艺、灵感、原创性和神秘性进行了评估。维米尔、拉斐尔、委拉斯贵支和达·芬奇的得分最高。蒙德里安的作品除原创性外其他评分基本都是0，最终31分的总分他只得到2分。

从20世纪40年代末开始，达利也开始矛盾地接受新技术和新思想。当时，他在《萨尔瓦多·达利最后的丑闻》中宣称“完成了，完成了，完成了，实验纪元已经完成了一千次”时，脑海中想到的可能是战前超现实主义者所进行的自动主义实验。在接下来的几十年中，他显然对新想法和实验性的新技术有着无穷无尽的兴趣。因此，就像早年一样，此时的达利又开始同时以几种不同风格绘画，并在同期发展或预见了一些前卫艺术风格的发展，如欧普艺术（Op art，又称为光效应艺术）、录像及行为艺术。

对达利来说，媒介似乎和形式（或“主义”）同样重要，然而最重要的是作品的主题及其与人类知识的相关性。达利坚持认为每幅画都应有一个主题，这一想法不仅逆现代绘画潮流而上，而且呼应了马塞尔·杜尚在1967年的一次采访中提出的一个简洁的观点：自库尔贝[1]以来，绘画就只与视网膜有关，它存在的唯一目的就是吸引视线。以前，“绘画有着宗教、哲学和道德等方面的其他功能”。杜尚为这些功能的

1：古斯塔夫·库尔贝（Gustave Courbet，1819—1877年），法国著名现实主义画家。

图175《睡醒前一秒由在石榴旁飞舞的蜜蜂引起的梦》(*Dream Caused by the Flight of a Bee Around a Pomegranate a Second Before Waking*)，约1944年

丧失感到遗憾，其结果是他索性放弃了绘画，认为那是一项失败的事业，并转而投身观念艺术。与之相对，达利相信绘画仍然可以超越单纯的视觉刺激。正如他在1959年致敬杜尚的文章中所说："只有杜尚一人从现代绘画即将出现的集体失败中脱身出来……他不认为有必要一路追随现代绘画并见证它最终的成果。唯有我怀揣着一个秘密的帝国主义计划，然而无论如何大众也不该指责我从事现代绘画。"[《行动敏捷的裸

体穿行于国王和王后之间》，《艺术新闻》（*Art News*）1959年4月刊］

与杜尚不同的是，达利继续从事绘画；他继续致力于延续传统，以及关于色彩和形态的古老魔法。这与他的决心相一致，即绘画应该是当代物理发展，以及与之对应的形而上学含义的承载者。也就是说，绘画应该囊括超越尘世的哲学与宗教内涵。达利强烈反对将科学知识与人类的其他知识和信仰分离开来。正如他于1976年发表在《野蛮人》（*Le Sauvage*）上的一次采访中所说："科学取得了巨大的进步，即便是奥古斯特·孔德[2]对此也难以预料。然而从精神层面来看，我们生活在文明的最低谷。物理学和形而上学之间出现了分歧。我们正在经历一个近乎恐怖的专业化过程，然而各个分支之间却没有交融互通……"尽管达利承认他对科学的大多数专业分支都一无所知，但这并不妨碍他在采访中提到的这种交融互通。

第二次世界大战末期，在广岛爆炸的原子弹给达利带来了深刻的影响：

> 1945年8月6日的原子弹爆炸使我大受震撼。从那以后，原子成为我最喜爱的灵感源泉。这一时期我创作的许多风景画都表达了这场爆炸在我心中激起的巨大恐惧。我用我的偏执狂批判法来探索这个世界。我想见识和理解驱动万物运转的动力及其背后的原理，这样做显然是因为我想驾驭万物。凭借天才的直觉，我知道有一种特殊的方法可以帮助我深入事物的核心，那便是神秘主义……

原子理学家关于物质结构的发现，揭示了原子粒子在分解过程中会释放大量的能量，这一发现深深吸引了达利，至少在比喻的层面他
179 将对此大加利用。在《天鹅羽毛的原子内部平衡》（*Intra-Atomic Equilibrium of a Swan's Feather*，1947年）一画中，不同的物体悬浮在空中，似乎处于一种由相互吸引又排斥的力所构成的静止状态中。当然，它并非处于"原子内部"，因为达利运用的元素并非原子粒子，而是不同部分的物体，甚至是整个物体。最引人注目的是，无论在这幅画还是其他静物画中，达利用广义的原子物理学理论对常见物体的

2：奥古斯特·孔德（Auguste Comte，1798—1857年），法国著名哲学家、社会学家。因开创社会学这一学科而被称为"社会学之父"。著有《论实证精神》等。

重量和肌理进行了解构。早在两千多年前，古希腊人便提出了物质可分性的总体概念，然而直到20世纪，这一概念才在原子弹那毁灭性的力量中得到证明，这也成了这一时期达利作品中反复出现的主题。《爆
182 炸的拉斐尔式圣母像》(*Exploding Raphaelesque Head*，1951年）和
180, 181 《利加特港的圣母》(*The Madonna of Portlligat*，1949年）在对这一主题的处理上形成了有趣的对比。它们都源自文艺复兴时期的绘画作品。在前一幅画中，达利将拉斐尔的圣母像同罗马万神殿的内部结合在了一起，用铅笔勾勒的光环呼应了万神殿天花板上的开口，而圣母的形象又被打散成了无数犀牛角的形状。“在拉斐尔那连续不断的波浪中，”达利这样评价这幅画，“我添加了不连贯的微粒来代表当今的世界。”他认为当今世界与文艺复兴时期的不同之处在于，现在“我们意识到物质不是连续的，而是非连续的”。《利加特港的圣母》借鉴了皮耶罗·德拉·弗朗切斯卡[3]创作的布雷拉祭坛画《圣母子和天使及六圣徒》(*Madonna and Child with Angels and Six Saints*)，只是同往常一样，圣母被描绘成了加拉的样子。尽管画中的人物和建筑被击穿和拆解，但整体效果仍十分平衡，圣母头顶上悬停的贝壳和鸡蛋——在弗朗切斯卡的原作中便存在的元素——进一步强化了平衡效果（只是达利将贝壳的位置进行了翻转），象征着永恒。

3：皮耶罗·德拉·弗朗切斯卡（Piero della Francesca，1416—1492年），意大利文艺复兴初期著名画家。

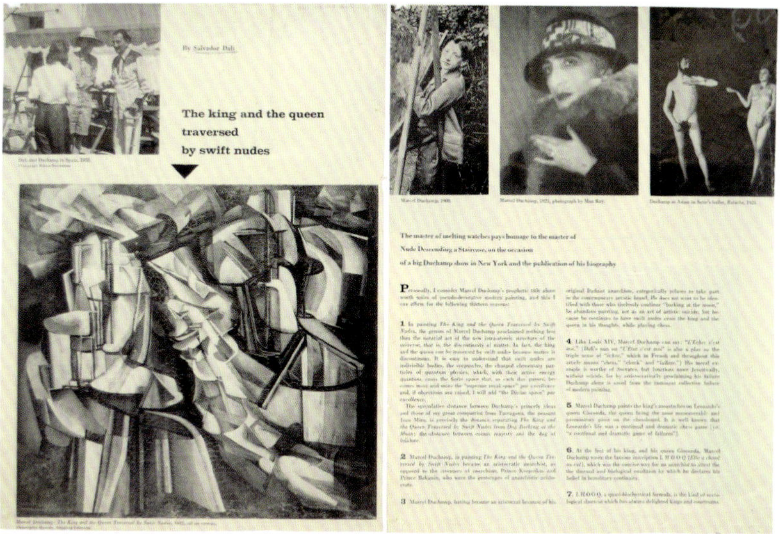
By Salvador Dali

The king and the queen
traversed
by swift nudes

The master of melting watches pays homage to the master of
Nude Descending a Staircase, on the occasion
of a big Duchamp show in New York and the publication of his biography

图176（对页图）“一个真正的画家，即便面对的是空无一物的荒漠，也必须有能力在画布上描绘出非凡的场景”，《50个神奇工艺的秘密》插图，1948年

图177（上图）萨尔瓦多·达利发表于《艺术新闻》的文章《行动敏捷的裸体穿行于国王和王后之间》，第58期，1959年4月

183 在1956年的《反物质圣母升天》（*Assumpta Antiprotonica*）中，达利将核物理理论同神秘主义进行了更为奇妙的结合。在这幅画中，他将量子力学理论同相对论像结合——任何粒子都存在相对应的、质量相同的反粒子，当正反粒子相遇并发生湮灭时，将释放极大的动能。达利认为，圣母之所以升天，并不是依靠祈祷的力量，而是依靠她自身反质子的推动力。在达利看来，圣母是一位尼采式的超级女性，代表着“永恒女性权利意志的爆发”。此时，基督教教义被达利转换成了一部设定精妙的科幻小说。

1958至1959年，达利于纽约卡斯泰尔斯画廊（Carstairs Gallery）举办个展，他在展览目录的序言中发表了一份《反物质宣言》（*Manifesto of Anti-matter*），其中这样写道：

> 我想直到如何将反物质传送到我的作品中。这个问题涉及如何运用沃纳·海森堡[4]博士提出的新方程……它可以将万

4：沃纳·卡尔·海森堡（Werner Karl Heisenberg，1901—1976年），德国著名物理学家，量子力学创始人之一，于1932年获得诺贝尔物理学奖。

图178《快速移动的静物》(*Fast-Moving Still Life*)，约1956年

> 物统一在一起……我爱物理学。最近，我做了一场精细的阑尾炎手术，为了恢复健康，我不得不在医院待了一个半月。恢复期间的闲暇之余，我研究了核物理……当今的外部世界——这个物理世界——已经超越了心理学的世界……如今，我的父亲是海森堡博士（而在超现实主义时期，他将弗洛伊德称为自己的父亲）。

在20世纪50年代的一些作品，比如《爆炸的拉斐尔式圣母像》《有
184 金属球和天青石的圣母升天》(*Assumpta Corpuscularia Lapizlazlina*)及1952年的素描《粒子圣母》(*Corpuscular Madonna*)中，达利将人和物体分解为无数圆锥形的碎片，他将这些碎片称为犀角。它们对达利来说具有特殊的形态意义，也与其他意象不无关联。在《爆炸的拉斐尔式圣母像》中，这些犀角状碎片盘旋而下，与一辆解体的独轮手推车相连。独轮车曾在《米勒〈晚祷〉的悲剧神话》中出现，带有强烈的色情意味，这通过达利基于这幅画创作的明信片便可以看出。这些碎片同圣母玛利亚的形象联系在一起，变成了包含科学、神圣和性的奇异混合体。

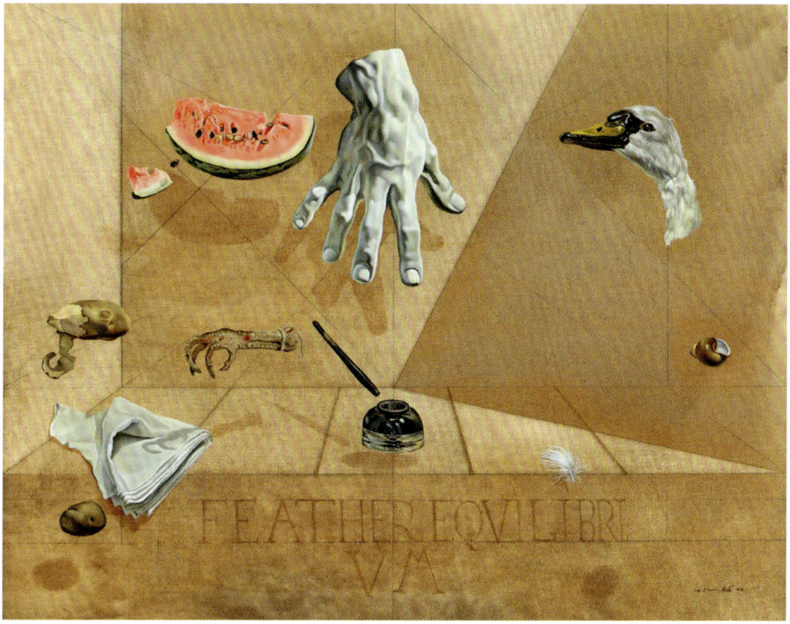

图179《天鹅羽毛的原子内部平衡》，1947年

1955年，他在索邦大学发表了一场演讲，在一群热情的听众面前试图证明维米尔的《花边女工》从形态学角度来观察是一只犀角。

> 1955年夏天，我发现向日葵花盘中那些螺旋线的交界处形成了完美的犀角般的曲线。目前，形态学家根本无法确定向日葵的螺旋是否为真正的对数螺旋线。虽然它们接近于此，但有些生长现象是我们无法用严格的科学精度来测量的，而且形态学家对它们是否构成了对数螺旋线也并未达成一致。尽管如此，我向观众保证，自然界中再没有比犀角的曲线更为完美的对数螺旋的例子。随着对向日葵研究的深入，在或多或少按照对数螺旋线的标准进行观察时，我发现自己轻易地从中识别出了明显的《花边女工》的轮廓……

达西·汤普森[5]在其1917年出版的《论生长与形态》(*On Growth*

5：达西·温特沃斯·汤普森（D'Arcy Wentworth Thompson，1860—1948年），苏格兰动物学家。

图180《利加特港的圣母》（第一版），1949年

and Form）中就将犀角、向日葵和贝壳联系在一起，作为对数螺旋线的例子。达利显然对这一经典研究十分熟稔。这种自然界中的曲线极为引人注目，其极半径为其极角的递增或递减函数，这一潜在的无穷
188, 189 图形与斐波那契数列[6]十分相似。在《瓜达卢普圣母怜子像》（*Pietà and Virgin of Guadalupe*）中便可看到源自向日葵花盘中复杂螺旋形状的精美装饰图案，与犀角一样，达西·汤普森将其称为“时间元素”。犀角虽然属于活人，但实际上它们却是死物。正因此，这种螺旋包含了生与死的内涵，令达利更加为其着迷。在1955年的演讲中，他还声
65 称犀角这一意象诞生于《记忆的永恒》——一场关于时间的冥想。

达利将注意力转向维米尔的《花边女工》是典型地将科学和偏执逻辑融合在了一起。于索恩大学发表演讲的同年，他又在文森动物园拍摄了一个场景，让园中的犀牛同一幅巨大的《花边女工》复制品同框，而这也被称为《花边女工和犀牛的奇妙冒险》中的一个场景。

6：斐波那契数列（Fibonacci sequence），即黄金分割数列，由意大利数学家莱昂纳多·斐波那契（Leonardo Fibonacci）提出。

图181《利加特港的圣母》，约1950年

《萨尔瓦多·达利的秘密生活》的结尾这样写道："此刻的我还没有信仰，我担心死后无法升到天堂。"达利在后期作品中频繁且引人注目地使用基督教意象，这在多大程度上表达了他对信仰的探索和发现，我们无从得知。当然，这也是他将形而上学重新引入物理学的整体策略的一部分。在创作了一系列圣母主题画作后，达利又以十字架上的耶稣为
185, 187 主题创作了两幅作品《十字架上的神圣基督》(1951年）和《耶稣受

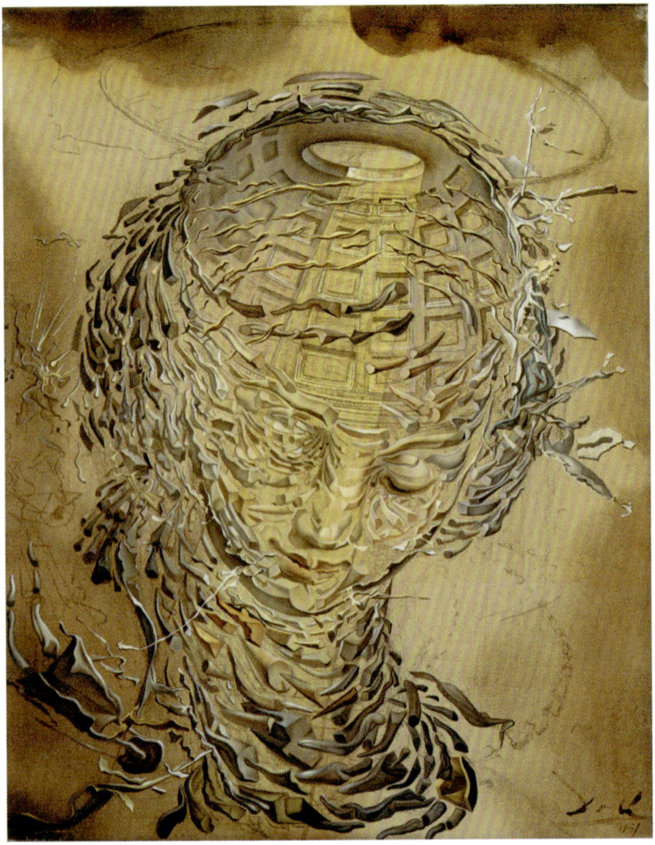

图182 （左图）《爆炸的拉斐尔式圣母像》，1951年

图183 （对页图）《反物质圣母升天》，1956年

难》(*Corpus Hypercubus*，约1954年)。在1951年发表的文章《神秘宣言》(*Mystical Manifesto*) 中，他这样写道："我希望我的下一幅基督主题作品成为迄今为止人们创作过的最美丽、最快乐的画作。我要将格吕内瓦尔德[7]笔下的耶稣描绘成绝对对立的唯物主义与野蛮的反神秘主义形象。"达利向委拉斯贵支和苏巴朗[8]寻求灵感，以找到一种方法来描绘"耶稣的形而上之美"。他笔下的耶稣没有受伤，也毫无瑕疵；没有指甲，也不曾流血。《十字架上的神圣基督》(*Christ of Saint John of the Cross*) 中耶稣的身体呈戏剧化的透视缩短，达利之所以选取这一不寻

7：马蒂亚斯·格吕内瓦尔德（Mathis Grunewald，约1480—1528年），德国文艺复兴时期著名画家，以祭坛画著称。

8：弗朗西斯柯·德·苏巴朗（Francisco de Zurbarán，1598—1664年），西班牙画家。

常的视角，部分原因在于他参考了一幅描绘十字架上的圣约翰的素描，
这幅画据传由一位16世纪的神秘主义者所创作，目前藏于西班牙阿维拉
（Avila）化身修道院（Monastery of the Incarnation）的一个圣物箱中。
达利在布鲁诺·德·热苏斯-马利（Bruno de Jésus-Marie）的帮助下看到
186 了这幅画，后者和圣约翰一样是一位卡梅尔修道士。在看过这幅画后，
达利做了一个梦，梦中的耶稣就呈现《十字架上的神圣基督》中的姿
势，只是身后的背景是利加特港的风景。与圣约翰所仰望的耶稣不同，
达利笔下的耶稣完全对称，以极为倾斜的角度位于观者视线的正下方。
为了创作这幅画，达利可能用到了他在工作室安装的一块玻璃地板，借
助这块玻璃板，他便可以以仰视或俯视的特别角度观察模特。《十字架
上的神圣基督》隐约让人联想到达利的朋友何塞·玛利亚·塞特（José
María Sert）的一幅巨大而可怖的画作：画中的耶稣站在十字架上，像

轰炸机一样从空中飞下，向与十字架上的圣约翰同时代的阿维亚的圣特蕾莎（St Teresa of Avila）送去援助，后者在1936年的西班牙内战中积极捍卫殉道者的权利。这幅画是为1937年巴黎世界博览会的梵蒂冈馆创作的。然而，正如艾略特·金（Elliott King）解释的那样，隐藏在《十字架上的神圣基督》中的一个重要线索是耶稣那急剧后退的形象呈三角形。在1950至1951年创作的一幅水彩速写中，达利记录道他曾在一个关于宇宙的梦中梦到一个中间带孔的金色三角形图案，在梦中这代表原子的原子核，然而之后它“被赋予了一种形而上学的意义，它象征了‘宇宙的统一’——耶稣！”当看到那幅16世纪的素描时，达利意识到它在“几何层面解决了”——也就是统一了——三角形和圆形。正因此，他也将自己笔下的耶稣放在了一个三角形中。

这幅巨大的油画包括两个互不相关的场景，它们并不处于相同的视角。逐渐消失在一片黑色的虚空中的十字架悬浮于一片真实的风景之上，这便是有一条乡间小路的利加特港海岸。岸边停靠着加拉的黄色小船，还有两个十分渺小的渔夫形象，其中一个的灵感来自委拉斯贵支的一幅素描，另一个则来自勒南[9]笔下的农夫。

187 与之相对，在《耶稣受难》中，加拉站在近景中，全神贯注地凝视着耶稣，其虔诚的姿势与苏巴朗的《十字架上的基督》（*Crucifixion*，约1650年）一画中手持调色盘的圣路加不无相似之处。1953年夏天，在达利创作这幅《基督受难》的时候，一群年轻的核物理学家前来拜访他，碰巧肯定了他以立方体表现十字架的做法：“他们又陶醉地离开了，答应要寄给我在太空中拍摄的盐的立方体结晶照片。我希望盐——不燃性的代表——可以像我和J.德·埃雷拉（J. de Herrera）一样在《耶稣受难》的创作上发挥作用。”埃雷拉是16世纪西班牙腓力二世宫殿的建筑师，曾写过一篇名为《论立方体形式》（*Discourse on Cubical Form*）的论文，正是这篇文章最初激发了达利的创作灵感。“超立方体”——一个从每个表面都投射出另一个立方体的立方体——最初由数学家查尔斯·霍华德·辛顿（Charles Howard Hinton）于19世纪80年代提出，并由克劳德·布拉格登（Claude Bragdon）继承和发展。后者是一位受欢迎的科学理论家，他关于第四维度的观点影响了20世纪早期的许多艺术家。为了构成十字架，达利在画面中的超立方体下方又加了一个立方体，并巧妙地通过借用立

9：路易·勒南（Louis Le Nain，1598—1648年），法国画家。

图184《有金属球和天青石的圣母升天》，1952年

图185 （对页图）《十字架上的神圣基督》，1951年

图186 （右图）《十字架上的基督》，传为圣约翰所作，约1572—1574年

体主义和马赛克地板中的常见设计，即凹凸面来强化画面的四维空间感。耶稣左臂下的立方体可以被解读为一个没有侧面和顶部的开放式结构，在这种情况下，人物的阴影投到了立方体内部的背面，当然，这个正方体也可以被看作一个完整的封闭结构，阴影就投到了其表面。这种不确定的性质以十分吸引人的方式暗示了我们可以直观体验的三
65 维世界以外的维度。把这幅画和达利那幅《记忆的永恒》中著名的软手表进行比较十分有趣。后者并没有被明确和有意识地定义为是相对论的象征（"时间和空间组成的卡芒贝尔奶酪"，达利这样描述它们），倒更像是我们对固定宇宙观念崩塌的超现实主义沉思。正如达利在《神秘宣言》中所说：

> 既然相对论已经取代了宇宙的基础、取代了以太，时间便又回到了它的相对位置，当赫拉克勒特说出"时间是一个孩子"，以及达利画下他那著名的"软手表时"，这一结果就已注定。既然整个宇宙都充斥着这种未知而疯狂的物质，既然我们已经知道了那爆炸性的质能公式，那么那些愿意摆脱唯物主义惰性而思考的人就会知道最终将有形而上学家"精确解答"关于物质的谜题！

188 达利于1958年创作的《圣母怜子》(*Pietá*) 在空间结构上甚至比
《十字架上的神圣基督》更为复杂。耶稣的身体表现为戏剧化的透视缩
短，他似乎正要飘浮到一个金色的球体上去，球体中还包含着向日葵
189 的花盘，就像他之后创作的《瓜达卢普圣母怜子像》中光环上的纹样
一样。加拉悬浮在空中，与耶稣四目相对，她被一团燃烧着的可怕能
量所环绕，能量似乎来自耶稣紧握的双手。达利在画作的背面签上了
“圣母怜子”的标题，似乎暗示了另一种解读方式。1958年，《圣母怜
子》和《西斯廷圣母》(*Sistine Madonna*) 两幅画先后问世，就在这
一年，达利和加拉举办了宗教婚礼。

190 1958年底，达利首次在卡斯泰尔斯画廊（Carstairs Gallery）展出《西斯廷圣母》，并于同期发表了文章《反物质宣言》。这幅巨画不同寻常地结合了视错觉和现代印刷技术，乍看之下非常抽象；进一步仔细观察，就会发现画面中源于拉斐尔的西斯廷圣母子像，这一图案被包围在一个高度超过2米的巨大耳朵中。耳朵的形象源自教宗圣若望二十三世（Pope John XXIII）发表在《巴黎比赛》(*Paris Match*) 杂志上的一幅黑白照片，达利对原图进行了夸张地放大，使其几乎溶解在一片网点之中。不过，达利并不是唯一一个尝试网点的艺术家。在这种艺术形式中，色调（明与暗）由本戴点（Benday dot，根据19世纪印刷大师本杰明·亨利·戴得名）组成，这种网点只有在图像被放大时才可以看到。罗伊·利希滕斯坦[10]、安迪·沃霍尔[11]等艺术家几乎与达利同时尝试了将漫画和杂志上的印刷图进行放大。不过与达利不同的是，其他艺术家选用的图案主要来自现成印刷品，通常与流行文化有关。正如达利在《反物质宣言》中所说的那样，他的雄心壮志是“将现代艺术实验同更伟大的古典传统结合起来”。除了使用穿孔屏幕精心复制网点，他还引用了之前一直在研究的波纹效应（moiré effect）以增强画面的立体感，以及一种非同寻常的视错觉技术（达利对此深为着迷）：画面中，两张纸悬浮于背景之上，一张上有他的签名，另

10：罗伊·利希滕斯坦（Roy Lichtenstein，1923—1997年），美国著名波普艺术家。
11：安迪·沃霍尔（Andy Warhol，1928—1987年），美国著名艺术家、电影制片人、作曲家、作家、出版人，波普艺术代表人物，代表作有《枪击玛丽莲（鼠尾草蓝色）》《金宝汤罐》等。

图187（对页图）《耶稣受难》(根据西班牙腓力二世宫殿的建筑师胡安.德·埃雷拉论文创作)，约1954年

图188《圣母怜子》，1958年

一张上则挂着一颗樱桃，这不禁让人想到17世纪桑切斯·科坦（Sánchez Cotán）创作的那些颇具迷惑效果的静物画。

1960年，杜尚在纽约达西画廊举办了国际超现实主义展览“超现实主义侵入魔法领域”（Surrealist Intrusion in the Enchanters' Domain），并将达利的这幅《西斯廷圣母》也纳入其中，这一举动引起了轩然大波。超现实主义者感到愤怒，他们出版了一本小册子《我们并不那样听》（*We don't EAR it that way*），称达利为纳粹分子和宗教偏执狂。这一事件的宣传效果使达利引起了年轻一代艺术家的关注。杜尚为这幅画进行了辩护，这场展览原计划要在多地巡回展出，杜尚也中止了后续的展览计划。

达利也偶尔从抽象表现主义艺术家的身上寻求灵感，比如作品
192 《委拉斯贵支用自己的光与影描绘玛格丽塔公主》（*Velázquez Painting the Infanta Margarita with the Lights and Shadows of his Own Glory*,

1958年）便显然受到了动态绘画的影响。然而，他在这方面的兴趣十分片面、前后矛盾又模棱两可。那些使达利确实崇拜的抽象艺术家，比如克莱恩[12]、塔皮埃斯[13]、德·库宁[14]、马蒂厄[15]，在他看来都勇敢地“以最快的速度冲向绝对的虚无”。达利曾这样评价道：“我喜欢德·库宁，他是一尊横跨大西洋的巨像，一只脚在纽约，另一只在阿姆斯特丹，他的画暗示了洪荒时代的地质梦想，也代表了记录地球冒险的宇宙开端。”这一观点后来又出现在了他的文章《德·库宁的三亿周年纪念日》（*The 300,000,000th anniversary of de Kooning*）中，文章标题所指的是数亿年前欧洲与美洲分离时地球上所发生的地质事件。

12：弗朗兹·克莱恩（Franz Kline，1910—1962年），美国抽象派画家。
13：安东尼·塔皮埃斯（Antoni Tàpies，1923—2012年），西班牙著名画家。
14：威廉·德·库宁（Willem de Kooning，1904—1997年），荷兰籍美国抽象表现主义画家。
15：乔治·马蒂厄（Georges Mathieu，1921—2012年），法国抽象派画家。

图189《瓜达卢普圣母怜子像》，1958年

马蒂厄那被达利称为“心醉神迷”的自由而诗意的抽象风格显然影响了达利于1958年创作的速写及同时期的油画，《以马忤斯门徒的仆人》（*The Servant of the Disciples of Emmaus*，1960年）便是一例。1956年，他以唐·吉诃德为主题，用各种特别的手法创作了一系列平版印刷版画，这些手法打造出一种有趣而抽象的马蒂厄式书法效果：在一幅画中，他将混合了墨水的蛋液洒在印刷石板上；在另一幅画中，他用马蒂厄给他的火绳枪对准石版放了一枪。大约在同一时期，达利创作了一幅“跳舞”而成、而非画成的作品：他将西班牙舞蹈家拉·春加（La Chunga）带到利加特港，在其公寓的露台上撑开一张几平米大的帆布，当春加随着吉他手的伴奏在画布上跳舞时，他顺势将颜料挤在她的脚旁，这样颜料就随着她的舞步在画布上混合和涂抹开来。

几乎就在进行这些实验的同时，达利开始创作巨幅史诗作品《圣
193 地亚哥大帝》（*Santiago el Grande*）和《克里斯托弗·哥伦布发现美洲》（又名《克里斯托弗·哥伦布之梦》）（*The Dream of Christopher Columbus*）。他的这些“历史画”含义隐晦而矛盾，可能讽刺性地肯定了传统、文化和宗教的延续，特别是贯穿其中的神秘体验。

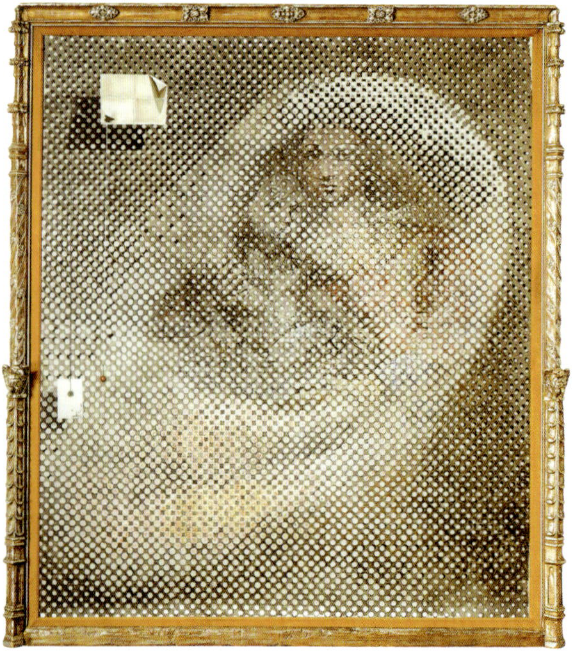

图190（左图）《一幅近看是抽象图案的准灰色画作；距离2米看是拉斐尔的西斯廷圣母；距离15米看是一只1.5米长的天使耳朵；该画用反物质绘成，因此充满纯能量》（*Quasi-grey picture which, closely seen, is an abstract one; seen from two metres is the Sistine Madonna of Raphael; and from fifteen metres is the ear of an angel measuring one metre and a half; which is painted with anti-matter; therefore with pure energy*），1958年

图191（对页图）《粒子记忆的永恒》（*The Corpuscular Persistence of Memory*），1952—1954年

达利几乎从职业生涯的开始就以各种方式使用摄影术。举例来说，《肩上平衡地放着两块羊排的加拉》(*Gala with Two Lamb Chops Balanced on her Shoulder*，1933年）中加拉的脸就选自那年他们二人在利加特港拍摄的一张照片。在《征服非理性》中，达利就指出绘画只是“手工制作的彩色摄影”。他还在《萨尔瓦多·达利不可言说的告白》中写道，他确信维米尔在创作时借用光学透镜将绘画对象反射在了画布上。当然，达利本人也使用了将摄影图像投射到画布上以复制图像
194 的技术，比如《捕捞金枪鱼》(*Tuna Fishing*，1966—1967年）中的一些区域就是用这一方法绘制而成的。1967年10月，《捕捞金枪鱼》作为致敬梅索尼埃的一部分在巴黎莫里斯酒店（Hotel Meurice）展出。这幅画似乎同时体现了达利对伟大历史画传统的模仿与抗争。他并没有选择人类战斗的场景，而是选择了一个捕捞金枪鱼的血腥场景，这一主题源自父亲讲给他的一个故事，其中讲到按照地中海地区的惯例，金枪鱼被赶进一个海湾，并在那里被屠杀，金枪鱼的血染红了海水。这幅画采用了经典构图方式，人物组成了一个金字塔形，整体表现出一种景深感；

图192《委拉斯贵支用自己的光与影描绘玛格丽塔公主》，1958年

但同时它也是各种绘画风格与摄影技术的惊人结合，囊括了超现实主义、超写实主义、点彩画、欧普艺术、迷幻艺术和照相写实主义。近景中的人物形象（阿兰·穆塞涅）则是一张丝网印刷图。

因为对任何可以扩展自己对视错觉研究的或新或旧的技术都十分重视，达利从20世纪70年代早期开始探索全息摄影和立体照相机。1972年4月，他的第一件全息摄影作品在纽约诺德勒画廊展出。全息摄影术的发明人丹尼斯·加博尔（Denis Gabor）博士为展览撰写了目录，并在其中解释了何为全息摄影，以及艺术家可以如何利用这种技术：

> 对艺术家来说，全息摄影代表了一种探索三维世界的全新方式。现在已经实现的第一阶段是对三维物体和场景的摄影，这些物体和场景的形象被印到全息胶片上，虽然此时并不可见，但它们将被重新组合成原始的三维状态，从各个角度都可以观察，只是观察到的对象是单色的。

图193《克里斯托弗·哥伦布发现美洲》，1958年

达利最具野心的全息影像作品就是在菲格拉斯达利戏剧博物馆展出的《全息！全息！委拉斯贵支！加博尔！》（*Holos! Holos! Velázquez! Gabor!*）。这幅作品试图将《宫娥》（*Las Meninas*）和一幅纸牌玩家的照片结合成一幅双重图像。在全系摄影专家塞尔温·利萨克（Selwyn Lissack）的帮助下，达利将两幅图片安装在放置于不同平面的玻璃片上，从而创造出了第一幅全息照片。加博尔博士所说的第二和第三阶

图194 （上图）《捕捞金枪鱼》，1966—1967年

图195 （对页图）《椅子》，立体作品，约1975年

段分别是在摄影中展现自然颜色，以及将自然颜色同“对景深的无限还原相结合。此时，艺术家在自己的工作室中便能打造出一片延伸到地平线的风景，而这番风景在现实世界中并不需存在”。然而达利在世时，全息技术并没有像他所希望的那样发展得那么快、那么完善，所以加博尔博士提到的那种人造风景也并未实现。就像达利在职业生涯中常常遇到的情况一样，全息图这一概念最初深深吸引了他，然而他那雄心勃勃的设想却因超过了当时媒体的容纳能力而难以实现。

也许是因为意识到全息摄影潜在的难以持久性，比如1973年的《艾利斯·库珀的大脑肖像》（*Portrait of Alice Cooper's Brain*）就十分易损。达利借助三体照相机运用了一种逆像技术，重新回到了更具持久性的油画领域。三体照相机发明于19世纪30年代早期，在1851年的世界博览会上一经推出便以科学玩具的形象一炮而红，其热度一直持续到了20世纪。立体照相机的作用是诱使观者“看到”三维图像——这一图像由两幅视角略微不同的照片叠加而成，仿佛左眼和右眼分别观察到的同一事物。这一过程模仿了双眼视觉，当观者以特定角度观察叠加在一起的两幅图片时，图片旋即呈现浮雕般的立体感。达利在这一领域最重要的前辈可能是杜尚。杜尚总是沉迷于光学的巧妙之处，他不仅在1918至1919年创作的“现成艺术品”立体光学幻灯机上添加了几何图形，还在最后一件作品《规定：1、瀑布，2、燃烧的气体》（*Étant donnés*，1946—1966年）中仍然保有对双眼视觉的兴趣：这幅画必须通过木门上的两个孔来观看。20世纪60年代初，在用小明信片进行了几次实验之后，达利决定将这种本质上源自摄影的技术转化为画作。1972年，他创作了《背坐着的达利描绘背坐着的加拉，同时从6个角度在6面镜子中留下镜像，成为永恒》（*Dalí seen from the back painting Gala from the back eternalized by six virtual corneas provisionally reflected by six real mirrors*）。在接下来的几年中，他又陆续创作了16组尺寸各异的画作，其中最大的
195 一组是《椅子》（*The Chair*），高度超过4米。同一组的两幅画作几乎完全相同，只是在色彩和色调上有些许差异。这其中差异最大的两幅画是《雅典学院》（*The School of Athens*）和《波尔戈的火灾》（*The*

Fire in the Borgo），这两幅毗邻展出的画作选取了梵蒂冈博物馆中拉斐尔展厅里的两个场景，只是达利根据双眼视觉将原作中的一些内容替换成了彩色方块。这些立体画需要借助特殊的观看条件才能达到理想效果，但从一开始达利就没有进行任何设置。为此人们尝试了各种各样的方法，包括使用有角度的镜子或用特殊镜头观察，倒是获得了一些效果。

图196《荷马的神化（加拉的白日梦）》[*Apotheosis of Homer (Diurnal Dream of Gala)*]，约1945年

达利的一幅非常晚期的怪异的小型作品因其明显的平庸却脱颖而出，这幅完成于1983年的画以速写般的现实主义风格描绘了一辆货车的内部。然而，它的两个标题却揭露了深藏于作品中的忧伤和对旧日的缅怀，这不啻为一种死亡的语言，也在一定程度上呼应了达

图197 《我们将在稍后到达，大约在5点》，或《搬运车》，约1983年

利于1973年创作的书籍/装置作品《不朽的十道菜谱》(*Ten Recipes*
197 *for Immortality*)。两个标题《我们将在稍后到达，大约在5点》(*Llegaremos mas tarde, hacía las cinco*) 和《搬运车》(*A Removal Van*) 都与死亡及旧日的友谊有关。“我们将在稍后到达，大约在5点”呼应了洛尔卡的诗作《哀悼伊格纳西奥·桑切斯·梅西亚斯》(*Lament for Ignacio Sánchez Mejías*) 中的“在下午5点钟……”。诗歌标题中的梅西亚斯是一位斗牛士，“在下午5点”被牛角顶死。达利过去常常嘲笑洛尔卡对死亡太过痴迷，可洛卡尔在西班牙内战期间被法西斯分子所杀一事一直在达利心中挥之不去。另一个标题“搬运车”则呼应了安德烈·布勒东的《超现实主义宣言》中的一段话：“超现实主义将把你带入死亡，那是一个秘密社群。它将像手套般罩在你的双手上，将你深深地埋在字母M的下方，那便是‘回忆’(Memory) 一词的开头。莫忘适当安排你最后的遗愿和遗嘱：就我个人而言，我要求用一辆搬运车将我运往墓地……”

部分参考书目及资料来源

利的文章

Collections
e *Dalí* (exh cat, 2004) for the most comprehensive list to date of Dalí's writings, articles on Dalí, solo exhibitions, book illustrations, films, theatre, opera, ballet, radio and television
anish translations from the original Catalan or French of autobiographical texts, prose, poems, scenarios, essays, letters and interviews are available in *Obra Literaria Completa*, 8 vols (2004)
i 1 la révolution paranoïaque-critique éditions (1971); an English translation is available as Yvonne Shafir, *Oui: The Paranoid-Critical Revolution* (1998)
i 2 L'archangélisme scientifique éditions (1971)
ıkelstein, Haim, *The Collected Writings of Salvador Dalí* (1998)
ınslations of many of Dalí's original Catalan texts are available in Paul Ilie, *Documents of the Spanish Vanguard and Salvador Dalí: the early years* (1969)
Books, essays, manifestos, poems.
An asterisk denotes that all or part of the text can be found in French translation in *Salvador Dalí: Retrospective 1920–1980* (1979–80)
ticles on Velázquez, Goya, El Greco, Michelangelo, Dürer, Leonardo, in *Studium*, 1919
ınt Sebastià', *L'Amic de les Arts* 2.16, 1927
Reflexions', *L'Amic de les Arts*, 2.17, 1927
ı fotografia, pura creació de l'esperit', *L'Amic de les Arts*, 2.18, 1927
Els meus quadros del Saló de Tardor', *L'Amic de les Arts*, 2.19, 1927
Dues proses' (*'La meva amiga i la platja' and 'Nadal a Bruselles'), *L'Amic de les Arts*, 2.20, 1927
Film-art, film antiartistico', *Gaceta Literaria*, no. 24, 15 December 1927
Nous limits de la pintura', *L'Amic de les Arts*, February–May 1928
esia de l'útil standarditzat', *L'Amic de les Arts*, 3.23 (1928)
h L. Montanyà and S. Gasch, 'El manifiesto antiartistico Catalán', *Gallo*, 2, 1928
an Miró', *L'Amic de les Arts*, 3.26, 1928
ealidad y sobrerrealidad', *Gaceta Literaria*, 15 October 1928
ı Dada fotogràfica', *Gaseta de les Arts*, 2.6, 1929
.. L'alliberament dels dits ...', *L'Amic de les Arts*, 4.31, 1929
*'Luis Buñuel', *L'Amic de les Arts*, 4.31, 1929
'... Sempre, per damunt de la música, Harry Langdon', *L'Amic de les Arts*, 4.31, 1929
'Documentaire – Paris – 1929', *La Publicitat*, April–June 1929
with Luis Buñuel, 'Un Chien Andalou', *La Révolution Surréaliste*, 12, 1929
'Posició moral del surrealisme', *Hélix*, 10, 1930
'L'Ane pourri', *Le Surréalisme au service de la révolution*, 1, 1930
La Femme visible (1930)
'... Surtout, l'art ornemental ...', in *Dalí*, exh. cat. (Pierre Colle Gallery, Paris, 1931)
with Aragon, Breton, Eluard, Péret et al, manifesto, in programme of *L'Age d'or* (1930)
with Luis Buñuel, *L'Age d'or*, scenario; *see* Buñuel
L'Amour et la mémoire (1931)
'Objets surréalistes', *SASDLR*, 3, 1931
'Communication, visage paranoïaque', *SASDLR*, 3, 1931
Unpublished notes for the interpretation of the painting *The Persistence of Memory*, Museum of Modern Art, New York, 1931
'Rêverie', *SASDLR*, 4, 1931
'The Object as Revealed in Surrealist Experiment', *This Quarter*, 5.1, 1932
Babaouo, scénario inédit précédé d'un abrégé d'une histoire critique du cinéma et suivi de Guillaume Tell, ballet portugais, 1932
'Objets psycho-atmosphériques-anamorphiques', *SASDLR*, 5, 1933
'Réponse à l'enquête "Recherches expérimentales, sur la connaissance irrationelle de l'objet", Boule de cristal des voyantes', *SASDLR*, 6, 1933
'Interprétation paranoïaque–critique de l'image obsédante L'Angélus de Millet', *Minotaure*, 1, 1933
'De la beauté terrifiante et comestible de l'architecture Modern'style', *Minotaure*, 3–4, 1933
'Le Phénomène de l'extase', *Minotaure*, 3–4, 1933
'Derniers modes d'excitation intellectuelle pour l'été 1934', *Documents 34*, special number 'Intervention Surréaliste', 1, 1934
'Les Nouvelles Couleurs du sex appeal spectral', *Minotaure*, 5, 1934
La Conquête de l'irrationel (1935; published in English, 1935)
'Apparitions aérodynamiques des "Êtres-Objets"', *Minotaure*, 6, 1934–5
'Honneur à l'objet', *Cahiers d'Art*, 1936

'Le Surréalisme spectral de l'eternel féminin préraphaélite', *Minotaure*, 8, 1936
'I Defy Aragon', *Art Front*, 3.2, 1937
Métamorphose de Narcisse (1937; English translation, 1937; repr. 2011)
Declaration of the Independence of the Imagination of the Rights of Man to His Own Madness (1939)
'Les Idées lumineuses: "Nous ne mangeons pas de cette lumière-là"', *L'Usage de la Parole*, 2, 1940
The Secret Life of Salvador Dalí (1942)
Hidden Faces (1944)
Dalí News, Monarch of the Dailies, 1, 1945; 2, 1947
Fifty Secrets of Magic Craftsmanship (1948)
Manifeste mystique (1951)
'Mes Secrets cinématographiques', *La Parisienne*, February 1954
Les Cocus du vieil art moderne (1956; published in English as *Dalí on Modern Art: the Cuckolds of Antiquated Modern Art*, 1957)
'Anti-matter Manifesto', in *Dalí*, exh. cat. (Carstairs Gallery, London, 1958–9)
Le Mythe tragique de l'Angélus de Millet, Interprétation 'paranoïaque–critique' (1963)
Journal d'un génie (1964; published in English as *Diary of a Genius*, 1965)
Lettre ouverte à Salvador Dalí (1966; published in English, 1967)
'Manifeste en hommage à Meissonier', in exh. cat. (Hotel Meurice, Paris, 1967)
Ma Révolution culturelle (1968)
'De Kooning's 300,000,000th Birthday', *Art News*, April 1969
Oui: méthode paranoïaque–critique et autres textes (1971)
'Holos! Holos! Velasquez! Gabor!', *Art News*, April 1972
Comment on devient Dalí, as told to André Parinaud (1973; published in English as *The Unspeakable Confessions of Salvador Dalí*, 1976)
Être-Dieu: Opera-Poem by Salvador Dalí (1992)

展览

Oeuvres anciennes de Salvador Dalí (Galerie A.-F. Petit, Paris, 1970)
Dalí (Museum Boymans-van Beuningen, Rotterdam 1970–71)
Salvador Dalí: Retrospective 1920–1980 (Centre Georges Pompidou, Musée Nationale d'Art Moderne, Paris, 1979–80)
Salvador Dalí (Tate Gallery, London, 1980)
400 Obres de 1914 a 1983 Salvador Dalí (Generalitat de Catalunya and Ministry of Culture, Barcelona, and Madrid, 1983)
Salvador Dalí (Staatsgalerie, Stuttgart; Kunsthaus Zurich, 1989)
Dalí en los fondos de la Fundacion Gala-Salvador Da (Seville, 1993)
Salvador Dalí: the early years (Southbank Centre, Londc Metropolitan Museum, New York; Museo de Arte Reina Sofía, Madrid, 1994)
Dalí Arquitectura (La Pedrera, Passeig de Gracia 92, Barcelona, 1996)
Ades, Dawn, and Fiona Bradley (eds), *Salvador Dalí: A Mythology* (Tate Gallery Publishing, London and Dalí Museum, St Petersburg, Florida, 1998)
Ades, Dawn (ed.), *Dalí's Optical Illusions* (Wadsworth Atheneum Museum of Art, Hartford, Connecticut, Hirshhorn Museum and Sculpture Garden, Washington, DC and Scottish National Gallery of Modern Art, Edinburgh, 2000)
Ades, Dawn and Martin R. Taylor, *Dalí* (Palazzo Gras Venice and Philadelphia Museum of Art, Pennsylvania, 2004)
Martin, Jean-Hubert, and Stephan Andreae, *The Endless Enigma: Dalí and the Magicians of Multiple Meaning* (Museum kunst palast, Düsseldorf, 2003)
It's All Dalí: Film, Fashion, Photography, Design, Advertising, Painting (CaixaForum, Barcelona, Reina Sofia Madrid, Dalí Museum, St Petersburg, Florida and Museum Boijmans Van Beuningen, Rotterdam, 2004)
Altaió, Vicenç, and Dolors Lamarca (eds), *Dalí: una vida en libros* (*A Life in Books*) (Biblioteca de Catalunya, Barcelona, 2004)
Parcerisis, Pilar (ed.), *Dalí: Elective Affinities* (Palau Moja, Barcelona, 2004)
Kohlberg, Gerhard, *Salvador Dalí, La Gare de Perpignan, Pop, Op, Yes-yes* (Pompier Museum Ludwig, Köln, 2006)
Walt Disney, Il était une fois, Aux sources de l'art des Studios Disney (Galeries nationales du Grand Palai Paris and Musée des beaux-arts de Montréal, 2007)
Jeffett, William, *Dalí and the Spanish Baroque* (Dalí Museum, St Petersburg, Florida, 2007)
Dalí: Dance and beyond (Godwin-Ternbach Museum, New York and The Dalí Museum St Petersburg, Florida, 2010–11)
King, Elliott, *Salvador Dalí: The Late Work* (High Museum of Art, Atlanta, 2010)
Lomas, David, *Narcissus Reflected* (Fruitmarket Gallery, Edinburgh 2011)
Martin, Jean-Hubert, *Dalí* (Centre Pompidou, Paris, 2012)
Jeffett, William, and Juan José Lahuerta, *Picasso/Dalí, Dalí/Picasso* (Dalí Museum, St Petersburg, Florida and Museu Picasso, Barcelona, 2014–15)
Freud, Dalí and the Metamorphosis of Narcissus (Freud Museum, London, 2018)

Ades, Dawn, and William Jeffett, *Dalí/Duchamp* (Royal Academy of Arts, London and Dalí Museum, St Petersburg, Florida, 2017)
Salvador Dalí/Hans Arp: Die Geburt der Erinnerung (*The Birth of Memory*) (Arp Museum, Bahnhof Rolandseck, 2020)

当代艺术家对达利的对话

David Lomas, *Narcissus Reflected* (Fruitmarket Gallery, Edinburgh, 2011)
Le Surréalisme c'est moi! Hommage an Salvador Dalí: Louise Bourgeois, Glenn Brown, Markus Schinwald, Francesco Vezzoli (Kunsthalle, Wien, 2011)
Dalí Dalí featuring Francesco Vezzoli (Moderne Museet, Stockholm, 2009)

其他

Dalí: un creador dissidente (2004; proceedings of International Conference Dalí siglo XXI La fortuna crítica de un creador dissidente [21st Century Dalí: the critical fortunes of a dissident creator], Generalitat de Catalunya 1–9 October 2003)
Ades, Dawn, 'The Tragic Myth of Millet's Angelus', *Avant-Garde Studies*, 2, Fall 2016
Bataille, Georges 'Dictionnaire critique: œil', *Documents*, 4, 1929
—'Le Jeu lugubre', *Documents*, 7, 1929
Bosquet, Alain, *Conversations with Dalí* (1969)
Breton, André, *Clair de terre* (1923)
—*Manifeste du surréalisme* (1924)
—'Introduction au discours sur le peu de réalité', *Commerce*, 1924 (English translation in *What is Surrealism?*, ed. Franklin Rosemont, 1978)
—*Surréalisme et la peinture* (1928) (Eng. trans. by Simon Watson Taylor, London and New York 1972, also contains Artistic Genesis and Perspective of Surrealism, 1941, and 'The Dalí Case', 1936)
—*Nadja* (1928)
—Second manifeste du surréalisme, *La Révolution Surréaliste*, 12, 1929
—Preface, *Dalí*, exh. cat. (Goemans Gallery, Paris, 1929)
—*Entretiens: 1913–1952* (1952)
—with Paul Eluard, *L'Immaculée Conception* (1930)
Buñuel, Luis, *L'Age d'or and Un Chien Andalou (film scripts)* (1968)
—*My Last Breath*, trans. Abigail Israel (1984)
—*L'Age d'or: Correspondence Luis Buñuel–Charles de Noailles, presented by Bouhours and Schoeller* (1993)
Chadwick, Whitney, *Myth in Surrealist Painting 1929–1939* (1980)
Crevel, René, *Dalí ou L'antiobscurantisme* (1931)
Dalí, Ana María, *Salvador Dalí visto por su hermana* (1949) (translated into French as *Salvador Dalí vu par sa soeur*, 1960)
Dalí, Gala, *Carnets intimes* (2011)
Dalí, Lali Bas *Los Dalí : Historia de una familia* (2005)
Descharnes, Robert, *Salvador Dalí* (1976)
Fanés, Felix, *Salvador Dalí: La construcción de la imagen 1925–1930* (1999)
Freud, Sigmund, *The Interpretation of Dreams* (1953; 1e 1900)
—*Introductory Lectures on Psycho-analysis* (1963; 1e 1916–17)
Gale, Matthew (ed.), *Dalí & Film* (2007)
Gibson, Ian, *The Shameful Life of Salvador Dalí* (1997)
Gómez de la Serna, Ramón, *Dalí* (1979)
Hammond, Paul (ed.), *The Shadow and its Shadow: Surrealist Writings on the Cinema* (1978)
—*L'Age d'or* (1997)
Hine, Hank, William Jeffett and Kelly Reynolds (eds), *Persistence & Memory: New Critical Perspectives on Dalí at the Centennial* (2004)
Ilie, Paul (ed.), *Documents of the Spanish Vanguard* (1969)
Jeffett, William, *Dalí and Miró circa 1928* (2003)
—*Dalí Doubled: From Surrealism to the Self* (2010)
Kachur, Lewis, *Displaying the Marvelous, Marcel Duchamp, Salvador Dalí and Surrealist exhibition installations* (2001)
King, Elliott, *Dalí, Surrealism and Cinema* (2007)
Kraepelin, Emil, *Lectures on Clinical Psychiatry* (1906)
von Krafft-Ebing, Richard, *Psychopathia Sexualis, With Special Reference to Antipathic Sexual Instinct: a Medico-forensic Study* (1899)
Lacan, Jacques, 'De la psychose paranoïaque dans ses rapports avec la personnalité' (1932), in *suivi de Premiers écrits sur la paranoïa* (1975)
Lahuerta, Juan José (ed.) *Dalí, Lorca y la Residencia de Estudiantes La Caixa* (2010)
Lake, Carlton, *In Quest of Dalí* (1969)
Levy, Julien, *Surrealism* (1936)
—*Memoirs of an Art Gallery* (1977)
*Lorca, Federico García 'Oda a Salvador Dalí', *Revista de Occidente*, April 1926
Mas, Ricard, *Dalí i Barcelona* (2017)
Maurer, Christopher (ed.), *Sebastian's Arrows; Letters and Mementos of Salvador Dalí and Federico García Lorca* (2005)
Mellen, Joan (ed.), *The World of Luis Buñuel* (includes Buñuel's 'Notes on the making of Un Chien Andalou') (1978)
Morris, C.B., *Surrealism and Spain 1920–1936* (1972)
Morse, A. Reynolds, *Salvador Dalí: a Panorama of his Art* (1974)
Naville, Pierre, *Le Temps du surréel*, 1, 1977
Orwell, George 'Benefit of Clergy; Some Notes on Salvador Dalí' (1944), in *Dickens, Dalí and Others* (1963)
Peyser-Verhaar, Marijke, *Salvador Dalí et le mécénat du Zodiaque* [unpublished PhD thesis], Utrecht, 2008
Radford, Robert, *Dalí* (1997)

Ramirez, Juan Antonio, *Edificios-Cuerpo* (2003)
—*Dalí: lo crudo y lo podrido* (2002)
Romero, Luis, *Salvador Dalí* (1975)
Rubin, William, *Dada and Surrealist Art* (1969)
Sànchez Vidal, Agustín, *Buñuel, Lorca, Dalí: El enigma sin fin* (1988)
Santos Toroella, Rafael (ed.), 'Salvador Dalí escribe a Federico García Lorca', *Poesía*, 27–28, 1987
—*Dalí Residente: Publicaciones de la Residencia de Estudiantes* (1992)
—*La miel es mas dulce que la sangre: las epocas lorquiana y freudiana de Salvador Dalí* (1984)
—*Salvador Dalí i el Saló de Tardor* (1985)
Soby, James Thrall, *Salvador Dalí* (1946)
Taylor, Michael (ed.) *The Dalí Renaissance: New perspectives on his Life and Art after 1940* (2005)
Thompson, D'Arcy Wentworth, *On Growth and Form* (1971)

以下文本是专门提及或特别相关的个别章节

ch. 1 Dalí, Lali Bas (2005); Santos Toroella (1992);
ch. 2 Maurer (ed) (2005); Sanches Vidal (1988);
Santos Toroella 1998; Lahuerta (2010);
ch. 3 Jeffett (2003) and (2010); Santos Toroella (1985);
ch. 5 Fanés (1999); *ch. 6* Ades (2016);
ch. 7 Ades and Bradley (exh. cat., 1998–99);
Kohlberg (exh. cat., 2006); Lomas (2011);
ch. 8 Joseph-Lowery (exh. cat., 2010–11), Kachur (2001);
Dalí Etre-Dieu (1992); *ch. 11* Buñuel (1984);
Hammond (1997); King (2007); Buñuel (1993);
Gale (2007); Walt Disney (2007);
ch. 12 Taylor (ed.) (2005); Jeffett (2007); King (2010);
Lake (1969).

图片说明

Measurements are given in centimetres and inches, height before width before depth, where applicable

All works by Salvador Dalí © Salvador Dalí, Fundació Gala-Salvador Dalí, DACS 2022

1, 103, 104 *Impressions of Africa*, *c*. 1938. Oil on canvas, 91.5 × 117.5 (36⅛ × 46⅜). Museum Boijmans Van Beuningen, Rotterdam. Purchase with the support of Stichting Museum Boijmans Van Beuningen, Vereniging Rembrandt, Prins Bernhard Cultuurfonds, Erasmusstichting, Stichting Bevordering van Volkskracht 1979. Photo Studio Tromp

2 *Self-portrait with Raphaelesque Neck*, *c*. 1921. Oil on canvas, 40.5 × 53 (16 × 20⅞). Fundació Gala-Salvador Dalí, Figueres. Dalí bequest. Photo courtesy Fundació Gala-Salvador Dalí, Figueres

3 *Portrait of the Cellist Ricard Pichot*, 1920. Oil on canvas, 61.5 × 50 (24¼ × 19¾). Fundació Gala-Salvador Dalí, Figueres. Photo courtesy Fundació Gala-Salvador Dalí, Figueres

4 Manuel Benedito y Vives, *Dutch Interior*. From the review *Museum*, no.10, p.353, 1912

5 *Dutch Interior*, 1915. Oil on canvas, 16.2 × 19.5 (6½ × 7¾). Fundació Gala-Salvador Dalí, Figueres. Photo courtesy Fundació Gala-Salvador Dalí, Figueres

6 *Portrait of Grandmother Anna Sewing*, *c*. 1920. Oil on canvas, 49.5 × 63 (19½ × 24⅞). Fundació Gala-Salvador Dalí, Figueres. Photo courtesy Fundació Gala-Salvador Dalí, Figueres

7 Marià Fortuny, *The Spanish Wedding*, 1870. Oil on wood, 60.5 × 94.5 (23⅞ × 37¼). Museu Nacional d'Art de Catalunya, Barcelona. Photo Museu Nacional d'Art de Catalunya, Barcelona, 2022

8 *Old Man at the Twilight Hour*, *c*. 1918. Oil on canvas, 50 × 30 (19¾ × 11⅞). Fundació Gala-Salvador Dalí, Figueres. Photo courtesy Fundació Gala-Salvador Dalí, Figueres

9 *The Lane to Portlligat. Cadaqués*, *c*. 1921. Oil on canvas, 57.8 × 68 (22⅞ × 26⅞). The Dalí Museum, St Petersburg, Florida. In the USA © Salvador Dalí Museum, Inc., St Petersburg, Florida, 2022

10 *Madrid Scene, The Drunkard*, *c*. 1922–23. Wash on paper, 20.8 × 15 (8¼ × 6). Fundació Gala-Salvador Dalí, Figueres. Photo courtesy Fundació Gala-Salvador Dalí, Figueres

11 *Untitled. The First Days of Spring*, *c*. 1922–23. Indian ink and wash on paper, 20.9 × 14.9 (8¼ × 5⅞).

Dalí Theatre-Museum, Figueres. Photo courtesy Fundació Gala-Salvador Dalí, Figueres

12 *Bathers of Es Llaner*, 1923. Oil on cardboard on plywood panel, 73.8 × 101.5 (29⅛ × 40). Fundació Gala-Salvador Dalí, Figueres. Photo courtesy Fundació Gala-Salvador Dalí, Figueres

13 *Cubist Self-Portrait*, 1923. Oil and collage on cardboard on wood panel, 104 × 75 (41 × 29⅝). Museo Nacional Centro de Arte Reina Sofía, Madrid. Salvador Dalí Bequest, 1990. Photographic Archives Museo Nacional Centro de Arte Reina Sofia

14 *Pierrot with Guitar*, *c.* 1923. Oil and collage on cardboard, 54.5 × 52.3 (21½ × 20⅝). Museo Nacional Thyssen-Bornemisza, Madrid

15 *Still Life*, 1924. Oil on canvas, 99.5 × 99 (39¼ × 39). Fundació Gala-Salvador Dalí, Figueres. Photo courtesy Fundació Gala-Salvador Dalí, Figueres

16 Pablo Picasso, *Serge Diaghilev and Alfred Seligsberg*, 1919. Charcoal and pencil on paper, 65 × 50.2 (25⅝ × 19⅞). Musée national Picasso, Paris

17 *Portrait of the Artist's Father and Sister*, 1925. Graphite pencil on card, 49 × 32.8 (19⅜ × 13). Museu Nacional d'Art de Catalunya, Barcelona. Photo Museu Nacional d'Art de Catalunya, Barcelona, 2022

18 *Venus and Sailor (Homage to Salvat-Papasseit)*, 1925. Oil on canvas, 215 × 147.5 (84¾ × 58⅛). Ikeda Museum of 20th Century Art, Shizuoka-ken

19 *Venus and Cupids*, 1925. Oil on wood panel, 20.5 × 21.5 (8⅛ × 8½). Private collection. Photo Koller Auctions, Zurich

20 *Portrait of my Father*, 1925. Oil on canvas, 104.5 × 104.5 (41¼ × 41¼). Museu Nacional d'Art de Catalunya, Barcelona. Photo Museu Nacional d'Art de Catalunya, Barcelona

21 *Figure at a Window*, 1925. Oil on cardboard, 105 × 74.5 (41⅜ × 29⅜). Museo Nacional Centro de Arte Reina Sofía, Madrid. Photographic Archives Museo Nacional Centro de Arte Reina Sofia

22 *Portrait of Luis Buñuel*, 1924. Oil on canvas, 70 × 60 (27⅝ × 23⅝). Museo Nacional Centro de Arte Reina Sofía, Madrid. Photographic Archives Museo Nacional Centro de Arte Reina Sofia

23 *Portrait (Seated Girl)*, 1925. Oil on canvas, 104 × 74 (41 × 29¼). Museo Nacional Centro de Arte Reina Sofía, Madrid. Photographic Archives Museo Nacional Centro de Arte Reina Sofia

24 *Figure on the Rocks*, 1926. Oil on board, 27 × 41 (10¾ × 16¼). The Dalí Museum, St Petersburg, Florida. In the USA © Salvador Dalí Museum, Inc., St Petersburg, Florida, 2022

25 *Composition with Three Figures: 'Neo-Cubist Academy'*, 1926. Oil on canvas, 190 × 200 (74⅞ × 78¾). Museu de Montserrat, Barcelona **26** *Still Life*, 1926. Oil on canvas, 199 × 150 (78⅜ × 59⅛). Museo Nacional Centro de Arte Reina Sofía, Madrid. Salvador Dalí Bequest, 1990. Photographic Archives Museo Nacional Centro de Arte Reina Sofia

27 Pablo Picasso, *Studio with Plaster Head*, 1925. Oil on canvas, 97.9 × 131.1 (38⅝ × 51⅝). The Museum of Modern Art, New York. Photo The Museum of Modern Art, New York/Scala, Florence

28 *Penya-segats (Cliffs)*, 1926. Oil on wood panel, 27 × 41 (10¾ × 16¼). Private collection

29 *The Basket of Bread*, 1926. Oil on wood panel, 31.8 × 31.8 (12½ × 12½). The Dalí Museum, St Petersburg, Florida. Gift of A. Reynolds & Eleanor Morse. In the USA © Salvador Dalí Museum, Inc., St Petersburg, Florida, 2022

30 Francisco de Zurbarán, *Still Life with Lemons, Oranges and a Rose*, 1633. Oil on canvas, 62.2 × 109.5 (24½ × 43⅛). The Norton Simon Foundation, Pasadena

31 Jan Vermeer, *The Lacemaker*, *c.* 1669–70. Oil on canvas, 24 × 21 (9½ × 8⅜). Musée du Louvre, Paris

32 *Girl from Figueres*, 1926. Oil on wood panel, 20.8 × 21.5 (8¼ × 8½). Dalí Theatre-Museum, Figueres. Photo courtesy Fundació Gala-Salvador Dalí, Figueres

33 *Figure (Barcelona Mannequin)*, 1926. Oil on canvas, 198 × 148 (78 × 58⅜). Dalí-Theatre Museum, Figueres. Photo courtesy Fundació Gala-Salvador Dalí, Figueres

34 Luis Buñuel, photograph of Salvador Dalí, Federico García Lorca and José 'Pepin' Bello, 1926. Fundación Federico García Lorca, Madrid. Photo Fundación Federico García Lorca Archive

35 *Book of Varicose Veins*, 1927. Collage, 17.7 × 25.6 (7 × 10⅛). Fundación Federico García Lorca, Madrid. Photo Fundación Federico García Lorca Archive

36 Unknown photographer, Salvador Dalí and Federico García Lorca with the *L'Amic de les arts* group, 1927. From left to right: Manuel Font, J.V. Foix, Sebastià Gasch, Lluís Montanyà, Josep Carbonell, Federico García Lorca, Salvador Dalí and M.A. Cassanyes. Fundación Federico García Lorca, Madrid. Photo Fundación Federico García Lorca Archive

37 Federico García Lorca, *San Sebastian*, *c.* 1927–28. Ink on cloth paper, 21 × 15 (8⅜ × 6). Fundación Federico García Lorca, Madrid. Photo Fundación Federico García Lorca Archive

38 *The Poet on the Beach at Empuries – Federico García Lorca*, from *L'Amic de les arts*, no.15, 30 June 1927. Biblioteca de Catalunya, Barcelona. Photo courtesy Biblioteca de Catalunya, Barcelona

39 Cartoon of Lorca and Dalí from *La Noche*, 1927 **40** *Self-Portrait I, dedicated to Federico García Lorca*, 1925. Pen and black ink on paper, 22.2 × 16 (8¾ × 6⅜). Private collection

41 *Self-Portrait Splitting into Three*, 1926–27. Oil on canvas, 71.5 × 51.5 (28¼ × 20⅜). Town Hall of Figueres. On permanent loan at the Fundació Gala-Salvador Dalí, Figueres

42 Study for *Honey is Sweeter than Blood*, 1926.

Oil on wood panel, 37.8 × 46.2 (15 × 18¼). Fundació Gala-Salvador Dalí, Figueres. Photo Christie's Images/Bridgeman Images

43 *Honey is Sweeter than Blood*, 1927. Oil on unknown support. Present whereabouts unknown. Published in *Documents*, no.4, September 1929

44 *Apparatus and Hand*, 1927. Oil on panel, 62.2 × 47.6 (24½ × 18¾). The Dalí Museum, St Petersburg, Florida. Gift of A. Reynolds & Eleanor Morse. In the USA © Salvador Dalí Museum, Inc., St Petersburg, Florida, 2022

45 *Les efforts stériles* (*Sterile Efforts*), 1927–28. Oil on plywood, 64 × 48 (25¼ × 19). Museo Nacional Centro de Arte Reina Sofía, Madrid. Photographic Archives Museo Nacional Centro de Arte Reina Sofia

46 Giorgio de Chirico, *Il grande metafisico*, 1917. Oil on canvas, 104.8 × 69.5 (41⅜ × 27⅜). Private collection. Photo Christie's Images/Bridgeman Images. © DACS 2022

47 Yves Tanguy, *He Did What He Wanted*, 1927. Oil on canvas, 79.4 × 64.8 (31¼ × 25½). The Museum of Modern Art, New York. Bequest of Richard S. Zeisler. Photo The Museum of Modern Art, New York/Scala, Florence

48 Joan Miró, *The Hunter (Catalan Landscape)*, 1923–24. Oil on canvas, 64.8 × 100.3 (25⅝ × 39½). The Museum of Modern Art, New York. Photo The Museum of Modern Art/Licensed by Art Resource, NY. © Successió Miró/ADAGP, Paris and DACS London 2022

49 *Untitled*, 1927. Ink on paper, 25.1 × 32.6 (9⅞ × 12⅞). The Museum of Modern Art, New York. Gift of Mrs Alfred R. Stern in honour of René d'Harnoncourt. Photo The Museum of Modern Art, New York/Scala, Florence

50 André Masson, *Automatic Drawing* from *La Révolution Surréaliste*, no.1, 1924

51 *L'Ane pourri* (*The Putrified Donkey*), 1928. Oil, s and and shingle on wood panel, 61 × 50 (24⅛ × 19¾). Centre Pompidou, Paris

52 Illustration from Josep Puig Pujades, *L'oncle Vicents*, Editorial Poliglota, Barcelona, 1926

53 Illustration from Rogelio Buendía, *Naufragio en 3 cuerdas de guitarra*, Imprenta de Manuel Carmona, Seville, 1928

54 *The Spectral Cow*, 1928. Oil on plywood panel, 50 × 64.5 (19¾ × 25½). Centre Pompidou, Paris

55 *Bird*, *c.* 1928. Oil, sand, pebbles and shingle on board, 49.7 × 61 (19⅝ × 24⅛). Scottish National Gallery of Modern Art, Edinburgh

56 *The Wounded Bird*, 1928. Oil, sand and coarse sand on cardboard, 55 × 65.5 (21¾ × 25⅞). Tel Aviv Museum of Art. The Mizne-Blumental Collection. Photo Avraham Hay

57 *Female Nude*, 1928. Oil and collage on wood panel, 63.5 × 75 (25 × 29⅝). The Dalí Museum, St Petersburg, Florida. In the USA © Salvador Dalí Museum, Inc., St Petersburg, Florida, 2022

58 *Unsatisfied Desires (Two Figures on a Beach)*, 1928. Oil, sand, and seashells on board, 76.2 × 62.23 (30 × 24½). San Francisco Museum of Modern Art, Fractional gift from Jan Shrem and Maria. Manetti Shrem. Photo Ben Blackwell

59 Max Ernst, *La Belle Saison*, 1925. Oil on canvas, 58 × 108 (22⅞ × 42⅝). Private collection

60 *Anthropomorphic Beach*, 1928. Painted cork, sponge and wood, 48 × 28 (19 × 11⅛). The Dalí Museum, St Petersburg, Florida. In the USA © Salvador Dalí Museum, Inc., St Petersburg, Florida, 2022

61 *Torso (Female Nude)*, 1928. Oil with cork attached with string and collage on canvas, 70.5 × 60 (27⅞ × 23⅝). Collection William B. Jordan

62 *Four Fishermen's Wives in Cadaqués (Sun)*, *c.* 1928. Oil on canvas, 148 × 196 (58⅜ × 77¼). Museo Nacional Centro de Arte Reina Sofía, Madrid. Salvador Dalí Bequest, 1990. Photographic Archives Museo Nacional Centro de Arte Reina Sofia

63 Jean (Hans) Arp, *Mountain, Table, Anchors, Navel*, 1925. Gouache on board with cutouts, 75.2 × 59.7 (29⅝ × 23½). The Museum of Modern Art, New York. Photo The Museum of Modern Art, New York/Scala, Florence

64 Salvador Dalí and Luis Buñuel, *Un Chien Andalou*, two film stills and a photograph of the set, 1929. Photos courtesy the National Film Archive, Stills Library

65 *The Persistence of Memory*, 1931. Oil on canvas, 24.1 × 33 (9½ × 13). The Museum of Modern Art, New York. Given anonymously. Photo The Museum of Modern Art, New York/Scala, Florence

66 *The Dream*, *c.* 1930. Oil on canvas, 96 × 96 (37⅞ × 37⅞). Cleveland Museum of Art. John L. Severance Fund 2001.34. Photo courtesy Cleveland Museum of Art

67 *The First Days of Spring*, 1929. Oil and collage on wood panel, 49.5 × 64 (19½ × 25¼). The Dalí Museum, St Petersburg, Florida. In the USA © Salvador Dalí Museum, Inc., St Petersburg, Florida, 2022

68 *Le jeu lugubre* (*The Lugubrious Game / Dismal Sport*), 1929. Oil and collage on cardboard, 44.4 × 30.3 (17½ × 12). Private collection

69 George Bataille's schematic drawing interpreting Dalí's *The Lugubrious Game* from *Documents*, no.7, December 1929

70 Max Ernst, *Pietà or Revolution by Night*, 1923. Oil paint on canvas, 116.2 × 88.9 (45¾ × 35). Tate. Photo Tate

71 Study for *The Lugubrious Game*, 1929. Crayon on paper, 19.5 × 25.8 (7⅝ × 10⅛). Private collection

72 Rocks at Cadaqués, *c.* 1960. Photo A. Reynolds Morse (?). Collection of The Dalí Museum Archives, St Petersburg, Florida

73 *Face of the Great Masturbator*, 1929. Oil on canvas, 110 × 150 (43⅜ × 59⅛). Museo Nacional Centro de Arte Reina Sofía, Madrid. Salvador Dalí Bequest, 1990. Photographic Archives Museo Nacional Centro de Arte Reina Sofia
74 *Portrait of Paul Éluard*, 1929. Oil on cardboard, 33 × 25 (13 × 9⅞). Private collection
75 *The Accommodations of Desire*, 1929. Oil and cut-and-pasted printed paper on wood, 22.2 × 34.9 (8¾ × 13¾). The Metropolitan Museum of Art, New York. Jacques and Natasha Gelman Collection, 1998
76 artist unknown, *The Fountain.* Lithograph. Collection unknown
77 *Illumined Pleasures*, 1929. Oil and collage on board, 23.8 × 34.7 (9⅜ × 13¾). The Museum of Modern Art, New York. The Sidney and Harriet Janis Collection. Photo The Museum of Modern Art, New York/Scala, Florence
78 Giorgio de Chirico, *The Child's Brain*, 1914. Oil on canvas, 80 × 65 (31½ × 25⅝). Moderna Museet, Stockholm
79 *Portrait of Freud*, 1938. Pen and ink on paper, 34.5 × 28 (13⅝ × 11⅛). Freud Museum, London
80 *The Enigma of Desire* or *Ma mère, ma mère, ma mère*, 1929. Oil on canvas, 110.5 × 150.5 (43⅝ × 59⅜). Sammlung Moderne Kunst in der Pinakothek der Moderne – Bayerischen Staatsgemäldesammlungen, Munich. Photo Scala, Florence/bpk, Bildagentur für Kunst, Kultur und Geschichte, Berlin
81 *Combinations (or the Combined Dalinian Phantasms: Ants, Keys, Nails)*, 1931. Gouache on paper, 14 × 9 (5⅝ × 3⅝). Private collection
82 *Frontispiece to the Second Surrealist Manifesto*, 1930. Ink and gouache on paper, 30.5 × 26.9 (12 × 10⅝). The Museum of Modern Art, New York. The Sidney and Harriet Janis Collection. Photo The Museum of Modern Art, New York/Scala, Florence
83 *Solitude*, 1931. Oil on canvas, 35.2 × 27.1 (13⅞ × 10¾). Wadsworth Atheneum, Hartford, CT. Purchased through the gift of Henry and Walter Keney. Photo Allen Phillips/Wadsworth Atheneum
84 *The Invisible Man*, 1929–32. Oil on canvas, 140 × 81 (55⅛ × 32). Museo Nacional Centro de Arte Reina Sofía, Madrid. Salvador Dalí Bequest, 1990. Photographic Archives Museo Nacional Centro de Arte Reina Sofia
85 *Communication: Paranoiac Face*, *Le Surréalisme au service de la révolution*, no.3, December 1931
86 Page from *Cinq minutes à propos du surréalisme*, illustrating the transformations in *Invisible Sleeping Woman Horse Lion*, *c.* 1931–33. Film scenario, ink on paper, 15 pp. Scottish National Gallery of Modern Art, Edinburgh. Bequeathed by Gabrielle Keiller 1995
87 *Invisible Sleeping Woman, Horse, Lion*, 1930. Oil on canvas, 52 × 60 (20½ × 23⅝). Private collection
88 *The Phantom Cart*, 1933. Oil on panel, 19 × 24.1 (7½ × 9½). Dalí Theatre-Museum, Figueres. Photo Christie's Images, London/Scala, Florence
89 *Suburbs of the 'paranoiac-critical town'*; *Suburbs of the 'paranoiac-critical' afternoon (on the outskirts of European History)*, 1935. Oil on wood panel, 46 × 66 (18⅛ × 26). Private collection. Photo Christie's Images, London/Scala, Florence
90 Study for *Suburbs of the 'paranoiac-critical town'*, 1935. Ink and black pencil on paper, 34 × 22.8 (13 ½ × 9). Nationalgalerie, Staatliche Museen Zu Berlin. Collection Scharf-Gerstenberg
91 *Mediumistic-paranoiac Image*, *c.* 1934. Oil on wood panel, 19 × 22.8 (7½ × 9). Private collection. Photo Gordon Roberton Photography Archive/Bridgeman Images
92 *White Calm*, 1935. Oil on wood panel, 41 × 33 (16¼ × 13). Private collection. Photo Gordon Roberton Photography Archive/Bridgeman Images
93 *Metamorphosis of Narcissus*, 1937. Oil paint on canvas, 51.1 × 78.1 (20⅛ × 30¾). Tate. Photo Tate
94 Leonardo da Vinci, *Adoration of the Magi*, San Donato in Scopeto, *c.* 1482. Drawing in charcoal, watercolour ink and oil on wood, 244 × 240 (96⅛ × 94½). The Uffizi, Florence
95, 174 *Spain*, 1938. Oil on canvas, 92 × 60 (36¼ × 23⅝). Museum Boijmans Van Beuningen, Rotterdam. Purchase with the support of Stichting Museum Boijmans Van Beuningen, Vereniging Rembrandt, Prins Bernhard Cultuurfonds, Erasmusstichting, Stichting Bevordering van Volkskracht 1979. Photo Studio Tromp
96 *The Great Paranoiac*, 1936. Oil on canvas, 62 × 62 (24½ × 24½). Museum Boijmans Van Beuningen, Rotterdam. Purchase with the support of Stichting Museum Boijmans Van Beuningen, Vereniging Rembrandt, Prins Bernhard Cultuurfonds, Erasmusstichting, Stichting Bevordering van Volkskracht 1979. Photo Studio Tromp
97 *Slave Market with the Disappearing Bust of Voltaire*, 1940. Oil on canvas, 46.4 × 65.4 (18¼ in × 25¾). The Dalí Museum, St Petersburg, Florida. Gift of A. Reynolds & Eleanor Morse. In the USA © Salvador Dalí Museum, Inc., St Petersburg, Florida, 2022
98 *Head of Voltaire* from *The Secret Life of Salvador Dalí*, Dial Press, New York, 1942
99 *Melancholic Eccentricity*, 1938. Oil on canvas, 73 × 92.1 (28¾ × 36⅜). Tate. Photo Tate
100 *Apparition of Face and Fruit-dish on a Beach*, 1938. Oil on canvas, 114.3 × 143.8 (45 × 56⅝). Wadsworth Atheneum, Hartford, CT. The Ella Gallup Sumner and Mary Catlin Sumner Collection Fund. Photo Allen Phillips/Wadsworth Atheneum
101 *Endless Enigma*, 1938. Oil on canvas, 114.5 × 146.5 (45⅛ × 57¾). Museo Nacional Centro de Arte Reina Sofía, Madrid. Salvador Dalí Bequest, 1990. Photographic Archives Museo Nacional Centro de Arte Reina Sofia

102 Explanation of the different images in *The Endless Enigma* from the catalogue of the Dalí exhibition at the Julien Levy Gallery, New York, 1939. Collection of The Dalí Museum Archives, St Petersburg, Florida
105 *The Hallucinogenic Toreador*, 1970. Oil on canvas, 398.8 × 299.7 (157⅛ × 118). The Dalí Museum, St Petersburg, Florida. Gift of A. Reynolds & Eleanor Morse. In the USA © Salvador Dalí Museum, Inc., St Petersburg, Florida, 2022
106 *The Spectre of Sex-Appeal*, *c.* 1934. Oil on wood panel, 17.9 × 13.9 (7⅛ × 5½). Dalí Theatre-Museum, Figueres. Photo courtesy Fundació Gala-Salvador Dalí, Figueres
107 *William Tell*, 1930. Oil and collage on canvas, 113 × 87 (44½ × 34⅜). Centre Pompidou, Paris. Photo Centre Pompidou, MNAM-CCI, Dist. RMN-Grand Palais/Jean-Claude Planchet
108 *Sometimes I Spit with Pleasure on the Portrait of My Mother (The Sacred Heart)*, 1929. Ink on canvas, 68.3 × 50.2 (27 × 19⅞). Centre Pompidou, Paris
109 Photographic montage of Gala and Dalí, used as the frontispiece in *L'Amour et la mémoire*, Éditions Surréalistes, Paris 1931. Photograph of Dalí by Luis Buñuel, 1929; photograph of Gala probably taken by Dalí *c.* 1930. Photo courtesy Descharnes & Descharnes sarl 2022
110 *The Old Age of William Tell*, 1931. Oil on canvas, 98 × 140 (38⅝ × 55⅛). Private collection
111 *Memory of the Woman-Child*, 1929. Oil and collage on canvas, 140 × 81 (55⅛ × 32). Museo Nacional Centro de Arte Reina Sofía, Madrid. Salvador Dalí Bequest, 1990. Photographic Archives Museo Nacional Centro de Arte Reina Sofia
112 *Memory of the Child-Woman*, 1932. Oil on canvas, 99 × 120.6 (39 × 47½). The Dalí Museum, St Petersburg, Florida. In the USA © Salvador Dalí Museum, Inc., St Petersburg, Florida, 2022
113 *The Enigma of William Tell*, *c.* 1933. Oil on canvas, 201.5 × 346.5 (79⅜ × 136 ½). Moderna Museet, Stockholm
114 *Hallucination: Six Images of Lenin on a Grand Piano*, 1931. Oil on canvas, 114 × 146 (45 × 57½). Centre Pompidou, Paris
115 *Atavism at Twilight (Obsessional Phenomenon)*, *c.* 1933. Oil on wood panel, 13.8 × 17.9 (5½ × 7⅛). Kunstmuseum, Bern. Georges F. Keller bequest, 1981
116 Jean-François Millet, *The Angelus*, 1857–59. Oil on canvas, 55.5 × 66 (21⅞ × 26). Musée d'Orsay, Paris
117 *Gala and the Angelus of Millet Preceding the Imminent Arrival of the Conical Anamorphoses*, *c.* 1933. Oil on wood panel, 24.2 × 19.2 (9⅝ × 7⅝). National Gallery of Canada, Ottawa
118 *Meditation on the Harp*, *c.* 1933. Oil on canvas, 67 × 47 (26½ × 18⅝). The Dalí Museum, St Petersburg, Florida. In the USA © Salvador Dalí Museum, Inc., St Petersburg, Florida, 2022
119 *The Angelus of Gala*, 1935. Oil on wood, 32.4 × 26.7 (12⅞ × 10⅝). The Museum of Modern Art, New York. Gift of Abby Aldrich Rockefeller. Photo The Museum of Modern Art, New York/Scala, Florence
120 *Millet's Architectonic 'Angelus'*, 1933. Oil on canvas, 73 × 60 (28¾ × 23⅝). Museo Nacional Centro de Arte Reina Sofía, Madrid. Photographic Archives Museo Nacional Centro de Arte Reina Sofia
121 Jacques Six, photograph of a praying mantis, from Salvador Dalí's *The Tragic Myth of Millet's 'Angelus', a Paranoiac-critical Interpretation*, Jean-Jacques Pauvert, Paris 1963
122 Two postcards from Salvador Dalí's *The Tragic Myth of Millet's 'Angelus', a Paranoiac-critical Interpretation*, Jean-Jacques Pauvert, Paris 1963
123 Plate XIV from Comte de Lautréamont, *Les Chants de Maldoror (The Songs of Maldoror)*, 1934. Published by Editions Albert Skira, Paris. Museum Boijmans Van Beuningen, Rotterdam. Purchase: Stichting Fonds Willem van Rede 1999. Photo Studio Tromp
124 *Portrait of my Dead Brother*, *c.* 1963. Oil on canvas, 175.3 × 175.3 (69⅛ × 69⅛). The Dalí Museum, St Petersburg, Florida. In the USA © Salvador Dalí Museum, Inc., St Petersburg, Florida, 2022. Photo David Deranian, 2021
125 *Gala looking at Dalí in a state of anti-gravitation in his work of art 'Pop-Op-Yes-Yes-Pompier' in which one can contemplate the two anguishing characters from Millet's Angelus in the state of atavic hibernation standing out of a sky which can suddenly burst into a gigantic Maltese cross right in the heart of the Perpignan railway station where the whole universe must converge. The Railway Station at Perpignan*, *c.* 1965. Oil on canvas, 295 × 406 (116¼ × 159⅞). Museum Ludwig, Cologne. Photo Scala, Florence/bpk, Bildagentur für Kunst, Kultur und Geschichte, Berlin
126 Salvador Dalí, Gala, Valentine Hugo and André Breton, *Cadavre exquis*, *c.* 1932. Ink and pencil on paper, 27 × 18.5 (10¾ × 7⅜). The Dalí Museum, St Petersburg, Florida. In the USA (Dalí) © Salvador Dalí Museum, Inc., St Petersburg, Florida, 2022
127 *Board of Demented Associations*, 1930–31. Oil on metal, 40 × 65.5 (15¾ × 25⅞). Private collection Photo Bridgeman Images
128 Alberto Giacometti, *Suspended Ball*, 1930–31, from *Le Surréalisme au service de la révolution*, no.3–4, December 1931. Wood and metal, height 60 (23⅝). © The Estate of Alberto Giacometti (Fondation Giacometti, Paris and ADAGP, Paris), licensed in the UK by ACS and DACS, London 2022
129 *Object Functioning Symbolically*, 1931, from *Le Surréalisme au service de la révolution*, no. 3, December 1931. Assemblage, unknown dimensions. Collection unknown

130 Valentine Hugo, *Objet*, 1931. Assemblage, 32.5 × 23 × 9.5 (12⅞ × 9⅛ × 3¾). Centre Pompidou, Paris. Photo Centre Pompidou, MNAM-CCI, Dist. RMN-Grand Palais/Philippe Migeat
131 *Retrospective Bust of a Woman*, 1933. Assemblage, 74 × 69 × 32 (29⅛ × 27¼ × 12⅝). The Museum of Modern Art, New York. Acquired through the Lillie P. Bliss Bequest and gift of Philip Johnson (both by exchange). Photo The Museum of Modern Art, New York/Scala, Florence
132 Brassaï and Dalí, *Sculptures involontaires*, 1932 from *Minotaure*, nos 3–4, December 1933. ollection of The Dalí Museum Archives, St Petersburg, Florida. © Estate Brassaï – RMN-Grand Palais. © Man Ray 2015 Trust/DACS, London 2022
133 Brassaï, photographs of the Paris Metro, from *Minotaure*, nos 3–4, December 1933. Collection of The Dalí Museum Archives, St Petersburg, Florida. © Estate Brassaï – RMN-Grand Palais
134 *Chair with Spoons*, 1970. Bronze, 110 × 44.5 × 38 (43⅝ × 17⅝ × 15). Fundació Gala-Salvador Dalí, Figueres. Photo courtesy Fundació Gala-Salvador Dalí, Figueres
135 *The Birth of Paranoiac Furniture*, *c.* 1937. Gouache and charcoal on paper, 63.7 × 48.4 (25⅛ × 19⅛). Private collection. Photo Christie's Images/Bridgeman Images
136 *Mae West Lips Sofa*, 1938. Satin, wood, calico, horsehair, 79 × 206 × 91 (31⅛ × 81⅛ × 35⅞). West Dean College of Arts and Conservation, Chichester. Courtesy West Dean College of Arts and Conservation
137 *Mae West's Face which May be Used as a Surrealist Apartment*, 1934–35. Gouache with graphite, on commercially printed magazine page, 28.3 × 17.8 (11¼ × 7⅛). Art Institute of Chicago. Gift of Mrs Charles B. Goodspeed
138 *A Tray of Objects*, 1936. Cardboard box, stone, polychrome clay, glass, alpaca, leather, chocolate, aluminium foil, matchbox and plaster of Paris, 31 × 60 × 11 (12¼ × 23⅝ × 4⅜). Museo Nacional Centro de Arte Reina Sofía, Madrid. Photographic Archives Museo Nacional Centro de Arte Reina Sofia
139 Man Ray, view of *Exposition surréaliste d'objets* at the Galerie Charles Ratton, Paris, 22–29 May, 1936
140 *The Aphrodisiac Jacket*, 1936, from *Cahiers d'art*, 1936. Assemblage, dimensions unknown. Collection unknown
141 Gala Dalí's maquette for a Surrealist apartment, from *Cahiers d'Art*, 1936
142 Denise Bellon, photograph of Dalí's *Rainy Taxi*, at the *Exposition Internationale du Surréalisme*, Galerie des Beaux-Arts, Paris, 1938. Photo akg-images/ Denise Bellon
143 Raul Ubac, photograph of Dalí's *Lobster Telephone* from 1938 *Exposition Internationale du Surréalisme*, Galerie des Beaux-Arts, Paris, 1938. Getty Research Institute, Los Angeles. Ubac © ADAGP, Paris and DACS, London 2022
144 *Lobster Telephone*, 1938. Steel, plaster, rubber, resin and paper, 17.8 × 33 × 17.8 (7⅛ × 13 × 7⅛). Tate. Photo Tate
145 Eric Schaal, façade of *The Dream of Venus Pavilion*, 1939. Photo courtesy Fundació Gala-Salvador Dalí, Figueres. Schaal © ARS, NY and DACS, London 2022
146 *Otorhinological Head of Venus*, 1964, this version 1970. Plaster, 70.5 × 54 × 41 (27⅞ × 21⅜ × 16¼). Museum Boijmans Van Beuningen, Rotterdam. Photo Jannes Linders
147 *The Living Flower*, 1959. 18 karat yellow gold; diamonds, diamond cut (round) and 8/8, of 1.0 to 4.0 mm in diameter approximately; rough malachite block; with moving mechanism and reducer which makes both flowers move, 39 × 25.2 × 21.5 (15⅜ × 10 × 8½). Fundació Gala-Salvador Dalí, Figueres. Photo courtesy Fundació Gala-Salvador Dalí, Figueres
148, 149, 150 Luis Buñuel and Salvador Dalí, film stills from *L'Age d'Or*, 1930. Photos courtesy the National Film Archive, Stills Library
151 *The Triangular Hour*, 1933. Oil on canvas, 62.3 × 47.9 (24⅝ × 18⅞). Kagoshima City Museum of Art. Photo Kagoshima City Museum of Art
152 Page from *Cinq minutes à propos du surréalisme*, *c.* 1931–33. Film scenario, ink on paper, 15 pp. Scottish National Gallery of Modern Art, Edinburgh. Bequeathed by Gabrielle Keiller 1995
153 *Babaouo*, 1932. Wooden box, sheets of painted glass and light source, 25 × 26.5 × 35 (9⅞ × 10½ × 13⅞). Fundació Gala-Salvador Dalí, Figueres. Photo courtesy Fundació Gala-Salvador Dalí, Figueres
154 *Harpo Marx*, 1937. Graphite and ink on coated card stock, 45.1 × 35.6 (17¾ × 14). Philadelphia Museum of Art. The Henry P. McIlhenny Collection in memory of Frances P. McIlhenny, 1986
155 *Shirley Temple, the Youngest, Most Sacred Monster of the Cinema in her Time*, 1939. Gouache, pastel and collage on cardboard, 75 × 100 (29⅝ × 39⅜). Museum Boijmans van Beuningen, Rotterdam. Photo Studio Tromp
156 Dalí standing before his set of painted eyes for the dream sequence of Hitchcock's *Spellbound*, 1944. Photo courtesy the National Film Archive, Stills Library
157 Plate XVII from Comte de Lautréamont, *Les Chants de Maldoror*, 1934. Published by Editions Albert Skira, Paris. One from an illustrated book with forty-two photogravure and drypoints after celluloid engravings, plate 22.4 × 17.2 (8⅞ × 6⅞). The Museum of Modern Art, New York. The Louis E. Stern Collection. Photo The Museum of Modern Art, New York/Scala, Florence
158 Jean-Louis Ernest Meissonier, *Napoleon and his*

Staff, 1868. Oil on mahogany panel, 16.8 × 18 (6⅝ × 7⅛). Wallace Collection, London. Photo Wallace Collection, London/Bridgeman Images

159 *Birth of Liquid Desires*, 1932. Oil and collage on canvas, 96.1 × 112.3 (37⅞ × 44¼). Peggy Guggenheim Collection, Venice. Solomon R. Guggenheim Foundation, New York

160 Arnold Böcklin, *Island of the Dead* (first version), 1880. Oil on canvas, 110.9 × 156.4 (43¾ × 61⅝). Kunstmuseum Basel

161 *The Signal of Anguish*, 1932–36. Oil on wood, 21.8 × 16.2 (8⅝ × 6½). Scottish National Gallery of Modern Art, Edinburgh. Bequeathed by Gabrielle Keiller 1995

162 Man Ray, photograph of Antonio Gaudí's Casa Milà from *Minotaure*, nos 3–4, December 1933. Collection of The Dalí Museum Archives, St Petersburg, Florida

163 *Le Phénomène de l'extase*, 1933, from *Minotaure*, nos 3–4, December 1933. Includes Brassaï's photograph *Le Phénomène de l'extase*, c. 1933. Photomontage, 27 × 18.5 (10¾ × 7⅜). © Estate Brassaï – RMN-Grand Palais

164 *The Enigma of Hitler*, 1939. Oil on canvas, 95 × 141 (37½ × 55⅝). Museo Nacional Centro de Arte Reina Sofía, Madrid. Salvador Dalí Bequest, 1990. Photographic Archives Museo Nacional Centro de Arte Reina Sofia

165 *Soft Construction with Boiled Beans (Premonition of Civil War)*, 1936. Oil on canvas, 99.9 × 100 (39⅜ × 39⅜). Philadelphia Museum of Art. The Louise and Walter Arensberg Collection, 1950

166 *Diurnal Melancholy (The Chemist of the Empordà in Search of the Void)*, 1936. Oil and collage on wood panel, 30 × 52 (11⅞ × 20½). Museum Folkwang, Essen. Acquired in 1979 with the support of the State of North Rhine-Westphalia and the Folkwang-Museumsverein. Photo Museum Folkwang Essen – Artothek

167 *Autumnal Cannibalism*, c. 1936. Oil paint on canvas, 65.1 × 65.1 (25¾ × 25¾). Tate. Photo Tate

168 Francisco de Goya, *Why?*, Plate 32 from *The Disasters of War*, 1810 (published 1863). The Metropolitan Museum of Art. New York. Purchase, Rogers Fund and Jacob H. Schiff Bequest, 1922

169 *Inventions of the Monsters*, c. 1937. Oil on canvas, 51.4 × 78.1 (20¼ × 30¾). Art Institute of Chicago. Joseph Winterbotham Collection. Photo The Art Institute of Chicago/Art Resource, NY/Scala, Florence

170 *Two Pieces of Bread Expressing the Sentiment of Love*, 1940. Oil on canvas, 81.5 × 100.5 (32⅛ × 39⅝). Fundació Gala-Salvador Dalí, Figueres. Photo courtesy Fundació Gala-Salvador Dalí, Figueres

171 *Portrait of Princess Gourielli (Helena Rubinstein)*, 1943. Oil on canvas, 88.9 × 66 (35 × 26). Private collection

172 Giuseppe Arcimboldo, *Winter*, 1563. Oil on canvas, 66.6 × 50.5 (26¼ × 20). Kunsthistorisches Museum, Vienna

173 *Portrait of Mrs Isabel Styler-Tas*, 1945. Oil on canvas, 65.5 × 86 (25⅞ × 33⅞). Nationalgalerie, Staatliche Museen zu Berlin, Berlin

175 *Dream Caused by the Flight of a Bee around a Pomegranate a Second Before Waking*, c. 1944 Oil on wood panel, 51 × 41 (20⅛ × 16¼). Museo Nacional Thyssen-Bornemisza, Madrid

176 'The true painter must be able, before an empty desert, to fill his canvas with extraordinary scenes', illustration for the book *50 Secrets of Magic Craftsmanship*, 1947. Ink and pencil on paper, 34.8 × 53.4 (13¾ × 21⅛). Fundació Gala-Salvador Dalí, Figueres

177 Salvador Dalí article 'The king and the queen traversed by swift nudes' published in *Art News*, 58, April 1959. Collection of The Dalí Museum Archives, St Petersburg, Florida. © Man Ray 2015 Trust/DACS, London 2022. © Association Marcel Duchamp/ADAGP, Paris and DACS, London 2022

178 *Fast-moving Still Life* (*Nature morte vivante*), c. 1956. Oil on canvas, 125 × 160 (49¼ × 63). The Dalí Museum, St Petersburg, Florida. Gift of A. Reynolds & Eleanor Morse. In the USA (Dalí) © Salvador Dalí Museum, Inc., St Petersburg, Florida, 2022. Photo David Deranian, 2021

179 *Intra-Atomic Equilibrium of a Swan's Feather*, 1947. Oil on canvas, 78 × 97 (30¾ × 38¼). Fundació Gala-Salvador Dalí, Figueres. Photo courtesy Fundació Gala-Salvador Dalí, Figueres

180 *The Madonna of Portlligat* (first version), 1949. Oil on canvas, 49.5 × 38.3 (19½ × 15⅛). Haggerty Museum of Art, Marquette University, Milwaukee. Gift of Mr and Mrs Ira Haupt

181 *The Madonna of Portlligat*, c. 1950. Oil on canvas, 275.3 × 209.8 (108½ × 82⅝). Fukuoka Art Museum, Japan

182 *Exploding Raphaelesque Head*, 1951. Oil on canvas, 43.2 × 33.1 (17⅛ × 13⅛). Private collection, on long term loan to the National Galleries of Scotland

183 *Assumpta Antiprotonica*, 1956. Oil on canvas, 71.1 × 62.2 (28 × 24½). Morohashi Museum of Modern Art, Fukushima

184 *Assumpta Corpuscularia Lapislazulina*, 1952. Oil on canvas, 229.9 × 144.2 (90⅝ × 56⅞). Masaveu Collection, Oviedo, Spain

185 *Christ of Saint John of the Cross*, 1951. Oil on canvas, 204.8 × 115.9 (80¾ × 45¾). Kelvingrove Art Gallery and Museum, Glasgow. Photo CSG CIC Glasgow Museums Collection/ Bridgeman Images

186 Attributed to St John of the Cross, Crucifixion, c. 1572–74. Pen and ink on paper, 5.7 × 4.7 (2¼ × 1⅞) set within a reliquary. Monastery of the Incarnation, Avila

187 *Corpus hypercubus (Based on the treatise on cubic form by Juan de Herrera, builder of the Escorial)*, c. 1954. Oil on canvas, 194.3 × 123.8 (76½ × 48¾).

The Metropolitan Museum of Art, New York.
Gift of The Chester Dale Collection, 1955.
Photo The Metropolitan Museum of Art/Art Resource/
Scala, Florence

188 *Pietà*, 1958. Oil on canvas, 115 × 123 (45⅜ × 48½).
Pérez Simón Collection, Mexico

189 *Virgin of Guadalupe. Patron Saint of Mexico*, 1958.
Oil on canvas, 200 × 130 (78¾ × 51¼).
Pérez Simón Collection, Mexico

190 *Quasi-grey picture which, closely seen, is an abstract one; seen from two metres is the Sistine Madonna of Raphael; and from fifteen metres is the ear of an angel measuring one metre and a half; which is painted with anti-matter; therefore with pure energy*, 1958. Oil on canvas, 225.7 × 191.1 (88⅞ × 75¼).
The Metropolitan Museum of Art, New York.
Gift of Drue Heinz, in memory of Henry J. Heinz II, 1987

191 *The Corpuscular Persistence of Memory*, 1952–54.
Oil on canvas, 25.4 × 33 (10 × 13). The Dalí Museum,
St Petersburg, Florida. In the USA © Salvador Dalí
Museum, Inc., St Petersburg, Florida, 2022

192 *Velázquez Painting the Infanta Margarita with the Lights and Shadows of his Own Glory*, 1958. Oil on canvas,
156.1 × 92.2 (61½ × 36⅜). The Dalí Museum,
St Petersburg, Florida. In the USA © Salvador Dalí
Museum, Inc., St Petersburg, Florida, 2022.
Photo David Deranian, 2021

193 *The Dream of Christopher Columbus*, 1958. Oil on
canvas, 410.2 × 310.1 (161½ × 122⅛). The Dalí Museum,
St Petersburg, Florida. Gift of A. Reynolds & Eleanor
Morse. In the USA © Salvador Dalí Museum, Inc.,
St Petersburg, Florida, 2022

194 *Tuna Fishing*, 1966–67. Oil on canvas, 304 × 404
(119¾ × 159⅛). Fondation Paul Ricard, Isle of Bendor

195 *The Chair*. Stereoscopic work, *c*. 1975.
Oil on canvas, each element 402 × 210.5 (158⅜ × 82⅞).
Fundació Gala-Salvador Dalí, Figueres.
Photo courtesy Fundació Gala-Salvador Dalí, Figueres

196 *Apotheosis of Homer (Diurnal Dream of Gala)*,
c. 1945. Oil on canvas, 63.7 × 116.7 (25⅛ × 46).
Sammlung Moderne Kunst in der Pinakothek der
Moderne – Bayerischen Staatsgemäldesammlungen,
Munich. Photo Scala, Florence/bpk, Bildagentur für Kunst,
Kultur und Geschichte, Berlin

197 *Llegaremos más tarde, hacia las cinco (We'll be arriving later, at about five)*, *c*. 1983.
Oil and collage on canvas, 73 × 60 (28¾ × 23⅝).
Museo Nacional Centro de Arte Reina Sofía,
Madrid. Dalí bequest. Photographic Archives Museo
Nacional Centro de Arte Reina Sofia

索引

斜体数字为图片序号

M

N

P

Q

R

S

T

W

X

其他索引

World of Art

有史以来最具影响力的艺术系列丛书。

——《Apollo 国际艺术杂志》

杰出的艺术著作，极具权威性，图文并茂。

——《星期日泰晤士报》

“泰晤士哈德逊世界艺术巡礼”系列丛书覆盖面广，适合不同年龄段的阅读群体。该系列丛书探索了所有艺术领域代代流传的作品，还有最新的艺术动向，内容涵盖了几个世纪以来全球视觉文化范围内的所有主题、艺术家和艺术运动。

本系列的中文版已推出以下精彩图书：

作者：[英] 贝琳达 · 汤姆森
译者：陈梦璐
书号：978-7-5680-7882-5
定价：128.00 元
尺寸：140mm × 206mm
页数：224 页
装帧：精装
出版时间：2022 年 3 月

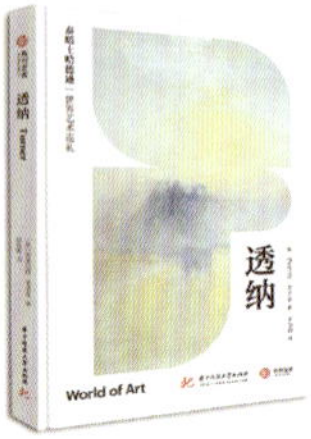

作者：[英] 格雷厄姆 · 雷诺兹
译者：赵怡翾
书号：978-7-5680-7924-2
定价：128.00 元
尺寸：140mm × 206mm
页数：216 页
装帧：精装
出版时间：2022 年 3 月

作者：[英] 詹姆斯 · H. 鲁宾
译者：任艳
书号：978-7-5680-8099-6
定价：128.00 元
尺寸：140mm × 206mm
页数：224 页
装帧：精装
出版时间：2022 年 6 月

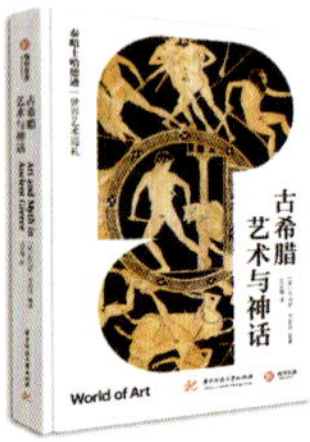

作者：[英] 托马斯 · 卡彭特
译者：吕文锦
书号：978-7-5680-6352-4
定价：168.00 元
尺寸：140mm × 206mm
页数：312 页
装帧：精装
出版时间：2022 年 6 月

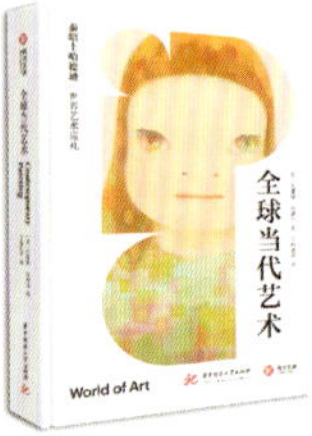

作者：[英] 苏珊娜 · 哈德孙
译者：丁林棚等
书号：978-7-5680-9231-9
定价：168.00 元
尺寸：140mm × 206mm
页数：320 页
装帧：精装
出版时间：2023 年 6 月

作者：[英] 安妮 · 莫辛斯卡
译者：廖舒婷
书号：978-7-5680-9562-4
定价：168.00 元
尺寸：140mm × 206mm
页数：272 页
装帧：精装
出版时间：2023 年 6 月